普通高等教育土建学科专业"十一五"规划教材
全国高职高专教育土建类专业教学指导委员会规划推荐教材

房地产项目管理

(房地产经营与估价专业适用)

蔡伟庆　主　编
阙大柯　副主编
黄如宝　主　审

中国建筑工业出版社

图书在版编目（CIP）数据

房地产项目管理／蔡伟庆主编．—北京：中国建筑工业出版社，2010

普通高等教育土建学科专业"十一五"规划教材．全国高职高专教育土建类专业教学指导委员会规划推荐教材．房地产经营与估价专业适用

ISBN 978-7-112-11852-6

Ⅰ．房… Ⅱ．蔡… Ⅲ．房地产－项目管理－高等学校：技术学校－教材 Ⅳ．F293.3

中国版本图书馆 CIP 数据核字（2010）第 031891 号

普通高等教育土建学科专业"十一五"规划教材
全国高职高专教育土建类专业教学指导委员会规划推荐教材

房地产项目管理
（房地产经营与估价专业适用）

蔡伟庆 主 编
阙大柯 副主编
黄如宝 主 审

*

中国建筑工业出版社出版、发行（北京西郊百万庄）
各地新华书店、建筑书店经销
北京嘉泰利德公司制版
北京市安泰印刷厂印刷

*

开本：787×1092 毫米 1/16 印张：18¼ 字数：456 千字
2010 年 7 月第一版 2012 年 10 月第二次印刷
定价：**30.00** 元
ISBN 978-7-112-11852-6
（19096）

版权所有 翻印必究
如有印装质量问题，可寄本社退换
（邮政编码 100037）

《房地产项目管理》是高职高专房地产经营与估价专业的一门主干课程，该教材是根据全国高职高专教育土建类专业教学指导委员会工程管理类专业指导分委员会制定的房地产经营与估价专业教育标准和培养方案编写的。《房地产项目管理》从项目管理理论着手，结合我国的建设程序，全面阐述了房地产项目的建设过程中从策划决策、规划设计、前期准备、目标控制、合同管理、配套建设、交接营销等各个阶段、各个环节的主要内容和操作要点，并就国际房地产项目管理的经验与特点作了介绍。本书共分十五章，其内容包括：房地产项目管理概论、房地产项目建设程序、房地产项目管理组织、房地产项目策划与可行性研究、房地产项目评估和决策、房地产项目选址、规划与设计、房地产项目前期准备、房地产项目招标投标、房地产项目目标控制、房地产项目合同管理、房地产配套建设、房地产项目竣工验收和物业的交接、房地产项目营销、房地产项目人力资源管理、发达国家房地产项目管理的经验与特点。

　　本书以房地产项目管理的程序内容和国际房地产项目管理的经验与特点为重点，内容覆盖全面，体例清晰完整，具有较强的实用性和可操作性，可作为房地产类专业的教学用书，也可作为房地产从业人员的相关培训教材，亦可供房地产项目管理人员工作中参考。

*　　*　　*

责任编辑：张　晶　朱首明
责任设计：姜小莲
责任校对：王金珠　赵　颖

教材编审委员会名单

主　任：吴　泽
副主任：陈锡宝　范文昭　张怡朋
秘　书：袁建新
委　员：（按姓氏笔画排序）

马　江　王林生　甘太仕　刘　宇　刘建军　汤万龙
吴　泽　张怡朋　李永光　陈锡宝　范文昭　胡六星
郝志群　倪　荣　夏清东　袁建新

序　言

全国高职高专教育土建类专业教学指导委员会工程管理类专业指导分委员会（原名高等学校土建学科教学指导委员会高等职业教育专业委员会管理类专业指导小组）是建设部受教育部委托，由建设部聘任和管理的专家机构。其主要工作任务是，研究如何适应建设事业发展的需要设置高等职业教育专业，明确建设类高等职业教育人才的培养标准和规格，构建理论与实践紧密结合的教学内容体系，构筑"校企合作、产学结合"的人才培养模式，为我国建设事业的健康发展提供智力支持。

在建设部人事教育司和全国高职高专教育土建类专业教学指导委员会的领导下，2002年以来，全国高职高专教育土建类专业教学指导委员会工程管理类专业指导分委员会的工作取得了多项成果，编制了工程管理类高职高专教育指导性专业目录；在重点专业的专业定位、人才培养方案、教学内容体系、主干课程内容等方面取得了共识；制定了"工程造价"、"建筑工程管理"、"建筑经济管理"、"物业管理"等专业的教育标准、人才培养方案、主干课程教学大纲；制定了教材编审原则；启动了建设类高等职业教育建筑管理类专业人才培养模式的研究工作。

全国高职高专教育土建类专业教学指导委员会工程管理类专业指导分委员会指导的专业有工程造价、建筑工程管理、建筑经济管理、房地产经营与估价、物业管理及物业设施管理等6个专业。为了满足上述专业的教学需要，我们在调查研究的基础上制定了这些专业的教育标准和培养方案，根据培养方案认真组织了教学与实践经验较丰富的教授和专家编制了主干课程的教学大纲，然后根据教学大纲编审了本套教材。

本套教材是在高等职业教育有关改革精神指导下，以社会需求为导向，以培养实用为主、技能为本的应用型人才为出发点，根据目前各专业毕业生的岗位走向、生源状况等实际情况，由理论知识扎实、实践能力强的双师型教师和专家编写的。因此，本套教材体现了高等职业教育适应性、实用性强的特点，具有内容新、通俗易懂、紧密结合工程实践和工程管理实际、符合高职学生学习规律的特色。我们希望通过这套教材的使用，进一步提高教学质量，更好地为社会培养具有解决工作中实际问题的有用人才打下基础。也为今后推出更多更好的具有高职教育特色的教材探索一条新的路子，使我国的高职教育办的更加规范和有效。

全国高职高专教育土建类专业教学指导委员会
工程管理类专业指导分委员会

前　言

本书是根据全国高职高专教育土建类专业教学指导委员会工程管理类专业指导分委员会制定的房地产经营与估价专业培养目标和培养方案及主干课程教学基本要求编写的。

房地产项目管理作为项目管理学科理论的重要组成部分，在项目管理的理论和实践中占有很重要的地位，加上房地产业作为我国国民经济的支柱产业，其发展如何对于整个国民经济的发展和人民居住水平的提高都具有举足轻重的影响。因此，提升房地产项目管理的理论层次，完善房地产项目管理的实践水平，了解房地产项目管理的规律，熟悉房地产项目管理实际操作的基本环节和主要内容，适应市场经济条件下房地产项目管理的发展趋势，这对我国房地产业的发展，具有十分重要的意义。

房地产项目管理作为房地产经营与估价专业的主干课程，从项目管理理论着手，结合我国的建设程序，全面阐述了房地产项目的建设过程中各个阶段、各个环节的主要内容和操作要点，是一门实践性很强的课程。在编写过程中，来自于房地产行业的各位专家、学者和行业主管，从理论和实践上对房地产项目管理进行了系统的阐述，语言精练，通俗易懂；内容贴近实际，操作性较强，从而可以使采用本教材学校的高职学生，除了得到系统的理论学习，还可以掌握较为实在的房地产项目管理的动手能力。

本教材由蔡伟庆设计并编写大纲，集体合作，分头撰稿。本教材共十五章，由上海城市管理职业技术学院蔡伟庆担任主编，阙大柯担任副主编。其中第一章、第二章、第三章、第七章、第八章由蔡伟庆编写，第九章由蔡伟庆和黄亮编写，第十章由蔡伟庆和阙大柯编写，第四章由张凌云和阙大柯编写，第五章由黄亮和吴荣礼编写，第六章由张志仁和朱周燕编写，第十一章由苏红光和朱周燕编写，第十二章由滕永健和阙大柯编写，第十三章由滕永健和朱周燕编写，第十四章由杨拥军和吴荣礼编写，第十五章由裴蓁编写。全书由蔡伟庆统稿，朱周燕参与了有关资料的收集和整理。由同济大学教授、博士生导师黄如宝担任主审。

本教材在编写过程中得到全国高职高专教育土建类专业教学指导委员会工程管理类专业指导分委员会、上海城市管理职业技术学院、中国建筑工业出版社的指导和帮助，在此表示衷心感谢。

由于编者学术水平有限，书中难免存在错漏与不足之处，恳请有关专家和广大读者批评指正。

第一章 房地产项目管理概论 ································ 1
第一节 项目和房地产项目 ································ 1
第二节 房地产项目管理 ································ 6
第三节 房地产项目管理的发展及应用 ················ 13

第二章 房地产项目建设程序 ································ 16
第一节 工程项目建设程序的基本概念和特点 ········ 16
第二节 工程项目建设程序的主要内容 ················ 18
第三节 房地产项目建设程序的主要内容 ·············· 27

第三章 房地产项目管理组织 ································ 31
第一节 房地产项目管理组织概述 ······················ 31
第二节 房地产项目管理组织形式 ······················ 36
第三节 房地产项目管理组织模式 ······················ 38

第四章 房地产项目策划与可行性研究 ···················· 46
第一节 房地产项目策划 ································ 46
第二节 房地产项目的构思与定义 ······················ 54
第三节 房地产项目可行性研究 ·························· 61

第五章 房地产项目评估和决策 ····························· 67
第一节 房地产项目的经济评价 ·························· 67
第二节 房地产项目的财务数据估算 ···················· 70

第三节　房地产项目的投资决策 …………………………………… 72

第六章　房地产项目选址、规划与设计 …………………………… 77
第一节　房地产项目选址 …………………………………………… 77
第二节　房地产项目规划 …………………………………………… 81
第三节　房地产项目设计 …………………………………………… 87

第七章　房地产项目前期准备 ……………………………………… 97
第一节　房地产项目前期工作概述 ………………………………… 97
第二节　动迁管理 …………………………………………………… 102
第三节　房地产项目的建管管理 …………………………………… 108

第八章　房地产项目招标投标 ……………………………………… 116
第一节　房地产项目招投标概述 …………………………………… 116
第二节　房地产项目勘察、设计、监理招标投标 ………………… 122
第三节　房地产项目施工招标投标 ………………………………… 126

第九章　房地产项目目标控制 ……………………………………… 134
第一节　房地产项目目标控制概述 ………………………………… 134
第二节　房地产项目进度控制 ……………………………………… 137
第三节　房地产项目质量控制 ……………………………………… 144
第四节　房地产项目投资控制 ……………………………………… 157
第五节　房地产项目风险管理 ……………………………………… 159

第十章　房地产项目合同管理 ……………………………………… 162
第一节　房地产项目合同管理概述 ………………………………… 162
第二节　房地产项目勘察、设计、监理合同管理 ………………… 166
第三节　房地产项目施工合同管理 ………………………………… 169
第四节　房地产项目索赔 …………………………………………… 175

第十一章　房地产配套建设 ………………………………………… 184
第一节　房地产项目市政、公用配套 ……………………………… 184
第二节　房地产项目公共建筑配套 ………………………………… 192
第三节　居住区绿化环境建设 ……………………………………… 195

第十二章　房地产项目竣工验收和物业的交接 …………………… 198
第一节　房地产项目竣工验收 ……………………………………… 198

第二节　房地产项目物业交接···204
　　第三节　前期物业管理···212

第十三章　房地产项目营销···216
　　第一节　房地产项目营销概述···216
　　第二节　房地产市场调查和细分··218
　　第三节　房地产项目营销策略···223

第十四章　房地产项目人力资源管理···231
　　第一节　房地产项目人力资源管理···231
　　第二节　房地产项目管理团队建设···238
　　第三节　房地产项目经理··241

第十五章　发达国家房地产项目管理的经验与特点··································247
　　第一节　美国房地产项目管理的经验与特点·····································247
　　第二节　新加坡房地产项目管理的经验与特点··································256
　　第三节　日本房地产项目管理的经验与特点·····································261
　　第四节　韩国房地产项目管理的经验与特点·····································266
　　第五节　法国房地产项目管理的经验与特点·····································269
　　第六节　其他国家房地产项目管理的经验与特点·······························271

参考文献···281

第一章

房地产项目管理概论

项目管理（Project Management）是 20 世纪 50 年代后期发展起来的一种计划管理方法，它是指把各种系统、资源和人员有效地结合在一起，采用规范化的管理流程，在规定的时间、预算和质量目标范围内完成项目。房地产项目管理是工程项目管理的一个分类，是房地产项目的管理者运用系统工程的观点、理论和方法，对房地产项目的建设和使用进行全过程和全方位的综合管理，以实现生产要素在房地产项目上的优化配置，为用户提供优质产品。它是一门应用性很强的综合性学科，也是具有很大发展潜力的新兴学科。本章主要就项目、项目管理以及房地产项目管理的基本概念及其特点作阐述。

第一节 项目和房地产项目

一、项目的概念和基本条件

(一) 项目的概念

"项目"一词，已被人们广泛地应用到社会经济和文化生活的各个方面，通常，人们用它来表示某种特定的"事件"（即通过某种手段而实现某一预定目标的事件）。在长期的发展过程中，项目的内涵和外延也在不断地演进。

"项目"这个名词自产生以来，世界上各国对它的定义虽有不同，但大部分的核心内容均大同小异，如《德国DIN69901》对项目所进行的定义：项目是指在总体上符合如下条件的唯一性的任务（计划）：

(1) 具有预定的目标；

(2) 具有时间、财务、人力和其他限制条件;
(3) 具有专门的组织。

国际标准化组织（ISO 10006）对项目定义为：项目具有独特的过程，有开始和结束日期，由一系列相互协调和受控的活动组成。过程的实施是为了达到规定的目标，包括满足时间、费用和资源等约束条件。

上述定义均对项目进行了理论上的具体描述，指出了项目的内在性质和它的外在表现。在此，笔者根据我国的具体情况，参照世界上大部分国家对项目的描述，把项目定义为：项目是指在一定的约束条件下（该约束条件一般为财力、周期和质量等），由专门的组织根据特定的目标所完成的一次性的任务。

（二）项目的特征

基于项目的基本概念，项目具有如下五大特征。

1. 项目具有单件性和一次性

项目的单件性和一次性是项目的最主要的特征，体现在项目具有自己的独特性质，该性质使得项目与项目之间是不可重复的。这个不可重复性，不但表现在项目的目标、项目的组织上，也表现在项目的约束条件上。由于项目的这个性质，使得就项目的任务本身和最终成果而言，不可能找到一模一样的项目，同时也使得项目批量生产成为不可能。这也就是项目一次性特征的本质所在。

2. 项目具有明确的目标和一定的约束条件

项目必须具有明确的目标，没有明确目标的任务是不可能成为项目的。通常，项目的目标可以划分为项目的成果性目标和项目的约束性目标。其中，项目的成果性目标是项目的组织所追求的最终结果，而项目的约束性目标一般称为项目的约束条件。但凡项目都有自己的约束条件，项目只有满足了自己的约束条件，才能够实现自己的成果性目标。在这里，所指的约束条件可以是限定的时间、限定的资源以及限定的质量标准等。

3. 项目具有生命周期

项目所具有的一次性的特点，决定了项目像一切生命体一样，具有生命周期。即项目同样具有诞生、成长、衰退和消亡各阶段。以房地产项目为例，其生命周期包括：项目建议书、可行性研究、勘察设计、建设准备、建筑安装、竣工验收、房屋营销、交付使用、物业管理等。由于项目生命周期的存在，决定了我们在进行项目管理时，应将项目看成一个完整的整体，进行全过程、全方位的管理和控制。

4. 项目具有管理对象的整体性

由于项目的目标非常明确而项目的组织结构和项目的组成内容又因项目目标的各异而不同，因此，在项目的实施过程中我们不能将其任意分割，而应以一个整体加以考虑。这就需要在项目管理中，将项目视为一个整体的管理对象，按项目的需要合理配置生产要素，做到数量、质量和结构上的总体优化。

5. 项目的不可逆性

项目的实施需要遵循一定的程序，由于项目的特殊性，其在实施过程中的整个过程是不可逆的，项目一旦失败便不可挽回，故风险很大。因此，在项目管理中需要进行周密的考虑，要实施全过程、全方位的管理。

（三）项目的基本条件

根据项目定义，要构成一个项目，必须具备如下四个基本条件。

（1）项目是一个系统的有机整体。

尽管每个项目均可按时间、位置或性质划分为若干部分、若干子项目，但仍然会因各种千丝万缕的制约和联系构成一个整体。

（2）项目具有明确的目标。

目标是项目立项的依据，也是构成项目的基本条件。项目目标分为成果性目标和约束性目标，前者主要指项目的功能性要求，以房地产项目为例，如兴建一个住宅小区能满足居住一定数量、一定社会层次的居民；后者主要指项目的限制条件，如房地产项目的工期、费用、质量以及安全等，内容多而复杂。

（3）项目具有明确的起点和终点。

任何项目都有明确的生命周期，有一个从立项到终了或开始至结束的时间历程。

（4）项目完成需要资源条件的保障。

项目的实施，必然要消耗或占用一定的资源（材料、设备、劳动、土地、资金等）。因而，任何项目必须具备可靠的资源保证。

凡是满足上述条件的事项，均可称之为一个项目。因此，项目的种类众多，根据项目的最终成果或专业标准分类，可以包括科研项目、国防项目、开发项目、工程房地产项目、咨询项目等。

（四）项目的环境及其作用

工程项目的环境是对工程项目有影响的所有外部因素的总和，它们构成项目的边界条件。任何工程项目都是在一定的社会历史阶段，一定的时间和空间中存在的。在它们的发展和实施过程中一直是作为社会大系统的一个子系统。同时工程项目作为一个开放系统，与社会大系统的其他方面（如环境）有着各种联系，它们互相制约、互相影响、互为条件。环境对工程项目有着重大影响，这主要体现在：

（1）环境决定着对项目的需求，决定着项目的存在价值。

项目，特别是房地产项目更应当从上层系统、从环境的角度来分析和解决问题。房地产营销中有这样一句名言：房地产的成败因素首先是地段，其次是地段，最后还是地段。说的就是这个道理。

（2）环境决定着项目的技术方案和实施方案以及它们的优化。

项目的实施受外部的政治环境、经济环境和自然条件等各方面的制约。项目需要外部环境提供各种资源，它们之间存在着多方面的交换，所以说项目的实施过程也是项目与环境之间互相作用的过程。任何项目必须充分地利用环境条件，如资源，周围的设施，现有的道路、水电、通信及运输条件，已有的社会组织，技术条件（人员、设施）等。同时又要考虑环境的影响，例如：法律、经济、气候、运输能力、资源供应能力、场地的大小等。一旦忽视这些条件，必然会导致实施的中断和困难，或增加实施费用，导致不经济的项目。

（3）环境是产生风险的根源。

在项目实施中，由于环境的不断变化，形成对项目的外部干扰，这些干扰会造成项目不能按计划实施，偏离目标，造成项目目标的修改，甚至造成整个项目的失败。所以说环境的动态性极大地影响和制约着项目。而风险管理的主要对象之一就是环境的不确定性。

综上述可见，环境对于项目及项目管理具有十分重大的影响。因此，为了充分地利用环境条件，项目管理者必须在项目的设计、计划和控制中研究并把握环境与项目的交互作用并预测环境风险对项目的干扰，必须做到大量地占有资料，以进行全面的环境调查。

（五）项目成功的条件

在工程项目管理过程中，人们的一切工作都是围绕着一个目的——取得一个成功的项目而进行的。那么怎么样才是一个成功的项目？对不同的项目类型，在不同的时候，以不同的身份，从不同的角度，就有不同的认识和标准。通常一个成功的项目总体上必须满足如下条件：

（1）在预定的时间内完成项目的建设，不拖延，及时地实现投资目的，达到预定的项目要求。

（2）在预算费用（成本或投资）范围内完成，尽可能地降低费用消耗，减少资金占用，保证项目经济性。

（3）满足预定的使用功能要求（包括质量、工程规模等），达到预定的使用效果。

（4）能为使用者（用户）接受、认可，同时又照顾到社会各方面及各参加者的利益，使得各方面都感到满意，企业也能获得信誉和良好形象。

（5）项目实施按计划、有秩序地进行，变更较少，没有发生事故或其他损失，较好地解决项目过程中出现的风险、困难和干扰。

（6）与环境协调一致，即项目必须为它的上层系统所接受，这里包括：

1）与自然环境的协调，没有破坏生态或恶化自然环境，具有好的审美效果；

2）与人文环境的协调，没有破坏或恶化优良的文化氛围和风俗习惯；

3）项目的建设与运行和社会环境有良好的接口，为法律所允许，或至少不能招致法律问题，有助于社会事业、社会经济发展。

二、房地产项目的概念和特征

（一）房地产项目的概念

房地产项目是指在一定的时间、费用和质量要求下，以土地和房屋建筑为对象，以达到特定的使用功能为目的，按照一定的步骤和程序所完成的一次性任务。

（二）房地产项目的特征

房地产项目是工程项目的一种类型，与其他一般性项目比，具有以下四个特征。

1. 房地产项目的时间要求限定性较强

任何一个房地产项目都有较强的时间要求，其主要原因在于：

（1）房地产项目的资金占用量较大。

房地产项目产品的高价值性，使得其生产过程的资金占用量较大，通常企业为了提高有限资金的使用效率，必须对项目的工期进行限制。由于房地产开发项目的主要资金来源于银行等金融机构及非金融机构的借贷资金，因此，如果工期过长，会导致项目支付的利息和相关费用过高，从而使企业资金的收益水平较低，甚至导致项目及企业亏损。

（2）市场需求变化相对较快。

随着社会经济发展水平的不断提高，人们对房地产项目功能和质量方面的要求也在迅速提高，如果房地产项目的工期过长，而产品定位设计又不具前瞻性，会导致产品原有的功能过时，或者目标市场缩小，从而导致产品滞销。

（3）市场上同业竞争激烈。

房地产具有相当高的投资回报率，因此一旦房地产项目需求旺盛，就会有大量的房地产项目开发。在这种情况下，如果一方面由于市场上已经出现大量的同类产品的市场价格下降；另一方面可能由于后开发功能的改进，则会导致该项目产品的品质和价格的投资回报远低于预期回报。

2. 房地产项目的质量要求较高

房地产项目投资大，投资行为具有不可逆转性，一旦质量不合乎要求，就会造成资源的大量浪费。不仅如此，由于房地产项目产品直接进入人们的工作和生活，甚至关乎人们的生命和财产安全，如果房地产产品的质量不过关，在使用过程中就有可能造成财产损失乃至人员伤亡。因此，政府往往会对房地产项目产品的质量制定一系列的政策法规加以控制。

3. 房地产项目的组织要求很高

主要表现在：

（1）房地产项目具有较强的系统性。

现代房地产项目是一个复杂而且庞大的系统，不仅规模大、范围大、投资多、时间长、阶段多，而且各阶段之间紧密衔接，这就要求项目在建设过程中必须统一规划管理、统一进行资源和效益的核算。

（2）房地产项目具有较强的程序性。

房地产项目在实施过程中，必须按照规定的或事物内部固有的程序开展，并注意项目各个程序之间的衔接，如果随意倒置或抛弃某个程序，就会给项目的实现带来障碍。

（3）房地产项目的组织协调管理要求较高。

由于现代化大生产和专业化分工要求，一个房地产项目往往都有几十个甚至上百个单位或部门参与。因此，要保证项目按计划有序地实施，必须建立严密的项目组织系统，进行有效的协调和管理。

（4）房地产项目的政策和法律规范严密。

一个房地产项目的实现，实际上既是一种经济关系的体现，也是一种法律关系和社会关系的体现，因而，房地产项目要求有相关的政策法规和企业章程来确定各个参与人之间的权利和义务，以保证相关单位和部门各司其职，进而保证项目有序展开。为了规范房地产项目的实施过程，已制定了许多相关的政策和法律条文，如《房地产管理法》、《招标投标法》、《建筑装饰材料安全标准》等。

三、房地产项目的开发过程

任何项目都有其生命周期，即从开始策划立项，到完成项目目标、结束项目为止，都有它的阶段性和时序性。房地产项目的生命周期包括以下五个阶段。

（一）项目前期策划和立项阶段

这一阶段主要是在市场调查研究的基础上，对拟开发项目进行可行性研究和项目评估决策。其具体的工作包括房地产项目的构思和定位、目标设计、可行性研究和报批立项等。这一阶段的核心工作是项目的可行性研究，因此，也可以把这一阶段称为项目的可行性研究阶段（或决策阶段）。

（二）项目实施的前期阶段

这一阶段主要是从立项到项目正式施工前的一段时期，具体工作包括取得土地使用权和拆迁安置、工程勘探和规划设计、招标投标以及施工前的完成现场的基础设施配套建设等。

（三）项目施工阶段

这一阶段是房地产项目产品的具体建造过程，一般是从进场开工到竣工验收为止。

（四）项目销售阶段

房地产项目的销售一般可以分为预售和现售两种，前者主要指商业性房地产项目（如商品房住宅、写字楼等）在政策允许的范围内，进行的项目产品预销售，实际上，商品房预售是在项目施工的后期进行的。

（五）项目使用阶段

该阶段从房屋交付使用到规定的责任期结束为止，随着房地产项目内涵和外延的扩大，现已延伸到物业管理阶段。

第二节　房地产项目管理

一、房地产项目管理的概念

房地产项目管理是工程项目管理的一个分类，是房地产项目的管理者运用系统工程的观点、理论和方法，对房地产项目的建设和使用进行全过程和全方位的综合管理，实现生产要素在房地产项目上的优化配置，为用户提供优质产品。房地产项目根据管理者不同，又可分为：房地产项目管理（业主单位）、设计项目管理（设计单位）、工程咨询项目管理（咨询监理单位）、施工项目管理（施工单位）和后期物业管理（物业公司）。

二、房地产项目管理的内容

房地产项目是一个相互联系、相互影响的多目标、多过程体系，在房地产管理的整个过程中，既要保持各个目标之间的均衡性和合理性，又要保证各个过程之间紧密的衔接和协调，根据房地产项目的整个逻辑过程以及项目管理的既定目标，房地产项目管理应当包括以下四方面内容。

（一）房地产项目前期策划和可行性研究

房地产项目前期策划主要包括房地产项目市场调查、房地产项目产品定位和规划设计等；房地产项目可行性研究则是依据前期策划的方案，进行项目的投资估算和财务评价，在成本收益分析和风险分析的基础上，决定最优方案并提出相应的项目建设建议。

（二）房地产项目组织管理

项目组织管理，即根据房地产项目主体（企业）和客体（产品）的具体特点，选择合理的项目组织形式，并在整个项目的实施过程中对人员、物质和信息等进行组织协调工作，这是项目得以顺利开展的重要条件。

（三）房地产项目计划和控制管理

项目计划和控制管理主要是针对项目实施过程而展开的，因此是整个项目管理过程中最关键的一环，它直接决定了项目的成功与否。项目计划主要包括进度计划、成本计划和资源计划；根据项目管理的三大目标，项目控制管理包括了进度控制、成本控制和质量控制；此外还包括一些特定的控制管理内容，比如合同控制、安全控制等。

（四）房地产项目后期管理

该部分是指从项目施工后期到交付使用的各项工作，主要有组织竣工验收、市场营销和物业管理等。

三、项目管理单位及其任务

在现代房地产项目中，由于项目本身的复杂性和庞大性，它往往涉及许多专业部门，不仅仅是项目建设单位或项目投资单位。在项目的建设过程中，尽管不同的参与者所承担的工作任务不同，但是各参与者及其工作任务共同构成了房地产项目管理的完整体系。

（一）项目开发单位

项目开发单位是站在投资主体的立场对项目进行综合性的管理。其管理是通过一定的组织形式，采用多种方法和措施，对整个项目所有工作的系统运动过程进行计划、协调、监督、控制和总评价，以保证项目质量、工期、投资效益目的实现。有些项目除项目建设单位之外还包括项目的其他投资者，如项目融资单位、

BOT项目的投资者等,他们也必须参与项目全过程的管理,以便了解项目的投资收益情况,确定投资方案。

（二）项目设计单位

在现代项目实施过程中,由于市场经济体制的影响,设计单位的工作任务不断地延伸,已经打破了以往纯设计阶段的旧格局,向两端逐渐拓展,并渐渐深入到了项目目标设计、可行性研究、施工阶段和竣工验收阶段,甚至还渗透到了使用过程中的改造和维修。

因此,在市场的作用下,项目设计单位的工作任务已不完全是设计阶段的自我管理。其工作任务已延伸到项目施工阶段的施工监督、竣工阶段的质量验收,渗透到项目前期为项目建设单位提供可靠的技术服务,帮助建设单位进行产品定位和项目立项等。

（三）施工单位（或项目承包商）

施工单位是项目产品的直接建造单位,一般是在项目施工图设计完成后,施工单位通过投标的形式取得项目的施工承包资格,按承包合同的规定完成项目的施工任务,并在规定的时间期限内交付项目,同时还应按合同规定承担承包项目的保修责任。其工作范围、责任与权力持续时间应由合同进行清晰地规定。

现代房地产项目的复杂性,使业主越来越趋向于将项目的全部任务交给一个承包商完成,即采用"设计——施工——供应"的承包方式。采用这种承包方式的项目,承包商往往在项目立项后,甚至在项目可行研究阶段或构思阶段就介入了项目的有关工作,为业主提供全过程、全方位的服务（包括项目的运行管理,参与项目的融资等）。

这种总承包公司可能是一个纯粹的项目管理公司（没有施工单位和设计单位等）,对项目各阶段的任务可在它的统一调配下,采用分包的方式分包给设计单位、施工单位、监理单位等。此时的总承包方式已打破了过去以往承包单位仅仅承包项目施工任务的运行模式,可使总承包单位运用自己丰富的项目管理经验对具体项目实施管理,同时减轻了业主管理项目的压力,在一定程度上促进了项目的顺利实施和社会资源的合理利用。

（四）咨询单位（监理公司）

咨询单位（或监理公司）是一种中介服务组织,一般是在接受业主或总承包商的委托之后,按咨询（监理）合同的规定,代表业主或总承包商对项目进行技术咨询（监理）,对相应阶段的相关任务进行咨询（监理）。其中咨询（监理）单位主要是对业主或总承包商直接负责。

当然,还包括对项目进行宏观调控的政府主管部门,他们主要调控项目对整个社会经济发展的影响,控制项目的质量关,促进项目与环境之间的协调等宏观性工作。

上述各项目参与单位的工作任务都符合"项目"的定义,因此在具体的实施过程中,都可设立自己的相应的项目管理组织,以实施相应的项目管理任务或过程。

四、房地产项目管理的目标体系

争取项目的成功实施是项目管理的总目标。要取得项目的成功，首先必须做好如下工作：

（1）要对具体项目进行充分的战略研究。

制定正确的、科学的、符合实际的、可执行的项目目标计划。

（2）要对项目技术方案进行科学、经济的设计。

在设计的过程中，要坚持技术先进与经济合理相结合的原则，坚持资源可持续利用的原则，坚持经济发展与人类生存发展相结合的原则，加强人居环境的改善，保证项目实施的安全性和使用的高效性。

（3）要建立一支有力的高素质的项目管理队伍。

只有具备高素质的项目管理队伍，才能将上层系统的战略目标计划和复杂的工程技术方案同具体项目的实际情况结合起来，才能把所有的项目参与者调动起来，融为统一的整体，才能把项目所有的活动联系起来，形成有序的整体。因此，高素质队伍的建立是项目成功的关键和基础。

上述三个方面的工作是项目取得成功的前提条件和基础。这里的项目成功是一个相对的概念，是相对于项目所处的具体环境而言的。离开了这个具体环境，一个成功的项目也可能会转化为不完全成功的项目，相反，一个非成功项目也可能转化为一个基本成功的项目。因此，成功项目在不同时期、不同环境下的判断标准是有差别的，但这并不是说没有判断标准。一般情况下，作为一个成功的项目应满足下列条件：

（1）在限定的费用条件下，尽可能地降低项目的费用消耗，减少资金的占用，达到项目预定的使用功能和使用效果，使项目在使用过程中能经济、安全、高效地运行。

（2）在预定的时间内完成项目的建设，不拖延，及时地实现投资目的，达到预定的项目总目标和要求。

（3）使项目能合理有效地利用各种资源，使项目具有可持续发展的潜力。必须使项目能为使用者（顾客或用户）所接受、认可，同时要照顾到社会各方面及各参加者的利益，使各方面都感到满意（这可能是一个比较苛刻的条件）。

（4）必须使项目与环境协调。这是"以人为本"的思想在房地产项目的具体体现，包括与自然环境的协调，与人文环境的协调，与社会环境的协调。

（5）必须使项目实施按计划、有秩序地进行，尽可能降低工程变更和事故发生，较好地解决项目过程中出现的风险、困难和干扰，使项目的损失降低到最低限度。

要使项目完全符合上述每一个条件，几乎是不可能的。因为在一个具体的项目中各个评价指标的重要地位不同，常常需要确定它们的优先级，如有的指标必须保证，有的指标尽可能照顾，有的指标是不可能完全得到保证，甚至有些指标之间是相互矛盾的。因此，在具体项目中，我们应根据项目的具体特点，确定各个指标的优先等级,保证项目总体目标的实现,这一工作实质是属于项目目标优化的工作内容。

当然,项目是否能够获得成功,不仅与项目管理的内容和方法手段有较强的相关性,而且与项目管理的目标设计紧密相连,如英国建造学会在《项目管理实施规则》中定义项目管理:"为一个房地产项目进行从概念到完成的全方位的计划、控制与协调,以满足委托人的要求,使项目得以在所要求的质量标准的基础上,在规定的时间内,在批准的费用预算内完成。"

根据房地产项目管理的概念,我们可确定房地产项目管理目标体系中的三大目标,分别为功能(质量)目标、进度(工期)目标和费用(成本)目标,它们的关系如图1-1所示。

图1-1 房地产项目管理目标体系

在房地产项目管理的多目标体系中,上述三大基本目标及其关系的确定是建立项目目标体系的主要内容。所以房地产项目管理的功能(质量)目标、进度(工期)目标和费用(成本)目标,共同构成了房地产项目管理的目标体系,项目管理的三大目标通常由项目任务书、技术设计和计划文件、合同文件(承包合同和咨询合同等)具体地定义。这三大基本目标在项目生命期中有如下特征:

(1) 三大基本目标共同构成项目管理互相联系、相互影响的目标系统。某一方面的变化必然引起其他两个方面的变化。如果过于追求缩短工期,必然会损害项目的功能(质量),引起成本增加。所以项目管理应追求它们三者之间的优化和平衡。

(2) 这三个基本目标在项目的策划、设计、计划过程中经历由总体到个体,由概念到实施,由简单到详细的过程。项目管理的三大目标必须分解落实到具体的各个项目单元(子项目、项目活动)上,这样才能保证总目标的实现,形成一个完整的控制体系,所以项目管理实质上是目标的管理。

(3) 三个基本目标结构关系的均衡性和合理性,构成项目管理目标的基本逻辑关系,任何只强调最短工期、最高质量、最低成本都是片面的。它们的均衡性和合理性不仅体现在项目总体上,而且体现在项目的各个单元上。

五、房地产项目管理系统

房地产项目不仅是相互联系、相互影响的多目标体系,而且系统内各目标之间必须保持一定的均衡性和合理性。所以房地产项目管理在各个环节之间严密逻辑性的作用下，共同构成一个完整的系统。在不同的视角，对项目管理系统有不同的描述：

（1）按系统工程理论，结合管理工作的一般流程可将项目管理系统地描述为："预测——决策——计划——控制——反馈——修正决策——计划"等职能的结合体。这一系统结构，主要通过内部的逻辑关系，不断地对目标系统进行修正，营造一种良好的环境系统，使项目各参与者能高效地完成既定的项目任务，实现项目的总目标。

（2）按项目实施过程，项目管理系统可描述为下列几个阶段：

1）项目的定义、目标设计和可行性研究。

2）项目的系统分析，包括项目的外部系统（环境）调查分析和内部系统（项目结构）分析等。

3）项目的计划管理，包括项目的实施方案及总体计划、工期计划、成本（投资）计划、资源计划以及它们的优化。

4）项目的组织管理，包括项目组织机构设置、人员组成、各方面工作与职责的分配、项目管理规程的制定。

5）项目的信息管理，包括项目信息系统的建立、文档管理等。

6）项目的实施控制，包括进度控制、成本控制、质量控制、风险控制、变更管理等。

7）项目的后期管理，包括项目验收、移交、运行准备、项目后评价与总结、项目使用管理（物业管理）以及目标实现的程度、存在的问题分析等。

（3）按照项目管理的工作任务，项目管理系统可描述为下列几个方面：

1）成本管理。

包括工程估价（即工程的估算、概算、预算）、成本计划、支付计划、成本控制（包括审查监督成本支出、成本核算、成本跟踪和诊断）、工程款结算和审核。

2）工期管理。

这方面工作是在工程量计算、实施方案选择、施工准备等工作基础上进行的，包括工期计划、资源供应计划和控制、进度控制。

3）质量控制。

包括工程质量和管理过程的质量等。

4）现场管理。

包括现场物流的管理、场地使用管理以及现场安全管理等。

5）组织和信息管理。

组织管理包括组织机构的建立、人事安排、管理班子的选择、管理工作流程的制定、各方面责权利的落实、管理规范的制定、内部与外部关系的协调、争执的解决等，信息管理包括信息系统的建立、信息流的确定、信息处理过程的控制，还有信息形式、内容、传递方式、存档时间的确定等。

6）合同管理。

包括招标投标的合同策划、招标工作的准备、招标文件的起草、合同的审查和分析、合同保证体系的建立、合同实施的控制、合同变更的管理、索赔管理等。

7）风险管理。

包括风险识别、风险计划和控制等。

六、房地产项目管理方法

房地产项目管理系统的复杂性和目标的多样性，使得项目管理方法也具有多样性。根据不同的分类标志，项目管理方法划分为下列不同的形式：

（1）按管理目标划分，项目管理方法有进度管理方法、质量管理方法、成本管理方法、安全管理方法、现场管理方法等。

（2）按管理方法的量化程度划分，项目管理方法有定性方法、定量方法和综合管理方法。其中定性方法是经验方法，综合方法是定性方法和定量方法的结合。

（3）按管理方法的专业性质分，项目管理方法有行政管理方法、经济管理方法、管理技术方法和法律管理方法等，这是最常用的分类方法。

综上所述，项目管理本身是一个非常复杂的系统，它不仅由多个环节、分项、各类工程活动所构成，而且是一个完整的工作过程（包括预测、决策、计划、控制、反馈等），是项目全部管理任务（如工期、费用、质量、合同、资源、组织、信息等）的结合体。所以要取得项目的成功，必须对项目管理的整个系统进行全面地管理。

作为完整的项目管理系统应将项目的各职能工作、各参加单位、各个阶段、各项活动融合成一个完整有序的整体。

七、房地产项目管理应用的原则

项目管理方法是项目管理的灵魂和动力，在应用时应贯彻如下四项原则：

（1）适用性原则。

这一原则要求项目管理者必须根据明确的项目管理目标，选择相适宜的项目管理方法。不同的项目管理目标应选用不同的、有针对性的管理方法，并且要对管理环境进行调查分析，也要分析这种方法可能产生或受到的干扰，以判断所选用的管理方法的可行性以及由它所带来的经济效果。

（2）灵活性原则。

灵活性原则是指为了达到一定的管理目的，项目管理人员必须根据项目内外部环境的变化，灵活选择并运用各种有效的管理方法，防止管理目标的盲目性，管理过程和手段的教条化，管理方式的僵硬化。

（3）坚定性原则。

在项目管理过程中，应用管理方法常会遇到各种干扰，如风俗习惯、社会环境、外界压力等，都会对管理规则和新方法的应用产生抵触，甚至在某种环境下可能产生强烈的干扰或制约等。在上述环境下，项目管理人员在使用管理方法时要坚持坚定性原则，克服外界的压力和困难，使项目管理标准具有同一性，从而取得项目管理过程的公平性和公正性，以实现项目管理的最佳效果。

（4）开拓性原则。

项目的一次性和项目管理的复杂性多样性，要求项目管理人员在管理过程中，运用的管理方法具有一定程度的创新性，使项目在创新的管理方法下产生更好的经济、社会和环境效益。创新的过程既包括创造新方法，又包括对成熟方法应用方式的革新。

第三节　房地产项目管理的发展及应用

一、项目管理的发展

项目管理自从作为一门学科以来，它的发展经历了三个阶段。

（一）项目管理的初级阶段

20世纪30年代人们对如何管理项目进行了大量的研究和实践，如应用甘特图进行项目的规划和控制，后来又研制了协调图对项目管理的各阶段中产生的问题进行协调，但项目管理的概念并没有被明确地提出。上述这些管理系统的应用虽未从根本上解决复杂项目的计划和控制问题，但为今后的项目管理的发展和网络图的产生奠定了基础。

（二）项目管理的发展阶段

进入20世纪50年代，美国军界和各大企业的管理人员纷纷为管理大型、复杂的项目寻找更好的计划和控制技术，先后创造出关键路线法（CPM）和计划评审技术（PERT），为有效地管理项目提供了更为科学的手段，为实现项目的科学管理创造了条件。其中尤以60年代的美国阿波罗登月计划为典型。当时美国为成为世界上第一个登上月球的国家，加紧研究人类登月计划，即阿波罗登月计划。整个阿波罗登月计划耗资300亿美元，涉及2万个企业，参加人数逾40万人，研制零件达700万个，但由于在管理中采用了网络技术来进行计划和调整，从而使整个阿波罗登月计划项目的运筹和组织工作进行得有章有序。网络计划技术的出现和应用，使项目管理成为一门新的学科出现在人们面前。

（三）项目管理的成熟阶段

到了20世纪60年代，利用大型计算机进行网络计划的分析计算已经成熟，人们可以用计算机进行工期计划和控制。但当时计算机尚不普及，上机费用很高，运算速度较慢，一般的项目还难以用计算机进行管理。同时，作为一门新兴学科，项目管理尚未被人们所认识和接受。进入70年代，各类项目的建设规模日趋扩大，复杂程度不断增加，且大量的军工企业转为民用，项目管理方才被众多大企业所接受，这标志着项目管理的发展进入新的阶段。与此同时世界各国的科学家和企业管理人员对项目管理进行了更深入的研究和探索，如70年代美国建筑项目管理的CM（Construction Management）管理方法，在国际上得到了广泛的承认；80年代土耳其产生的BOT（Build-Operate-Transfer）项目管理模式，开启了项目融资的新模式。在各国项目管理学家的推动下，项目管理进入了一个形成完整理论和方法系统的成熟阶段，并逐步把现代科学技术如系统论、组织理论、经济学、管理学、行为科学、心理学、价值工程、计算机技术与项目管理实践结合起来，同时吸收了控制论、信息论及其他研究成果，使项目管理发展成为一门比较完整的独立学科。

二、项目管理的意义

项目管理在我国范围内进行推广，其重要意义和作用体现在以下五个方面。

（一）项目管理是我国国民经济基础管理的重要内容

我国工程建设取得了重大成就，这些成就是靠项目管理来完成的。项目管理的好坏直接影响一个国家或地区的经济效益、社会效益和环境效益。

（二）项目管理是我国企业体现竞争能力的重要方面

企业的竞争表现在工程房地产项目一开始就存在项目管理的竞争。项目管理的水平和成果，直接影响企业的竞争能力。如果项目管理能够完成其预定的目标，那么，企业的形象也将跃然纸上。

（三）项目管理是我国建筑行业成为支柱的关键

建筑业要振兴，必须从根本上改变自己，其中依靠"质量兴业"是关键所在。而要提高工程质量，项目管理是要点。只有提升项目管理的水平，才能使建筑业真正成为我国的支柱产业。

（四）项目管理是我国建设行业深化改革的重要体现

我国建设行业的深化改革，主要体现在：在投资体制上实行了业主负责制；在承发包体制上实行了招标投标制；在工程房地产项目的管理体制上实行了项目管理制。由此可见，实行项目管理体现了我国建设行业的深化改革。

（五）项目管理是我国工程管理与国际接轨的重要接口

三、房地产项目管理的发展

现代项目管理起源于20世纪美国的曼哈顿计划——原子弹研制计划。在这次规模巨大的计划中，有众多的、不同研究领域的科学家、工程师、政府官员、工人等参加，为了尽快完成原子弹的研制工作，美国军方为整个项目编制了计划，并以此来协调来自不同的组织、不同的应用领域、不同背景的人协同工作，完成了原子弹的研制工作。房地产项目从其本质上来讲，与现代项目管理是高度一致的。

首先，一个房地产项目会有来自前期顾问、设计、施工、供货等组织的参与，具体到个体，有接受过高等教育的设计师、管理人员，也有来自乡村的普通农民工。如何使这些组织和人协同工作，就是房地产项目管理协调的主要工作。

其次，在当今强调个性的社会潮流下，任何产品如果不注重客户的个性化需求，那么在市场上就可能遇到麻烦。而这一点对房地产项目来讲又是极重要的，现在房地产行业大多数做法是在进行房地产项目决策时，将客户群细分，以期满足客户群的个性需求，比如满足不同收入人群的不同产品的生产、满足不同行业特点人群的需求等。

再次，由于房地产项目的实施牵涉质量、进度、投资、安全等方面，因此在确定房地产项目系统目标时应进行综合考量、优化实施。

最后，由于房地产行业要解决的一个重要问题就是如何使众多的资源高效率地、协调地参与房地产开发活动，而项目管理力争解决的也正是如何使众多的资源高效率和协调地参与项目活动。

因此，在房地产管理中采用项目管理的方法是行之有效且必须的。

从另一个角度来看，房地产开发行业的利润来源于项目的管理水平，无论是集团企业还是单体项目公司，项目管理的运作水平和专业化程度以及团队素质，最终决定了房地产企业的内在生命力；所以房地产企业的管理往往采用单体的房地产项目管理，通过房地产项目实施过程中的项目管理理论的实践，针对房地产项目管理具有多专业、长周期、管理环境复杂、客观环境多变化等特性，采用先进的管理理念和现代化的技术手段，以及完善的管理流程（全程量化、流程简洁、管理透明、人员流动对项目影响最小化、成本有效控制、考核指标明晰）等，最终实现房地产项目的目标。

可见，房地产项目的管理正在朝着光明的前景健康地发展。

复习思考题

1. 项目的特征？
2. 项目的基本条件？
3. 房地产项目的开发过程？
4. 房地产项目管理的内容？
5. 房地产项目管理的目标体系？
6. 房地产项目管理的应用的原则？
7. 房地产项目管理在我国发展的前景？
8. 项目管理在我国运用的意义？

第二章

房地产项目建设程序

房地产项目建设程序作为我国房地产建设过程中必须遵循的基本次序，在我国房地产建设的实施过程中必须执行。因此，掌握我国的房地产项目建设程序，熟悉建设程序各阶段的主要任务是非常必要的。本章主要就房地产项目的建设程序进行阐述。

第一节 工程项目建设程序的基本概念和特点

一、工程项目建设程序的基本概念

（一）工程项目建设程序的定义

工程项目建设程序是指工程项目从设想到建成投入生产或使用全过程中，各项工作必须遵循的先后次序的法则。工程项目建设程序是工程建设过程客观规律的反映，是工程项目科学决策和顺利进行的重要保证。一般，工程项目建设程序包括三个方面：一是工程项目建设活动客观上包括的工作类型；二是工程项目建设全过程中性质不同的各阶段划分；三是在工程项目建设过程中的各阶段、各项工作之间的联系。

工程项目建设程序在世界各国虽各有差异，但按照工程项目发展的内在规律，其先后次序有着严格的规定。这个规定表明，在工程项目实施的过程中，必须严格按照其建设程序进行，各道工序的先后次序不能任意颠倒，但是可以进行合理的交叉。请注意：这里所指的不能颠倒是指程序各阶段的开头，可以合理交叉的是指程序各阶段的结尾。

（二）建设程序的基本过程

工程项目按照建设程序进行建设是社会经济规律的要求，是工程项目技术经济规律的要求，也是工程项目的复杂性（环境复杂、涉及面广、相关环节多、配合的行业部门多）所决定的。

因此，按照我国工程项目实施的规律，我国的工程项目建设程序的基本过程可分为：方案选优、评估决策、设计施工、验收投产等过程。具体来讲，一般大中型和限额以上的工程项目的建设程序包括以下八项：

（1）根据国民经济和社会发展的长远规划，结合行业和地区发展规划的要求，提出项目建议书；

（2）在勘察、试验、调查研究及详细技术经济论证的基础上编制可行性研究报告；

（3）根据项目的咨询评估情况，对工程项目进行决策；

（4）根据可行性研究报告编制设计文件；

（5）初步设计被批准后，做好施工前的各项准备工作；

（6）组织施工，并根据工程进度，做好生产准备；

（7）项目按批准的设计内容建完，经投产试车合格后，正式投产，交付使用；

（8）生产运行一段时间后（一般为两年），进行项目后评估。

二、建设程序的基本特点

按照我国工程项目建设程序的实施规定以及其基本的内容，我国工程项目建设程序具有以下五大基本特点。

（一）建设周期长，物质消耗大

我们国家的工程项目，特别是大型工程项目一般周期均较长，如长江三峡水利工程、黄河小浪底工程、洋山深水港工程等工期无不要有数年，有的甚至要近十年或十几年。这些工程项目不但实施周期长，而且投资额均非常大，物质消耗也就很大。

（二）项目涉及面广，协作配合、同步建设、综合平衡等问题很复杂

工程项目在建设过程中涉及方方面面，这就需要工程项目参与各方协作配合，各道工序间密切相连，主体结构和配套设施同步建设、各类材料、资金综合平衡。只有这样才能确保工程项目的顺利进行。如黄河小浪底工程，在工地上的投资方、监理方和施工方来自十多个国家和地区，每次开工程例会，各种语言都有，有人戏称为"小联合国"。

（三）建设地点固定，具不可移动性

工程项目其形成的最终目标中，有相当一部分是由固定的建筑物构成。对于建筑物而言，其不可移动性是它的最大特点，要不，人们为何称建筑是"凝固的音符"？

（四）建设过程不能间断，具可连续性

工程项目的实施由于其基本性质所致，建设过程一般不能间断，且具可连续

性，因此工程项目一旦开工就不能中途停止。因为建筑产品只有在竣工后才能投入使用。在20世纪90年代中期出现的大量烂尾楼，就充分说明了这个特点。

（五）工程项目都有特定的目的和用途

每个工程项目都有其特定的目的和用途，正是因为工程项目的这一特点，才使得项目的一次性和不可重复性的特征表现无疑。因此，无特定目的和用途的工程项目没有实施的必要。

第二节 工程项目建设程序的主要内容

一、我国建设程序的阶段划分

根据我国工程项目建设程序的特点和基本内容的组成，我国工程项目的建设程序可划分为：工程项目决策阶段、工程项目规划设计阶段、工程项目施工阶段、工程项目终结阶段。各阶段和各程序间的相互关系见图2-1。

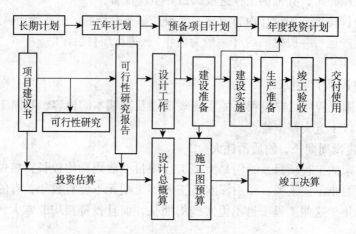

图2-1 工程项目建设程序图

二、我国建设程序的基本内容

按照我国工程项目的建设程序的有关规定，我国工程项目的建设程序的主要内容有以下几方面。

（一）项目建议书阶段

1. 项目建议书的基本概念

项目建议书是要求建设某一具体项目的建议文件，是工程项目程序中最初阶段的工作，是投资决策前对拟建工程项目的轮廓设想。

2. 项目建议书的基本作用

项目建议书的主要作用是为推荐一个拟建项目所作的初步说明，论述该项目建设的必要性、条件的许可性等，为决策层进行决策提供依据。其基本作用有：

（1）进行项目决策的依据及向银行申请贷款的依据；
（2）编制项目初步设计的依据；
（3）商谈项目相关的合同的依据；
（4）在项目实施过程中采用新技术、新设备的依据；
（5）补充地形、地质工作和进行工业性试验的依据。

3. 项目建议书的主要内容

项目建议书的内容视工程项目的不同有简有繁，其主要内容一般应包括：

（1）工程项目提出的必要性和依据；
（2）产品方案、拟建规模和建设地点的初步设想；
（3）资源情况、建设条件、协作关系的初步分析；
（4）投资估算和资金筹措设想；
（5）项目的进度安排；
（6）经济效益和社会效益的估计。

4. 项目建议书的特点

作为一个轮廓性的设想，项目建议书应是一份宏观性的定性文件。与可行性研究报告相比较，项目建议书具有以下特点：

（1）从目的性考察看，提交项目建议书的目的是为了建议和推荐项目，因此，它只是对项目的一个总体设想，主要是从宏观上考察项目的必要性，分析项目的主要建设条件是否具备，研究有没有价值投入更多的人力、物力、财力以进行深入的可行性研究。

（2）从基础性分析看，项目建议书阶段是投资建设程序的第一步。由于该阶段还难以获得与项目本身有关的较为详细的经济、技术、工程资料和数据，所以只能根据国民经济和社会发展的长远规划、行业规划、地区规划、技术进步的方针、国家产业政策、技术装备政策、生产力布局状况、自然资源状况等宏观信息，以及同类已建项目的有关数据和其他经验数据来进行分析。

（3）从内容上来探究，项目建议书的内容相对简单，主要侧重论证项目是否符合国家宏观经济政策的要求，特别是产业政策、产品结构政策的要求和生产力布局方面的要求。关于市场调查、市场预测、建设条件和建设措施以及社会经济效益评价等方面都不如可行性研究深入、细致。

（4）从方法上看，在编制项目建议书阶段需要运用和计算的指标不多，而且大多采用静态指标，对数据精度的要求不高。例如，对需用的投资总额，可以根据单位生产能力投资按比例估算，误差一般在20%左右。

（5）从结论上判断，项目建议书的结论是否值得做进一步的研究工作，其批准也不意味着是对项目的决策。通常是在认为值得进行可行性研究时，才提交项目建议书，因而其结论一般都是肯定的，而可行性研究有时会得出"不可行"的结论。

5. 项目建议书的审批

项目建议书按要求编制完毕后，要根据工程项目的规模和限额划分报相关部门审批。

大中型和限额以上的项目，委托有资质的工程咨询、设计单位初评后，报送省级发改委（含计划单列市计委）及行业归口部门初审，初审通过后报国家发改委审批。其中特大型项目（总投资在4亿元以上的交通、能源、原材料项目，2亿元以上的其他项目）由国家发改委审核后，报国务院审批。其他项目按行政隶属关系由部门或地方发改委审批。

（二）可行性研究阶段

1. 可行性研究的概念

可行性研究（Feasibility Study）是对投资建议、工程项目建设、科研课题等方案的确定所进行的系统的、科学的、综合性研究、分析、论证的一种工作方法。它是对工程项目在技术上是否可行和经济上是否合理所进行的科学的分析和论证。

2. 可行性研究的作用

对工程项目进行可行性研究的主要目的为投资决策从技术经济多方面提供科学依据，以提高工程项目决策的成功率，提高投资效益。在工程项目管理中，可行性研究具有以下作用：

（1）作为工程项目投资决策的依据；
（2）作为向银行等金融组织和机构申请贷款、筹集资金的依据；
（3）作为编制项目初步设计及进行工程建设的依据；
（4）作为供环保部门审查和向工程房地产项目所在地政府、规划部门申请相关建设执照的依据；
（5）作为签订有关合同、协议的依据；
（6）作为建设工程的基础资料；
（7）作为企业组织管理、机构设置、劳动定员和职工培训工作安排的依据。

3. 可行性研究的内容

可行性研究报告的主要内容有以下几方面：

（1）项目提出的背景和依据；
（2）建设规模、产品方案、市场预测和确定的依据；
（3）技术工艺、主要设备、建设标准；
（4）资源、原材料、燃料、运输等协作配合条件；
（5）建设地点、厂区布置方案、占地面积；
（6）项目设计方案，协作配套工程，环保、防震要求；
（7）劳动定员和人员培训；
（8）建设工期和实施进度；
（9）投资估算和资金筹措方式；
（10）经济效益和社会效益的估计。

4. 可行性研究各阶段

可行性研究根据要求精度不同，可划分为四个阶段。

（1）投资机会研究

投资机会研究的主要任务是捕捉投资机会，为拟建投资项目的投资方向提出轮廓性的建议。这一阶段的工作比较粗糙，一般根据相似工程项目来估算投资额与生产成本，其估算精度误差约为30%左右，所需时间约1~3个月，所需费用约占投资总额的0.25%~1%。

（2）初步可行性研究

初步可行性研究的任务是进一步弄清拟议项目的规模、厂址、工艺设备、资源、组织机构和建设进度等情况，进行技术经济评价，以判断是否有可能和有必要进行下一步的可行性研究工作。

初步可行性研究的估算精度误差约为20%左右，所需时间约4~6个月，所需费用约占投资总额的0.25%。

（3）可行性研究

可行性研究亦称详细可行性研究，它是对工程项目进行详细深入技术经济分析论证的阶段，是项目决策研究的关键环节。该阶段的主要任务见上面所述。可行性研究的估算精度误差约为10%左右，所需时间约1年，所需费用占投资总额的比例：中小型项目为1%~3%，大型项目为0.2%~1%。

（4）项目评价决策

项目评估是在可行性研究报告的基础上进行的，其主要任务是对拟建项目的可行性研究报告提出评价意见，最终决策项目投资是否可行并选定满意的投资方案。

5. 可行性研究报告的审批

根据有关规定，可行性研究报告的审批权限为：属中央投资项目由国家发改委审批；总投资在2亿元以上项目由国家发改委审批后报国务院；其他项目由地方（地方发改委）审批。

可行性研究报告经过批准，才算"立项"，是确定工程项目，编制设计文件的依据。

（三）设计工作阶段

1. 设计工作的基本概念

设计是对拟建工程的实施在技术上和经济上所进行的全面而详尽的安排，是项目实施的具体化，是组织施工的依据。

在工程项目实施的过程中，设计是将科技成果转化为生产力，形成规模生产能力的关键性环节。可以这样来形容，工程项目中的设计工作是工程建设的灵魂，没有现代化的设计就没有现代化的建设。虽然工程设计的内容多种多样，但其基本的任务是一致的，即：编制出体现国家有关方针政策、切合实际、安全适用、技术先进、经济效益良好的设计，为促进我国社会主义现代化建设服务。

2. 设计工作的基本原则

开展工程设计工作，必须遵循以下基本原则：

（1）严格遵守国家的法律、法规，贯彻执行国家经济建设方针政策和科学管理的建设程序；

(2) 从全局出发，正确处理好诸如安全、质量、效益、速度等各方面的关系；

(3) 根据国家有关规定和工程项目的不同性质、不同要求，从我国国情出发，合理确定设计标准；

(4) 实行资源的综合利用；

(5) 节约能源；

(6) 保护环境；

(7) 重视专业化和协作；

(8) 节约建设用地；

(9) 合理利用和节约劳动力；

(10) 对外开放，增强自力更生的能力。

3. 设计的分类

根据工程项目的不同情况，设计可以分为初步设计和施工图设计。

(1) 初步设计

初步设计是设计的第一阶段，它是根据可行性研究报告的要求所做的具体实施方案，其目的是阐明在指定地点、时间和投资控制数内拟建项目在技术上的可能性和经济上的合理性，并通过对工程项目作出的基本技术规定，编制项目总概算。如总概算超可行性研究报告总投资的10%以上，应说明原因并报可行性研究报告的原审批单位同意。

各类工程项目的初步设计内容不尽相同。以工程项目为例，其主要内容为：

1) 设计依据；

2) 设计指导思想；

3) 建设规模；

4) 产品方案；

5) 原料、燃料、动力的用量和来源；

6) 工艺流程；

7) 主要设备选型及配置；

8) 总图运输；

9) 主要建筑物、构筑物；

10) 公用、辅助设施；

11) 新技术采用情况；

12) 主要材料用量；

13) 外部协作条件；

14) 占地面积和土地利用情况；

15) 综合利用和"三废"治理，环境保护设施和评价；

16) 生活区建设；

17) 抗震和人防措施；

18) 生产组织和劳动定员；

19) 各项技术经济指标；

20）建设顺序和期限；

21）总概算等。

(2) 技术设计

一般情况下，在设计阶段不需要进行技术设计，只有在那些技术复杂而又缺乏设计经验的工程项目中采用。所谓技术设计，是根据初步设计和更详细的调查研究资料编制的，进一步解决初步设计中重大技术问题，如工艺流程、建筑结构、设备选型及数量确定等，以使工程项目的设计更具体、更完善，技术经济指标更好。

技术设计的任务，主要是研究和确定初步设计所采用的工艺过程和建筑的主要技术问题；校正设备选型及其数量；核实建设规模和一些技术经济指标；并编制修正设计总概算等。

技术设计是初步设计的深化，它使工程项目的工程设计更具体、更完善、更有实践价值。

(3) 施工图设计

施工图设计是工程设计的最后一个阶段。该阶段是对初步设计（或技术设计）的进一步具体化和形象化，是把初步设计中所有的设计内容和设计方案绘制成蓝图，并编制施工图预算。施工图设计完整地表现建筑物外形、内部空间分割、结构体系、构造状况以及建筑群的组成和周围环境的配合，具有详细的构造尺寸。它还包括各种运输、通信、管道系统、建筑设备的设计。在工艺设计方面，还应确定各种设备的型号、规格及各种非标准设备的制造加工图。

由于施工图设计是根据批准的初步设计（或技术设计）文件编制的，所以其主要内容包括：绘制总平面图、建筑物、构筑物详图、公用设备详图、工艺流程和设备安装图；重要施工、安装部位和生产环节的施工操作说明；设备、材料明细表和汇总表等。

（四）建设准备阶段

当设计完成后，工程项目就进入了项目预备阶段，该阶段主要是指在工程项目实施前，为施工的实施作好场地、材料、施工图纸、承包商选择等各种准备。

1. 预备项目

初步设计已经批准的项目，将被列为预备项目。预备项目在进行建设准备过程中的投资活动，不计算建设工期，统计上单独反映。

2. 建设准备阶段的主要工作内容

建设准备阶段的主要工作内容有以下几点：

(1) 取得土地使用权、拆迁和场地平整；

(2) 完成施工用水、电、路等工程；

(3) 组织设备、材料订货；

(4) 准备必要的施工图纸；

(5) 组织施工招标，择优选定承包商。

3. 报批开工报告

按规定进行了建设准备和具备了开工条件以后,建设单位便应组织开工。建设单位申请批准新开工要经国家发改委统一审核后,编制年度大中型和限额以上工程项目开工计划报国务院批准。

地方和部门不得自行审批大中型和限额以上工程项目开工计划。年度大中型和限额以上新开工项目经国务院批准,由国家发改委下达项目计划。

一般项目在报批新开工前,必须由审计单位对项目的有关内容进行审计证明。对于新开工的项目还必须具备按施工顺序需要至少可供施工3个月以上的施工图纸,否则不能开工建设。

(五) 工程项目施工阶段

该阶段是项目决策的实施、建成投产发挥投资效益的关键环节。在工程项目实施阶段,由于要确保合同按期竣工,所以确定工程项目的开工日期是非常重要的。

1. 开工日期的确定

新开工建设的时间,是指工程项目设计文件中规定的任何一项永久性工程第一次破土开槽开始施工的日期。不需要开槽的,正式开始打第一根桩的日期就是开工日期。铁路、公路、水库等需要大量土石方工程的,以开始进行土石方工程的日期作为正式开工日期。分期建设的项目,分别按各期工程开工的日期计算。

2. 工程项目施工阶段的主要任务

施工活动的主要任务是按照设计要求、合同条款、预算投资、施工工序和顺序、施工组织设计,在保证质量、工期、成本计划等目标的前提下,精心施工并达到竣工标准要求,经过验收后,移交业主方。

3. 生产准备

如果实施的工程项目系生产性房地产项目,则在实施施工的同时要进行生产的准备。生产准备是施工项目投产前要进行的一项重要工作,是衔接建设和生产的桥梁,是建设阶段转入生产经营的必要条件。生产准备的主要内容有:

(1) 招收和培训人员,组织生产人员参加设备的安装、调试和工程验收;

(2) 组建生产管理机构,制定各项管理制度和有关规定,配备生产人员;

(3) 进行技术准备,主要包括国内装置设计资料的汇总,有关国外技术资料的翻译和编辑,各种生产方案、岗位操作法的编制以及新技术的准备;

(4) 进行工具、器具、备品、备件等的制造或订货;

(5) 签订原料、材料、协作产品、燃料、水、电等供应及运输的协议;

(6) 其他必须的生产准备。

(六) 竣工验收交付使用阶段

当工程项目按设计文件的规定内容和施工图纸的要求全部建成后,工程项目便进入竣工验收交付使用阶段。竣工验收是工程建设过程的最后一环,是全面考核项目建设成果、检验设计和工程质量的重要步骤,也是项目从建设转入生产或使用的标志。竣工验收对促进工程项目及时投产,发挥投资效益及总结工程项目建设的经验，都有着十分重要的作用。

1. 竣工验收的范围和标准

（1）竣工验收的范围

所有工程项目按照上级批准的设计文件所规定的内容和施工图纸的要求全部建成，工业项目经负荷试运转和试生产考核能够生产合格产品，非工业项目符合设计要求，能够正常使用，都要及时组织竣工验收。

（2）竣工验收的标准

1）生产性工程和辅助公用设施已按设计要求建完，能满足生产要求；

2）主要工艺设备已配套安装，经联动负荷试车合格，构成生产线，形成生产力，能够生产出设计文件中规定的产品；

3）职工宿舍和其他必要的生产福利设施能适应投产初期的需要；

4）生产准备工作能适应投产初期的需要；

5）环境保护设施、劳动安全卫生设施、消防设施已按设计要求与主体工程同时建成使用。

按国家现行规定，已具备竣工验收条件的工程项目，3个月内不办理验收投产和移交固定资产手续的，取消企业和主管部门（或地方）的基建试车收入分成，由银行监督全部上交财政。这是因为，在竣工验收前的试车阶段，其试车的运营成本将由工程建设成本支付，而收入将由试车单位分享。如此，试车单位竣工的积极性将大打折扣。因此，具备竣工验收条件的工程房地产项目，必须在3个月内办理验收投产和移交固定资产手续，以防建设成本无限制地增加。

2. 申报竣工验收的准备工作

申报竣工验收应做好下列准备工作：

（1）整理技术资料

技术资料主要包括土建施工、设备安装方面及各种有关的文件、合同和试生产情况报告等。

（2）绘制竣工图纸

工程项目竣工图是真实记录各种地下、地上建筑物等详细情况的技术文件，是对工程进行交工验收、维护、扩建、改建的依据，同时也是使用单位保存的技术资料。竣工图必须准确、完整，符合归档要求，方能交工验收。

（3）编制竣工决算

建设单位必须及时清理所有财产、物资和未用完或应收回的资金，编制工程竣工决算，分析概（预）算执行情况，考核投资效益，报请主管部门审核。

3. 竣工验收的程序和组织

在各单项验收符合要求并整理好各项资料后，应由项目主管部门或建设单位向负责验收的单位提出竣工验收申请报告。

竣工验收的组织是批准可行性研究报告的部门，大、中型和限额以上的项目由国家发改委或国家发改委委托项目主管部门、地方政府组织验收。小型和限额以下的项目，由项目主管部门或地方政府组织验收。

4. 竣工和投产日期

投产日期是指经验收合格,达到竣工验收标准,正式移交生产(或使用)的时间。一般情况下,竣工日期不小于投产日期。

(七) 工程项目后评估阶段

项目后评估是工程项目竣工投产、生产运营一段时间后,再对工程项目的立项决策、设计施工、竣工投产、生产运营等全过程进行系统评价,对项目实际取得的经济效益、社会效益和环境效益进行综合评价的一种技术经济活动,是固定资产投资管理的一项重要内容,也是固定资产投资管理的最后一环。通过工程项目后评估,可以达到肯定成绩、总结经验、研究问题、汲取教训、提出建议、改进工作、不断提高工程房地产项目决策水平和投资效果的目的。

1. 工程项目后评估的特点

与项目投资决策前的可行性研究和项目评价(称为前评价)相比,工程项目后评估具有以下特点:

(1) 现实性

工程项目后评估分析研究的是项目的实际情况,所依据的数据资料是实测的,而工程项目前评价分析研究的是项目的预测情况,所依据的数据资料也是预测的。

(2) 全面性

工程项目后评估不仅要分析项目的投资情况,而且要分析项目的运营过程;不仅要分析项目投资的经济效益,而且要分析项目的社会效益和环境效益等。

(3) 探索性

工程项目后评估要分析企业现状,发现问题,并探索其未来发展的方向。

(4) 反馈性

工程项目后评估的目的在于为有关部门反馈信息,以利于提高工程项目决策和管理水平,为今后宏观、微观决策和工程项目的建设提供依据和借鉴,而前评价主要是为决策部门提供决策依据。

(5) 合作性

工程项目后评估涉及面广,人员多,难度大,因此,需要相关各方通力协作,齐心做好。

2. 工程项目后评估的作用

工程项目进行后评估对于提升项目决策科学化水平,增强项目管理合理化程度和实现项目效益最大化等目的有着极为重要的作用。具体讲,工程项目后评估的作用有:

(1) 总结工程项目管理的经验,对项目本身有监督和改进作用;

(2) 提高项目投资决策的科学化水平,对项目决策有着示范和参考作用;

(3) 为国家制定投资计划、产业政策和技术经济参数提供重要依据,对国家建设投资管理工作起着强化和完善作用。

3. 需要进行后评估的工程项目的种类

按照我国的建设程序,虽说后评估是固定资产投资管理的最后一环,但并非每个工程项目都需要进行后评估，通常而言，需要进行后评估的工程项目主要有：

（1）工程项目在实施和建成后取得巨大成功的，对此类工程项目进行后评估主要是为了总结经验，为今后类似工程提供榜样；

（2）工程项目在实施和建成后其效果是明显失败的，对此类工程项目进行后评估主要是为了汲取教训，为今后类似工程提供借鉴；

（3）吸引外资或动用国家外汇购买大型、成套进口设备的工程项目也必须进行后评估。对此类工程项目进行后评估主要是为了衡量该设备是否需要引进，其性能是否达到原设计要求，其产品是否能取代进口产品，从而为前期决策提供对比，以提高决策的科学化。

第三节 房地产项目建设程序的主要内容

房地产项目建设程序的内容较多，从项目审批立项起，到工程项目竣工验收为止，其间工作头绪多、牵涉面广。

一、房地产开发建设工程前期准备工作

工程前期准备工作主要包括以下四项内容。

（一）勘察设计

建设工程项目一经确立，首先要进行勘察设计。勘察设计的主要任务是查明工程项目建设地点的地形、地貌、地质构造、水文条件等自然条件，获取工程建设的基础资料，并做出鉴定和综合评价，为建设工程项目的设计和施工提供可靠的依据。

（二）工程设计

工程设计一般分为初步设计和施工图设计两个阶段。对于复杂的工程，如住宅小区的综合开发建设等则分为初步设计、技术设计和施工图设计三个阶段进行。

（三）落实各项配套工程

各类建设工程项目进行施工建设的前提条件，就是必须与工程建设有关的配套单位落实各项配套建设事宜，如申报用电量、用水量、排水量、确定变电所等级、燃气增压量、上水泵房、接市政下水管径等，有时还要联系公共交通设立站点以及教育、人防、绿化等一系列有关配套事宜。

（四）搬迁拆除工程

如果是在旧城区进行开发建设，还必须进行搬迁拆除工作。城市旧房拆迁，不仅是改善城市现代化水平，提高居民生活质量，而且是调整城市用地结构，进行城市开发的重要环节。由于城市旧房拆迁涉及居民的切身利益，难度较大，因此城市拆迁工作必须按照国家的有关法律法规进行，特别要注意做好拆迁补偿、拆迁安置等方面的工作。

二、房地产建设工程招标与承包

房地产开发建设工程项目涉及的内容很多，在社会化大生产的条件下，许多

工作是通过招标投标、承包发包、委托专业部门进行的。

（一）可行性研究招投标

可行性研究任务的招标，一般由房地产开发经营企业向若干家专业咨询机构发出邀请函，同时向他们提供政府有关主管机关批准的项目建议书副本和有关拟建项目的目标、规模、技术要求、材料、市场、资金来源等资料和说明，请这些单位提出编制可行性研究报告的报价单，然后从中选择资信卓越、报价合理的单位，经协商签订委托合同。中标单位应当按照项目可行性研究的要求和内容，根据协议的规定，按时完成可行性研究报告提出的要求。

（二）工程设计任务书招投标

设计任务书的编制与可行性研究报告的编制一样，通常也是由房地产开发经营管理单位通过招投标的方式，委托给有资质的专业设计部门或单位来完成，但目前一般不进行此类招标。

（三）勘察招投标

房地产开发经营企业在取得土地使用权，办妥用地手续，取得当地主管机关的批准文件，并清除地上障碍物、设置界标以后，就需要拟定勘察项目的内容及时间，然后采取招投标方式，由中标的专业勘察单位完成勘察任务。工程勘察承包单位必须持由主管部门核发的资格证书和营业执照。勘察费按有关部门规定的标准计取。

（四）建筑工程设计招投标

房地产开发企业在取得项目可行性研究报告、设计任务书和勘察报告等基础资料以后，就可进行工程设计招标工作。

建筑工程设计招标投标是为了优化工程设计方案，择优选择设计单位。设计招标文件内容主要包括：设计任务书、项目综合说明书（包括工程内容、设计范围和深度、图纸内容、图幅、建设周期和设计进度等要求）以及投标须知、投标方式、地点、时间的说明。

（五）建筑材料设备供应招标投标

房地产建筑材料设备供应招标是为了择优选定制造供应单位。材料设备供应的取得可以由开发建设单位直接向材料设备制造供应单位招标，也可以委托工程承包公司或设备成套机构招标。投标人应当是具有法人资格、符合投标条件的材料设备制造商、供应商、采购单位和设备成套公司等。

（六）建筑工程项目施工招标投标

施工招标投标主要是通过竞争择优选择施工单位，以使房地产项目质量优、工期短、造价合理。施工招标投标又可分为全部工程、分部工程、单项工程和专业工程的招标投标。

（七）工程总承包招标投标

工程总承包招标投标也称全过程招标投标，是对项目实施全过程进行招标投标，包括勘察设计、材料设备供应、工程施工直至竣工交付使用进行一揽子招标投标。投标者必须是具有总承包能力的工程承包企业。

三、房地产项目的施工管理

房地产项目的施工管理分为质量管理、进度管理和投资管理。

（一）施工质量管理

房地产项目的施工质量管理是房地产开发经营企业管理工作中的最重要环节之一。工程质量管理的主要任务是确保工程的施工质量达到设计的要求，对施工全过程质量进行严格的检查监督。

房地产项目质量管理的基本内容包括：

（1）对施工所用的主要材料，如水泥、钢材、砖、防水材料、焊条等关键材料，在使用前对其质量及试验报告进行复核。

（2）对施工企业集中加工或采购的成品、构件、配件、设备等进行质量检验。工程建设中应确立重要设备检查和试验的标准、手段、程序、记录及检验报告等制度。

（3）对施工的建筑物、构筑物、地下网线路等开工前的定位进行测量复核；对沉降有要求的建筑物，作定期观察；对混凝土的浇筑质量应制定有关的试块制作、养护、试压等管理制度，并由专人监督执行。

（4）对重要承重结构主要部位的隐蔽工程，如钢筋混凝土基础、主体结构、大型设备基础、主要地下构筑物、地下管线、重要承重结构的现浇钢筋混凝土工程以及屋面防水等，进行检查验收，经检查合格后办理隐蔽工程验收手续。

（5）参加给水排水、暖通、空调、电气安装、设备安装的试压、试水、试运转、试车等，有签证试验记录。

（6）参加工程质量评定和竣工验收。在工程交工验收中发现不符合质量标准且经双方商定需要返工的工程，应分清责任，及时返工。

（7）监督施工单位文明施工、安全施工、正确用料、按操作规程规定施工。

（二）施工进度管理

房地产项目施工进度管理，是房地产开发单位为确保工程按合同规定时间完成，对施工生产的时间所进行的控制。工程进度管理实际上是房地产开发经营管理企业对施工企业工序和作业工期的管理，其具体工作内容主要包括：

（1）参与承包企业编制工程施工组织设计，包括施工方法的确定、机械设备的选用、施工进度计划和材料供应计划的编制等。

（2）熟悉掌握施工企业对承包工程的施工组织管理，包括对材料、劳力、机械、资金的协调控制和优化使用等。

（3）根据施工进度计划表对照检查各具体作业的工期是否有延误并说明延误的原因。

（4）分析施工进度偏差的原因，建议并协助施工企业做出调整或重新安排计划。

（5）做好日常的工程进度记录，每周每日写出进度报告。

（6）为保证正常的施工进度，开发企业管理人员要关注和督促物资采购部门和运输部门，使施工所需的各类材料和机具设备能按时到达施工现场。

（7）随时注意施工过程中出现的突发事件，对相关外部关系的事件，开发企业要代表施工单位出面协调处理。

（三）施工投资管理

房地产施工投资管理的主要内容是：

（1）按施工图、施工清单、施工条件进行工程预算，确定工程定额。

（2）按施工承包合同进度、核拨工程款。

（3）工程结算。

四、竣工验收管理

竣工验收是国家为了保证工程质量，由法律规定的一个法定程序，也是房地产开发企业对工程项目管理的最后一个环节。竣工验收的目的和作用是通过验收检验工程设计和工程质量，及时发现并解决一些可能影响正常使用、正常生产的问题，保证项目能够达到设计要求的技术经济指标。对验收合格的项目，发给工程质量合格证，并及时办理有关手续。

复习思考题

1. 工程项目建设程序有哪些特点？
2. 工程项目建设程序有哪些基本过程？
3. 我国工程项目建设程序有哪些基本特点？
4. 我国建设程序有哪些基本内容？
5. 可行性研究有哪些作用？
6. 可行性研究有哪些内容？
7. 房地产开发建设工程前期准备工作有哪些？
8. 房地产建设程序的主要内容？

第三章

房地产项目管理组织

房地产项目管理需要根据房地产项目的特点由特定的组织来实施。如何选用合适的组织模式，对房地产项目管理的成败是至关重要的。同时，作为以房地产项目为客体的建筑市场，如何运用市场运作的机制来管理房地产项目，也是房地产项目在管理中需探讨的问题。本章就上述问题进行阐述。

第一节 房地产项目管理组织概述

一、现代企业组织结构概述

（一）现代企业组织结构的含义

根据西方经济学的现代企业理论，我们对现代企业组织结构的分析主要有两个角度。其一是从所有权与经营权结合的紧密程度及相互关系入手的。如公司制度的规范和相互制衡机制，股东大会、董事会、总经理三者关系问题，委托——代理及其效率等。其二是从企业职能、产品、实际运作等角度进行的，是一种相对具体的应用分析。如根据企业业务范围、产品形式、地域分布、顾客特征所划分的不同部门及其相互关系。从企业经营管理的角度来看，本章更侧重于第二种分析角度。

一般而言，任何企业，包括房地产企业，都是由许多经济资源、部门、员工等，以某种特定形式组合而成的，是为达到特定经营目标而努力的系统结构。所谓企业组织结构就是企业内部各个要素发生相互作用、相互影响的方式。它是企业根据其经营目标及其他相互因素而形成的各种管理形式的总称。在管理实践中，经常用组织图的形式来表示某一企业的具体部门划分及组织层次的相互关系。

(二)企业组织结构涵盖的主要内容

1. 职权与职责的配置

职权和职责都是依赖于企业的正式层级制度而产生的,是基于特定职位所拥有的权力和所要承担的责任的关系网络。通过组织图可以简明系统地表明企业组织的主要系统、子系统以及各子系统之间的相互关系。这也表明了企业的正式职位系统,企业资源的基本流向、调整、组合的基本程序。对职权和职责的配置通常还需要一定的职务描述来辅助说明。职务描述是对某一特定工作、职位的工作范围、目标、权力、责任与其他工作、职位的相互关系的书面陈述。通过职务描述能够更加详细地了解企业职权和职责的具体分配。

2. 达成企业目标的方式

不同的企业组织结构显示了不同的达成企业目标的方式。反过来讲,一定的企业组织结构表明了一定的达成企业目标的方式。它涉及在企业目标一定的情况下,企业较高管理层次与下级层次进行活动的方式。例如,职能型组织结构和分部型组织结构在达成企业目标的方式就存在很大的差异。

3. 协调企业经营活动的形式

一个正式的、明确界定的组织结构可以促进企业经营活动有序、高效、稳定。随着劳动分工的加深,企业活动逐步分化为各种各样分散的任务,如果没有一种机制进行协调,这些活动势必陷入混乱状态。组织结构恰恰指明了这些分散活动组合的方向。许多研究和管理实践证明,随着企业经营活动规模的扩大、劳动分工的深化,需要协调的任务愈来愈繁重,也愈来愈重要。现实经济社会中,许多采用传统的简单组织结构的企业在专业化分工的压力下破产、重组,实际上就是因为组织结构不能适应大量涌现的协调任务。

二、现代企业组织结构

(一)企业组织结构的基本构成要素

按照美国著名管理学家斯蒂芬·罗宾的观点,企业组织结构具有复杂性、正规化和集权化等特性。复杂性是指企业组织中的劳动分工越细致,就具有越多的纵向;分布愈是广泛,则协调人员及其活动就企业组织依靠规则和程序调节员工行为规范的规章条例就越多,其组织结构就越正规化,权力的分布也更加合理。当决策制定权集中于组织机构,便具有高集权化倾向。反之,如果决策制定权集中在低层次,组织结构越具有高分权化倾向。当然,在现代企业中,决策制定权分布不同程度的组合配置,也对企业结构提出了一定的挑战。需要对决策制定权进行合理分配,以维持组织的正常运行。

(二)组织结构的主要类型和特征

项目的组织结构主要可以分为机械式组织和有机式组织两类。

1. 机械式组织

在现代企业中,具有高度复杂性、正规化、集权化特征的组织称之为机械式组织。

(1) 机械式组织的主要特征。

1) 组织具有严格的层级关系。这种劳动分工高度细化，进而产生了繁重的协调控制。相对而言，严格层级制对实施这种组织形式比较适合。在实施过程中会更有效率。

2) 职责固定。严格的层级制下，机械式组织的职权、职责关系较为明确，而且基本固定，没有特殊情况，不会改变。适合较高层次的整体协调和指挥。

3) 高度正规化。由前两个特征可以得出这样一个结论。管理过程中需要依靠大量的正式的规则和条例去推动企业目标的系统管理。主要焦点是在环境极其多变情况下如何达成组织目标，这是任务导向的组织结构。

(2) 机械式组织适用的情况。

1) 环境相对稳定和明确；

2) 企业目标明确而持久；

3) 技术相对统一而稳定；

4) 按常规活动且生产率是其主要目标；

5) 程序化决策居于主导地位。

(3) 机械式组织的主要表现形式：

机械式组织主要有两种表现形式，即职能型和分部型。

1) 职能型组织结构。

职能型是以履行的职能来组合企业内部活动的组织结构形态。一般制造企业依据工程、制造、采购等职能将企业划分为几个部门，职能型结构的突出优点在于它可以从专业化中取得较高的效率，履行同种职能的人员组合在一起可以产生规模经济效应，能尽可能地减少人员和设备设施的重复配置。不过，职能型组织的突出缺点则是每一职能部门容易以部门利益、部门目标取代企业利益、企业目标。这会使企业经营过程中产生一定的冲突。另一方面，只有最高层对本企业的最终目标负责，也会使权责分配不对等，使最高管理层责任负担沉重。

2) 分部型组织。

分部型组织与职能型组织不同，它更注意部门面向结果，对自身的最终经营成果负责，它是企业内部相对立的自主单位，是企业内部的利润中心，对盈亏负责。根据公司的方针、政策、统一制度，全权指挥所属各单位的经营，并对企业总部全面负责。这种企业总部主要负责制事关整个企业的方针、重大规划的决定、协调计划并行使较严密的财务控制。分部型组织的优点就是克服了职能组织内部各部门各自为政，部门利益取代企业利益的弊端，使部门一级对全企业的利润负起责任来。而其缺点也是明显的，除了某些职能如财务部门以外，分部型组织容易产生资源重复配置的现象。例如，每一分部都有一个人事部门，浪费了资源。这种重复配置极易产生管理成本上升和效率下降的状况。

2. 有机式组织

在现代企业中，具有较低复杂性、低正规化、集权化特征的组织称之为有机式组织。其主要特征为：

（1）职责具有变动性。由于外部环境的不断变化，组织任务也要进行不断的适应性调整，因而职责无法明确固定下来。

（2）正规化程度较低。任务多变性使组织管理无法运用更多的正式的规则和程序。

（3）多向的信息沟通渠道。有机式组织中，层级关系不太严格，组织各层次具有较强的合作意识，因而信息来源渠道较为广泛，包括自上而下、自下而上、横向以及交叉的沟通，这样有助于企业根据外部变化及时调整。

（4）决策的集权化程度低。在有机式组织中，员工多为职业化的，具有较为熟练的技巧，并且经过训练能处理多种多样的问题，因此对解决问题拥有较大的影响力，从而具有实际的决策权。

有机式组织的主要表现形式有简单式组织结构、矩阵式组织结构和网络型组织结构等三种。

（1）简单式组织结构。

所谓简单结构是指低复杂性、低正规化和职权集中在一个人手中的组织结构。一般而言，只有两到三个纵向的组织层次，决策权集中于一个人。如我国的许多物业管理公司的组织结构就是简单式的。简单式组织结构的主要优点是反应快速、灵活、运营成本较低、责任明确，是小型企业的主要组织结构形式。其主要缺陷是只适合于小型企业或企业初创时期。随着企业规模和经营范围的逐步扩大，决策的困难度也会逐渐抵消掉其快速、灵活的优势。个人所造成的企业经营风险极大，可能导致整个企业运营陷入困境。

（2）矩阵式组织结构。

矩阵式组织结构的优点，一方面将分部型结构较强结合进来；另一方面，保存了矩阵组织的传统特点。其结构如图3-1。

矩阵式组织结构的缺点是容易造成现有权责不对等的状况。在职能经理和项目经理中产生分歧。同时也可以看到，在实践中，具体做法是一方面尽可能明确双方的权责与职权。另一方面则主要由职能经理和项目经理发布命令。这种组织结构在房地产企业较为多见。是比较适合房地产企业的。

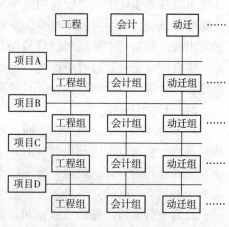

图3-1 矩阵式组织结构图

（3）网络型组织结构。

网络型组织结构的突出优点是快速、灵活，可以尽可能地利用社会性的、专业化的公司为其经营活动服务。网络型组织没有自己的单独的职能或产品划分的部门，大多数活动依靠合同向外承包。项目经理小组对此进行协调和安排。如，开发某房地产项目的项目经理小组，将开发项目设计委托专业性机构承担，经理小组向其支付报酬。得到开发设计后，进行招标交由专业性的施工企业进行施工，竣工验收合格后，交由专业性的销售代理公司进行销售。期间也可委托专业性的广告中介咨询企业为其提供广告和策划服务。

网络型组织结构的缺点是管理层没有像前面两种组织结构所具有的控制力，协调和讨价还价的成本较高，而且网络构成中的任一环节出现问题，都可能波及整个组织的生存，若承包企业违约也需要花费较高的成本进行法律诉讼，会使成本更加高昂。

三、企业组织结构的有效性及其重要意义

从企业经营管理的实践活动来看，采用相同组织结构的企业，有的遭到了巨大的失败，而有的则取得了令人称羡的成功，当然，还有另一种情况，就是停留在半死不活的状态。这说明，并没有一种组织结构是全能的、普遍适用的。组织结构一定要同企业所处的行业、经营的范围、规模、技术以及战略等结合起来，与之相互适应，才会对企业经营绩效产生积极的推动作用。

企业组织结构的有效性是指对其达到企业经营目标所起的作用以及贡献的大小。这也是选择组织结构的基本判断标准。要使企业组织结构具有较高程度的有效性，在组织结构设计选择中就须考虑以下六个方面的因素。

（一）企业所处的行业

企业组织结构首先要与其所处行业的特性结合在一起。可以设想，一个要求协调配合精确度极高的企业采用松散的组织结构会使经营活动产生何种灾难性的后果。反过来，一个要求更多发挥组织成员独创性的企业采取严格监督、控制的组织结构只会使企业的创新能力逐步降低，乃至消亡，企业的生存也将无法继续。概括而言，企业所处行业的行业特性包括行业的市场规模、竞争范围、市场增长率等几个方面。

（二）企业经营的范围

在实践中可以看到，即便是处于同一行业的企业在具体的经营范围上也会产生一定的差异。例如，同样是处于房地产这个行业中，房地产开发企业、房地产中介咨询企业、物业管理企业的经营范围就有很大的不同，因而其组织结构就不可能趋于一致。如，有些组织结构形式适合于房地产开发企业，且在实施中非常有效，但对于物业管理企业则很难行得通。

（三）企业规模

许多管理实证研究表明，企业规模对组织结构有明显的影响作用。与规模较小的组织相比，规模较大的组织一般具有更高程度的专业化和横向及纵向的分化，劳动分工更细，而且企业所制定的规则条例对于整个企业的日常运行也显得更为重要。其原因在于某些程度的专业化，只有在规模达到一定水平以后，从经济上来看才是合算的。反之，在较低规模水平上，原本具有众多优点的专业化会显得过细，从而丧失了专业化带来的高效率，反而容易造成资源的浪费。例如，把一家杂货店设计成大百货公司的组织结构显然十分荒谬，单从成本的角度看，就是

不合适的。

（四）企业的经营战略

从最根本的意义上看，组织结构是企业达到自身经营目标的一种手段，而企业经营目标又是从属于其经营战略的。因此，企业组织结构和经营战略之间也存在着密切的联系。企业经营战略一般可分为三种类型，即低成本战略、差异化战略和集中一点战略。当企业经营战略是低成本导向的，其组织往往更倾向于高度的正规化、集权化的结构，以求获得较高的协调性、稳定性和效率性。当企业经营战略是差异化导向的，其组织则会倾向于较灵活且容易调整的结构。当企业经营战略是集中一点或者集中于某细分市场的战略时，则要依据其集中于低成本还是差异化来判断其组织结构的大致倾向。

总而言之，任何组织机构的设置，其根本目的就在于：企业希望通过组建良好高效的组织机构，以达到自身经营的目标，同时运用于其经营的战略。这是所有企业的共同特点。企业经营战略采用差异化战略和集中一点战略的，组织机构往往更倾向于高度的正均协调性、稳定性和效率性。反之，组织则会倾向于较为灵活多变。

（五）企业经营环境

企业经营环境对其组织结构的影响是相当直接的，而且是显而易见的。因此，组织结构必须根据技术类型来组建高度结构化的组织。此外，即使是相同的技术问题，技术水平问题和协调组合的比例还是存在差异的：技术水平越高，组织结构正规化。这一关系也不是绝对的。再细分差异化来判断其组织影响是相当直接的，并且还有一种情况：企业组织结构越倾向于灵活，正规化程度较高，也就更依赖于横向及交叉的信息沟通渠道。反之，当外部环境比较稳定时，其结构则会倾向于更加正规和稳定。对应地，正规化程度较高，集权化程度也较高，在信息沟通渠道方面就会倾向于纵向和正式。这一情况可以从我国企业 21 世纪以前和 21 世纪以后两个时期得到直接的证实。

第二节 房地产项目管理组织形式

房地产项目管理的组织形式是基于企业的组织结构形式而定，主要有：直线制、职能制、直线职能制、矩阵制、事业部制等形式。

一、直线制组织形式

直线制组织中的各种职位均按直线排列，项目经理直接进行单线垂直领导，人员相对稳定，接受任务快，传递信息简单迅速，人事关系容易协调，但专业分工差，横向联系困难。

这种组织形式的主要优点是机构简单、权力集中、命令统一、职责分明、决策迅速、隶属关系明确；缺点是实行没有职能机构的"个人管理"，因此要求决策者懂得各种业务，懂得多种知识技能，成为"全能"人物。

直线制组织的形式一般适用于中小型项目。

二、职能制组织形式

职能制项目组织，是组织领导下设一些职能机构，分别从不同角度对基层进行业务管理，这些职能机构可以在组织领导授权范围内，就其主要管理的业务范围，向下下达命令和指示。

职能制组织结构的主要优点是强调管理业务的专门化，注意发挥各类专家在项目管理中的作用，且各职能部门职责明确、各负其责。同时由于管理人员工作单一，易于提高工作质量，同时可以减轻领导者的负担。但是，由于这种机构没有处理好管理层次和管理部门的关系，形成多头领导，使下级难以接受明确的指令，此外，由于各职能部门各自为政，故决策较难、容易产生扯皮。

职能制组织的形式适用于地理位置上相对集中的若干项目。

三、直线职能制组织形式

直线职能制是结合直线和职能制两种组织机构而形成的一种组织结构形式。虽与职能制组织结构形式相同，在各管理层次之间设置职能部门，但职能部门只作为本层次领导的参谋，在其所辖业务范围内从事管理工作，不直接指挥下级，和下一层次的职能部门构成业务指导关系。职能部门的指令，必须经过同层次领导的批准才能下达。各管理层次之间按直线制的原理构成直接上下级关系。

直线职能制组织结构既保持了直线制统一指挥的特点，又满足了职能制对管理工作专业化分工的要求。其主要优点是集中领导、职责清楚，有利于提高管理效率。其主要缺点是各部门间横向联系差，信息传递线路长，职能部门与指挥部门间易产生矛盾。

通常，直线职能制组织的形式较适用于一般的企事业单位，在工程房地产项目中较少见。

四、矩阵制组织形式

矩阵制组织是将项目组织机构与职能部门按矩阵方式组成的机构组织。矩阵中每个成员都受项目经理和职能部门的双重领导，项目经理、职能部门经理对项目成员有权控制和使用。职能部门负责人在安排人员时，要保证项目的服务职能，根据项目不同的职能需要配置人员。

矩阵制组织结构的优点是能根据工程任务的实际情况灵活地组建与之相适应的管理机构，具有较大的机动性和灵活性。它实现了集权与分权的最优结合，有利于调动各类人员的工作积极性，使工程房地产项目管理工作顺利地进行。但是，该结构的缺点是凝聚力较差，且在项目体中的每个成员均有两个命令源，如果处理不当，有时难免顾此失彼。

矩阵制组织的形式适用于大型复杂的或多个同时进行的项目（包括房地产项目）。

五、事业部制组织形式

当企业或项目向大型化发展时，为了提高项目的应变能力，积极调动各部门的积极性，则可采用事业部组织形式。

事业部组织结构的优点是有利于延伸企业的经营职能，便于开拓企业的业务领域，其缺点是企业对项目部的约束力较弱，会造成企业结构松散。

事业部制组织的形式适用于大型经营性企业的工程承包，特别适用于远离公司本部的工程承包。各种项目组织形式的各自的优缺点及基本适用范围如表3-1所示。

各种项目组织形式的优缺点及基本适用范围汇总表　　　表3-1

项目组织形式	缺点	优点	适用范围
直线制	实行没有职能机构的"个人管理"	机构简单、权力集中、命令统一、职责分明、决策迅速、隶属关系明确	中小型项目
职能制	决策较难、容易产生扯皮	各职能部门职责明确、各负其责	地理位置上相对集中的项目
直线职能制	各部门间横向联系差，信息传递路线长，职能部门与指挥部门间易产生矛盾	集中领导、职责清楚，有利于提高管理效率	一般企业常用，项目管理用得较少
矩阵制	凝聚力较差，有时难免顾此失彼，双重领导，难以沟通	企业组织和项目组织目标相一致、能以尽可能少的人力，实现多个项目管理的高效益，有利于人才培养	大型复杂的或多个同时进行的项目
事业部制	企业对项目部的约束力较弱，会造成企业结构松散	有利于延伸企业的经营职能，便于开拓企业的业务领域	远离公司本部的工程承包

第三节　房地产项目管理组织模式

在房地产项目实施的过程中，往往涉及多家承包商。由于各承包商之间以及承包商与业主之间的关系不同，因而形成了不同的房地产项目管理模式。在房地产项目实施中主要的管理模式有：

一、总分包模式

（一）总分包模式概述

将工程项目全过程或其中某个阶段的全部工作发包给一家资质条件符合要求的承包商作为总承包商，由该总承包商再将其中若干专业性较强的部分工程发包给不同的专业承包商去完成，并统一协调和监督各分包商的工作。

项目总承包的模式主要有两种，见图 3-2、图 3-3。

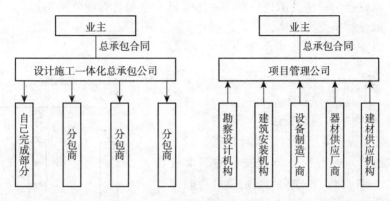

图 3-2 设计施工一体化总承包模式　　图 3-3 项目管理公司总承包模式

（二）总分包模式的特点

1. 有利于项目的组织管理

由于该模式业主只与总承包商签订合同，合同结构简单，有利于合同管理。并且使得业主的组织管理和协调工作量大大减少。在很大程度上节省了业主大量的时间和精力。

2. 有利于控制工程造价

总包合同价格可以较早确定，其中减少了许多变化的因素，所以业主可以承担较少的风险。在很大程度上保障了业主的权益。

3. 有利于控制工程质量

由于总承包商与分包商之间通过分包合同建立了责、权、利关系，因此，在承包商内部既有各分包商的自控又有总承包商的监督与管理，从而增加了工程质量的监控环节。对于工程质量有了较大程度的保障。

4. 有利于缩短建设工期

总分包管理模式对于总承包商来说具有控制的积极性，且分包商之间也相互制约。此外在设计施工一体化总承包的情况下，使得设计和施工能统筹安排，这对于缩短工期是有利的。

5. 招标发包工作难度大

由于合同条款不易准确界定，容易造成合同纠纷。就业主而言，尽管合同只有一个，但招标发包的难度大，特别是招标评委，既要懂设计、又要懂施工。无论是哪一方面的工作，技术含量都非常高。从而给招标增加了难度。

6. 责任重、风险大、利润高

对总承包商而言，责任重大、风险不小，不但需要具有较高的技术水平还要有较高的管理水平。当然，风险大获得潜在高额利润的可能也大。

基于以上特点，总承包模式适用于一般较大型的工程房地产项目。

（三）可以担当工程房地产项目总承包的主体种类

可以担当工程房地产项目总承包的主体种类主要有以下几种：

（1）以专业工程建设承包公司为主体（即专业项目管理公司）；

（2）以设计单位为主体；

（3）以企业（集团）为主体。

二、平行承包模式

（一）平行承包模式概述

业主将工程房地产项目的设计、施工以及设备和材料的采购等任务分别发包给多个设计、施工、供应商，并分别与它们签订合同的模式。该模式，各承包商之间的关系是平行的。平行承包模式的合同结构见图3-4。

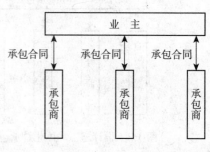

图3-4 平行承包模式合同结构图

（二）平行承包模式的特点

1. 有利于业主择优选择承包商

由于参与投标的承包商多，给众多承包商以竞争的机会，从而可以使业主获得较多的选择机会，有利于业主择优选择承包商。

2. 有利于控制工程质量

由于整个工程分别承包给不同的承包商，则各承包商间为了自己的利益，将不会允许自己的上道工序的承包商质量低下，这相当于业主又多了层质量监控。

3. 有利于缩短建设工期

由于各工序间分别发包，几个工序互不影响。则可缩短整个发包的时间，这对于缩短工期是有利的。

4. 组织管理和协调工作量大

由于合同数量多，使工程房地产项目系统内部结合部位数量增加，各项工作都多了很多。要求业主及其委托的监理单位有较强的组织协调能力。

5. 工程造价控制难度大

由于合同总价不易短期确定，从而影响工程造价控制的实施。同时由于工程招标任务大，需控制多项合同价格，从而增加了工程造价控制的难度。

基于以上特点，平行承包模式适用于那些具有较强管理和协调能力的业主。

三、联合体承包模式

（一）联合体承包模式概述

联合体通常由一家或几家公司发起，经过协商确定各自承担的部分及其价款，签署联合体章程，建立联合体组织机构，产生联合体代表，以联合体的名义由联合体代表与业主签订合同。一般而言，联合体承包往往是一种强强联合。

联合体承包模式的合同结构见图3-5。

（二）联合体承包模式的特点

对业主而言，合同结构简单，组织协调工作量小且有利于工程造价和建设工期的控制。

对联合体而言，可以集中各家在资金、技术、管理上的优势，克服单家公司力不能及的困难，既增强竞争能力又增强抗风险能力。

基于联合体承包模式的特点，其适用于规模巨大或技术复杂的工程房地产项目以及跨行业承包的项目。

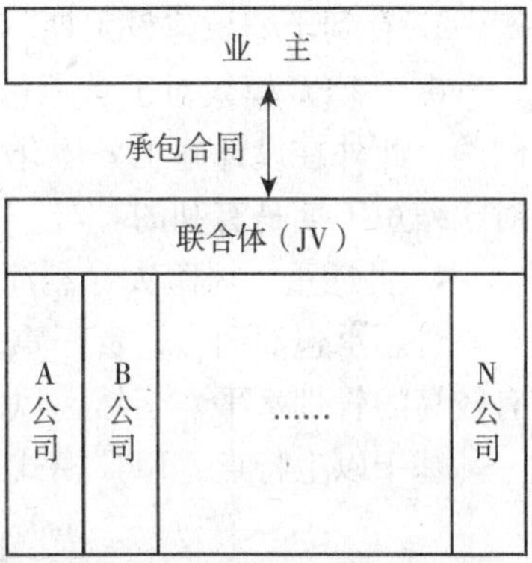

图 3-5　联合体承包模式合同结构图

四、合作体承包模式

（一）合作体承包模式的概述

当工程房地产项目包含工程类型多、数量大，或专业配套需要时，一家公司无力实行总承包而业主又希望承包方有一个统一的协调组织时，就可能产生几家公司自愿组成合作伙伴，成立一个合作体，并以合作体的名义与业主签订工程承包意向合同（也称基本合同）。达成协议后，各公司再分别与业主签订工程承包合同，并在合作体的统一计划、指挥和协调下完成承包任务。

合作体模式的合同结构见图 3-6。

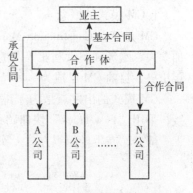

图 3-6　合作体模式合同结构图

（二）合作体承包模式的特点

合作体模式的主要特点是：就业主而言，其组织协调工作量小，但风险相对较大。而各承包商之间则是既有合作愿望，又不愿意组成联合体。

五、EPC 承包模式

（一）EPC 承包模式概述

EPC 承包模式（Engineer Procure Construct）又称为"交钥匙"承包，是指一家总承包商或承包商联合体对整个工程的设计、材料设备采购和工程实施实行全面的全过程承包。它类似于总承包模式，其合同结构也与总承包合同模式类似。

（二）EPC 承包模式的特点

1. 业主的组织协调工作量少，但合同管理难度大

由于该模式业主只与总承包商签订合同，合同结构简单，有利于合同管理。并且使得业主的组织管理和协调工作量大大减少。

2. 有利于控制工程造价

由于总包合同价格可以较早确定，所以业主可以承担较少的风险。

3. 有利于缩短建设工期

由于 EPC 模式对于总承包商来说具有控制的积极性，且分包商之间也有相互制约。此外在设计施工一体化总承包的情况下，使得设计和施工能统筹安排，这对于缩短工期是有利的。

4. 责任重、风险大、利润高

对总承包商而言，责任重大、风险不小，不但需要具有较高的技术水平还要有较高的管理水平。当然，风险大获得潜在高额利润的可能也大。

基于以上特点，EPC 模式适用于一般较大型的工程房地产项目。

六、CM 承包模式

（一）CM 承包模式概述

1. CM 模式的概念

CM 是英文 Construction Management 的缩写，CM 模式是一种广泛应用于美国、加拿大、欧洲和澳大利亚等国的工程承发包和管理模式，在国际市场上已有 30 多年历史，目前 CM 已成为一种特定承发包模式和国际公认的名称。

CM 模式的出发点是为了缩短工期。其基本思想是通过设计与施工的充分搭接，采用"Fast Track"快速路径法（见图 3-7），即设计一部分，招标一部分，施工一部分，在生产组织方式上实现有条件的"边设计、边施工"。

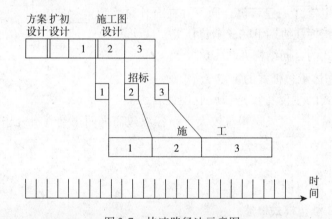

图 3-7 快速路径法示意图

由于管理工作的相对复杂化，要求由一家单位承担管理角色（称之为"CM 承包商"）。因为 CM 签约时设计尚未结束，故而 CM 合同价通常采用"成本加利润"方式。同时，CM 单位在设计阶段即介入项目，它并非单纯按图施工，而是通过合理化建议在一定程度上影响设计。

2. CM 模式的合同结构

（1）CM/Non-Agency（非代理型 CM）模式。

CM/Non-Agency（非代理型 CM）模式的合同结构见图 3-8。

（2）CM/Agenoy（代理型 CM）模式。

CM/Agency（代理型 CM）模式的合同结构见图 3-9。

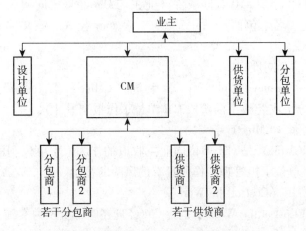

图 3-8 CM/Non-Agency 合同结构图

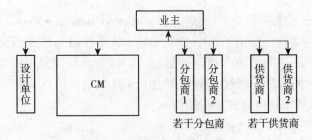

图 3-9 CM/Agency 合同结构图

(3) 两种 CM 模式的比较，可见表 3-2。

两种 CM 模式的比较表　　　　　　　　表 3-2

序号	比较方面	CM/Non-Agency	OCM/Agency
1	对分包合同的管理	业主任务较轻	业主任务较重
2	项目组织与协商	业主任务较轻	业主任务较重
3	投资控制	由 GMP 保证	业主风险较大
4	进度控制	取决于 CM 方能力	取决于 CM 方能力
5	质量控制	取决于 CM 方能力	取决于 CM 方能力
6	零星施工及施工总平面管理	由 CM 方承担	业主另组织力量

3. CM 模式的合同条件

美国建筑学会（AIC）和美国总承包协会（AGC）专门对 CM 模式制定了标准合同条件。

A121／CMc 和 AGC565 合同条件《业主与 CM 经理之间协议书标准文本，其中 CM 经理又是承包商》适用于 CM／Non－Agency 模式，该文件颁布于 1991 年，由 11 个条款组成。

B801／CMa 和 AGC510 合同条件《业主与 CM 经理之间协议书标准文本，其中 CM 经理不是一名承包商》适用于 CM／Agency 模式。该文件颁布于 1992 年，由 14 个条款组成。

4. CM 模式的合同价

CM／Non-Agency 合同价由 CM 利润（CMfee）和工程费用（Cost of the Work）两大部分组成（施工前阶段 CM 单位工作报酬另计）。

（1）CM 利润（CMfee）。

CM 利润（CMfee）是 CM 单位向业主收取的作为 CM 单位利润的酬金，亦包含了业主对 CM 单位承担管理工作所具有的风险的补偿。

（2）工程费用（Cost of the Work）。

工程费用（Cost of the Work）是指 CM 经理在施工阶段为实施工程所发生的一切必须费用。它包括 CM 班子工作成本、分包商、供货商合同价和其他工程费用。

（3）GMP 概念。

GMP 是保证最大工程费用的缩写（Guaranteed Maximum Price），是 CM 单位对工程费用承担的责任。所谓 GMP，就是通过 CM 单位进行施工管理，保证实际工程总费用和 CMfee 不超过预先商定的目标值，这个目标值是 CM 经理向业主保证的最大的 CM 合同价格，超过 GMP 的费用由 CM 单位支付，节省部分归业主。

5. CM 模式的工作内容和组织结构

（1）CM 模式的工作内容。

1）对设计的技术、经济方面提供咨询意见；
2）施工前期和施工阶段的进度控制；
3）施工费用控制；
4）对分包的施工质量控制；
5）对分包的招标及合同管理；
6）施工现场总平面管理与组织协调；
7）工程信息管理；
8）承担未分包工程和零星工程施工，以及业主指定的其他工作。

（2）CM 模式的组织结构。

CM 模式的组织结构见图 3-10。

（二）实施 CM 承包模式的价值

1. 工程质量控制方面的价值

（1）设计与施工的结合，有利于提高工程质量；
（2）严格的工程质量控制程序，为控制工程质量提供了保证。

2. 工程进度控制方面的价值

（1）"Fast Track"，有利于缩短工期；
（2）比总承包招标的时间更短；
（3）CM 单位的早期参与，可减少设计修改时间；

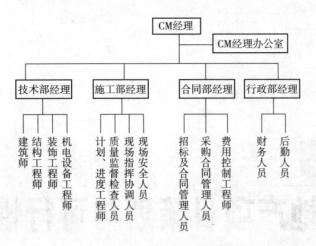

图 3-10 CM 模式的组织结构图

(4) 系统工程使工期进一步紧凑;
(5) 计算机控制确保了工期。

3. 工程造价控制方面的价值

(1) 与施工总承包相比,采用 CM 承包模式时的合同价更具合理性;
(2) CM 单位不赚取总包与分包之间的差价;
(3) 应用价值工程方法挖掘节约投资的潜能;
(4) GMP 大大减少了业主在工程造价控制方面的风险;
(5) 采用现代化管理方法和手段控制工程费用。

基于 CM 模式的特点,CM 承包模式特别适用于那些实施周期长、工期要求紧迫的大型复杂建设工程。

复习思考题

1. 现代企业组织结构的含义是什么?
2. 企业组织结构的基本构成要素有哪些?
3. 企业组织结构的主要形态是什么?
4. 企业组织结构的有效性及其重要意义有哪些?
5. 房地产项目管理组织主要有哪几种形式?
6. 房地产项目管理组织主要有哪几种模式?

第四章
房地产项目策划与可行性研究

　　房地产项目策划是在整个房地产项目开发前必须进行的工作，是整个房地产项目的成功与否起着决定性的因素。房地产可行性研究报告是根据可行性研究对项目进行科学的分析和预测。因此做好开发项目可行性研究工作，是项目成败的先决条件。项目可行性研究报告是项目立项阶段最重要的核心文件，具有相当大的信息量和工作量，是项目决策的主要依据。本章主要就房地产项目策划与可行性研究展开阐述。

第一节　房地产项目策划

　　在中国，虽然房地产项目策划较制造产业的策划起步较晚，但由于房地产项目的高投入、高风险性，专业策划已经顺理成章地在近十年来的房地产领域得到了广泛的发展。

一、房地产项目策划的概念

　　什么是策划？美国哈佛企业管理丛书编纂委员会给出的定义是："策划是一种程序。在本质上是一种运用脑力的理性行为。基本上所有的策划都是关于未来的事物，也就是说，策划是针对未来发生的事物作当前的决策。"根据以上定义，我们可以将策划理解为筹划或谋划。策划是一种立足现实，面向未来的活动。
　　房地产项目策划就是在房地产项目开发前的筹划或谋划。具体地说，房地产项目策划就是根据房地产项目的具体目标，以客观的市场调研和市场定位为基础，综合运用各种手段，按一定的程序对未来的房地产开发项目进行创造性的规划，并以可操作的策划文案作为结果的活动。

二、房地产项目策划的特征

1. 地域性

这是由房地产项目地域性的特点所决定的。如北方的朋友来到泉州，对泉州老城区建筑上的燕尾脊和马鞍脊赞不绝口，但谈到在北方建设这种建筑的可能性时却直摇头。为什么？因为北方的大部分顾客不会接受。这就是地域性文化对建筑的影响。所以在房地产项目策划时，要考虑文化氛围、自然环境、经济条件、市场状况等因素的影响，这是其一。其二是要考虑房地产项目周边市场供求情况和市场发育情况，同样的户型、同样的质量、不同的地域，其售价是有天壤之别的，带给房地产开发商的利润相差很大。其三，要考虑项目所在地的功能区位、地理区位和街区区位等因素。

2. 前瞻性

一个房地产项目运作周期少则二三年，多则七八年，作为策划，其理念必须要超前。如某房产公司曾在河北廊坊搞过一个住宅项目。当初在主流户型的建筑面积决策时，项目业主坚持要定在 $60 \sim 70m^2$，理由是"廊坊市长也就住到这个标准"。结果没有几年，随着国家经济和城市房地产市场的迅猛发展，到1996年前后，这种户型就被市场所淘汰。

所以说，房地产项目策划一定要有前瞻性和预见性，这种前瞻性和预见性表现在房地产项目运作的各个阶段。比如说，在市场调研阶段要预见房地产项目的政策情况及整个市场情况，在投资分析阶段，要预知未来开发的成本、售价的走向，在规划设计阶段，要预知小区规划、户型设计、立面效果等方面的发展趋势。在推广销售阶段，要弄清当前的市场状况，如当前市场上房地产项目的开发数量、在售楼盘的价格。在分析思考的基础上，对拟开发项目，其销售价格、推广时间、楼盘包装、广告发布等方面有超前的眼光。

3. 系统性

前几年，一个概念可以救活一个项目，以北京为例，房地产策划人想出了许多概念性的东西，比如：奥运概念、音乐概念、亲水概念、山水概念、SOHO概念、生态概念，真可谓概念满天飞，以致许多人认为，地产策划就是炒概念。应当说，这些概念之于房地产项目确实功不可没。但随着房地产市场的发展和规范，概念虽然不可或缺，但已不是项目成功的唯一因素了。策划业内人士现在已经性格内敛，把眼睛盯在户型设计、环境规划、投资分析、建筑施工、营销推广、物业服务等非常现实的工作上。加之房地产项目是一个庞大的系统工程，这就决定了策划工作也要按系统工程规律来操作，必须对组成系统的各个子系统，加以分析策划和整合，以求各子系统密切联系协调发展、有机统一，从而保证大系统的有序、协调运作。

4. 创新性

创新是一切策划的灵魂，房地产策划要追求新意、独创、永不雷同。在产品越来越同质化的今天，追求创新就显得越来越重要。所谓房地产项目策划创新，一是概念创新，二是策划方法创新。概念创新比较容易理解，方法创新其实是共性方法在不同项目上的不同组合。因为策划的方法和手段虽然有共性，但不同的方法手段组合，用在不同的项目上，却可以达到不同的效果。

5. 可操作性

任何方案没有可操作性都只能是纸上谈兵。经常有一些非常理想的策划方案，由于完全脱离了市场的客观或超出开发商的负担能力和实施能力而变成一堆废纸。所谓可操作性，一是在实际市场环境下有可操作的条件，二是在具体的实施上有可操作的方法，三是策划方案易于操作容易实施。曾经炒得火热的智能小区的建设方案就是一个典型。前几年，某策划公司给长沙一家开发商策划一套智能小区的建设方案，当时智能小区的解决方案并不成熟，而智能大厦的解决方案比较成熟，但智能小区和智能大厦并不是一回事，开发商在没有完全搞明白的情况下，为追求建设高品质小区的目标而贸然行事。结果业主入住后，智能系统却迟迟无法发挥整体作用，造成许多业主的不满，这是一例典型的因技术不成熟而缺乏操作性的案例。所以无论是策划公司还是开发商，千万不要为了追求新、奇而忽视方案的可操作性。

6. 引导性

任何房地产项目策划方案都应当是以市场需求为依据的，然而仍有许多经过市场调查再策划的产品都未获得全面成功，原因就在于缺乏引导。心理学告诉我们，人的需要是具有可伸缩性和可诱导性的。在现实生活中，消费者的需要受到内外各种因素的影响和制约，在需要的多少、强弱，满足水平和方式等方面具有一定的弹性，只要我们加以适当引导，这种隐含的、不明显的需要，就会变成实实在在的购买需求。比如在福利分房尚未结束之前，即便人们手上有钱也不去考虑购买商品房；在福利分房结束之后，在"居住舒适度"、"买住宅就是买地位"、"买住宅就是买文化"等理念的诱导下，即使手中钱不多，许多人也会贷款来买住房。实际上房地产的各种主题概念无一不是为引导消费而产生的。一个好的策划方案会通过主题策划、产品策划、营销策划、物业管理策划，有效引导激发人们对产品的占有渴望，挖掘出新的市场需求，所谓"引导市场、创造市场"就是这个意思。

三、房地产策划的步骤

1. 项目的前期工作

（1）房地产项目所在地市场情况初步调查。

主要任务：从宏观上整体把握项目所在地房地产市场情况，从区域环境、区域房地产市场情况、项目所在地板块竞争项目分析，对项目情况作初步了解，为项目可行性研究提供依据。

1）房地产宏观环境分析。

主要是对区域经济、经济环境、政策环境、行业环境等宏观环境进行分析。

区域环境。研究区域环境要注重这几个方面：区域概况、面积、人口、交通、通信、旅游等。

经济环境。经济环境研究通常包含国民经济情况、财政收支、产业结构和主导产业、家庭收入和支出、消费结构和消费水平、对外贸易，以及经济发展规模、趋势、速度和效益等。

政策环境。即与地产市场相关的房改政策、房地产价格政策、房地产金融政策、土地制度和土地政策、税收政策等。

行业环境。有关国民经济社会发展计划、发展规划、土地利用总体规划、城市建设规划和区域规划、城市发展战略等。

与此同时，在地产开发过程中，对资本流动量、项目的分析和评估手段、投资价值与决策、交易规模和交易过程、货币信贷情况等方面也应该做出系统的研究。

2）房地产项目所在地房地产市场状况分析。

主要通过发展描述、现状剖析和未来预测等方面来分析。

城市房地产市场发展描述。主要通过数据的统计，进而对供应量与需求量、价格走势进行客观、深入地描述。

市场现状剖析。通过对比近3~5年的成交量、供应量及成交价格，结合当地居民的居住观念及开发商的开发模式，对当地市场现状进行深层次的剖析。

未来走势预测。在现状剖析的基础上，就与项目相关的方面，如郊区住宅发展趋势等，做出预测（约3~5年）。

3）房地产项目所在地板块市场分析。

可以从板块的总体规划、功能定位、开发动态、物业价格水平等进行分析。

板块总体规划。主要包括其住宅规划、配套规划、道路规划、绿地规划等。

板块功能定位。是商务中心还是居住中心等都要加以区分。

板块开发动态。已建、在建和即将开发的项目要有全面、扼要的认识。

板块物业价格水平分析。这是制定价格策略的基础，因此一定要搜集准确、全面的资料，并进行归类、分析。

4）房地产项目地块环境研究分析。

地块环境研究报告一般的结构是：对开发地块周围1~2公里范围内，以及开发地块未来在城市发展走势中的地位研究分析（包括：生活配套、交通状况、周边景观、污染状况、社会治安、未来发展状况等）。

生活配套。主要包括交通状况、商业网点状况、休闲、体育场所、医疗、教育设施分布及未来发展预测。

交通状况。各种交通工具的通勤半径、停车设施状况研究、各种公路交通工具维修点状况。

周边景观。自然景观、历史人文景观等。

污染状况。空气质量、水质状况、土质状况、辐射物辐射状况、能见度状况、水汽及腐蚀状况及未来变化。

社会治安。主要是当地的治安情况。

未来发展状况。交通未来发展状况研究、教育及医疗未来发展状况研究、购物及休闲未来发展状况研究、体育及旅游景点未来发展状况研究。

5）项目地块特性分析。

该分析包括地块的基本情况和总体分析。

项目地块的基本情况。主要有地理位置、占地面积、规划用途、规划指标（容积率、建筑密度、绿化率、建筑限高）及其他一些基本情况。

项目地块的总体分析。从区位、时机、政策及经济环境、自身条件和外部可利用资源等对项目进行优势、劣势、机会和威胁分析。

（2）对房地产项目所在地市场情况再次进行调查。

主要任务：深入了解房地产市场的需求情况，确定可类比项目，对可类比项目进行调查和研究，为项目定位提供依据。

1）对该区域房地产市场环境作深入的调查与分析。

市场需求和消费者行为调查。主要包括消费者对某类房地产的总需求量及其饱和点、市场需求发展趋势、市场需求影响因素调查、需求动机与行为调查。

房地产市场状况针对性调查。主要包括对该区域的明星楼盘、畅销楼盘、滞销楼盘、最受欢迎物业类型、住宅市场空置率等进行调查分析。

房地产市场的营销手段调查。主要包括房地产广告的时空分布及广告效果测定、房地产广告媒体使用情况、房地产广告预算与代理公司调查、各种公关活动对项目绩效的影响，以及房地产市场营销方式的采用情况。

2）对可类比项目进行全面分析。

该项分析包括对可类比项目自身特色、各类硬件指标及软件指标、销售业绩等进行分析。

对可类比项目的硬件指标调查。项目占地面积、用地面积、容积率、建筑密度、绿化率、规划户数等的调查研究。

对可类比项目的软件指标调查。主要包括项目价格层次、户型配比、社区配套、项目定位、主要卖点等。

对可类比项目销售渠道使用情况的调查和分析。

对可类比项目者的广告投放和广告费用、广告策略的研究。

对未来可类比项目情况的分析与估计等。

（3）制定房地产项目投资分析报告。

1）对房地产项目开发基本情况介绍；

2）房地产项目开发的成本分析；

项目开发的成本主要包括土地购置成本、前期开发费用、建安工程造价、公建配套设施费、管理费用、财务费用及税费等。

3）房地产项目开发的投资收益分析。

2. 项目概念设计及项目定位

（1）可类比项目、重点竞争对手营销策略分析。

（2）对可类比项目分析的重点主要有项目概况、市场定位、价格、销售对策、主要媒体运用及投放频率、公关促销活动、其他特殊卖点和营销手段。

（3）房地产项目潜在价值的挖掘。

1）挖掘项目先天的最大价值。从品牌价值、时机价值、文化背景价值、环境价值、交通价值、地形、规模、产品特色等方面入手。

2）赋予其适当且最大化的后天价值。可以从楼盘硬件价值、产品可感受价值、功能提升型价值、居住文化与生活方式、情感、身份、规范与指标、荣誉与规范、直接促销功能等卖点着手，提升房地产项目的后天价值。

（4）房地产项目的目标客户群锁定。

要锁定目标客户，必须明确目标客户的定位，可以采用问卷调查的方法进行客户的调查。一般，调查问卷应包括以下问题：哪些人是买家（包括隐性、显性两类）？买家为什么要买这些房子？谁参与了买家的购买行动？买家会以什么样的方式买房？买家会什么时候买房？买家在哪里买房等。在汇总调查内容的基础上，对买家的文化特征、社会特征、个人特征和心理特征进行最全面、最准确地描绘。从而对目标客户群进行定位，通过对目标客户群描述，进行项目的策划，以促使项目与目标客户群的对接。

（5）房地产项目开发主题定位及房地产形象定位。

1）房地产项目开发主题定位。

为项目建立领先的、策略型的市场主题概念体系：

①该体系不仅是一个主题概念的提出；

②该体系紧扣项目与当地房地产市场的大势与机会点；

③立足于该项目资源优势与发展商自身优势之上；

④具有充分的整合性。该体系能够充分挖掘、兑现项目的最大价值，包括项目的核心优势与一系列卖点；

⑤该体系的深度是能够使项目输出持续的价值，从而保证大型项目的持续旺销热度，并为战略扩张埋下伏笔；

⑥该体系能够与项目的建设与分期开发节奏及发展商的开发与推广相匹配，实现脉动状的市场推动功能。

2）房地产项目形象定位。

围绕项目的开发主题定位，从功能与形式两方面入手，为项目进行形象定位。

（6）房地产项目的产品设计及建议。

1）房地产项目总评规划。

会同专业规划公司进行土地开发总平规划，坚持"市场化"与"适度超前"两个原则。

2）房地产交通道路规划。

包括小区内交通道路规划和小区连接外部道路规划。

3）社区配套规划。

主要是公建配套设施等的规划。

4）房地产户型设计建议。

包括户型比例配置（两房两厅、三房两厅等占多大比例的配置）、户型面积比例（80平方米以下、80~100平方米等占几个百分点，需进行精确配比）及户型设计特色（单式、跃式、复式及功能分区）等建议。

5) 建筑设计建议。

包括立面设计建议、整体风格建议和组团规划设计建议。

6) 园林景观规划。

包括绿化面积的确定、景观的主题提炼和景观的特色营造。

7) 智能化系统设计建议。

应坚持"适度先进"、"控制成本"及"特色营造"三个原则，提出智能化系统设计建设。

(7) 房地产项目开发策略拟定。

1) 分期发展策略；

2) 分期发展计划。

3. 房地产项目的营销策划

(1) 房地产推广策略的定位。

主要是确定房地产推广过程中的品牌策略、价格策略、广告策略、媒介策略和活动策略。

(2) 制定市场进入方案。

主要是围绕营销思路，制定营销策略。

4. 项目入市准备及阶段策略

主要是划分销售周期并确定各周期的工作内容、营造合适的营销环境、选择最佳的入市时机。

四、房地产策划的内容

房地产策划分为：房地产市场策划、房地产产品策划、房地产营销策划和房地产开发策划。

(1) 房地产市场策划是指对房地产项目投资开发中涉及的诸多要素（经济、政策、法规、规划、国土、市场、消费者、人文、地理、环境、交通、商业、市政配套等）进行客观调查，并通过科学系统的定量定性分析和逻辑判断，寻找到满足项目众多元素的结合点（城市规划条件的满足、房地产商经济合理回报的需要、购房消费者的有效需求等）。房地产市场策划的成果及结论（项目战略定位及产品定位建议）对后续各阶段策划具有方向性和指导性，因此，房地产市场策划是房地产策划的首要环节。

(2) 房地产产品策划就是研究如何科学地制定房地产项目的总体规划立项之后建筑设计的依据问题，摒弃单纯依靠经验确定设计内容及依据（设计任务书）的不科学、不合理的传统方法，利用对建设目标所处社会环境及相关因素的逻辑数理分析与相关定性分析，研究项目任务书对设计的合理导向，制定和论证建筑设计依据，科学地确定设计内容，并寻找达到目标的科学方法。其主要内容包括：项目总平规划、套型、户型及户型比、户型面积、交通系数、公摊系数、使用系数、配置标准、环境景观设计等，产品本身的品质是最主要的策划内容。房地产策划就是将市场策划的成果，通过建筑技术语言将其表现出来的过程。房地产产品策划是介于城市规划与建筑设计之间的一项重要"断层"工作，也是我国目前房地产业发展过程中最薄弱的环节，是房地产市场经济发展到目前阶段的必然产物。

（3）房地产营销策划是指房地产策划商及发展商对将来要发生的营销行为进行超前决策。为实现目的，达到预期目标，必须与市场策划、房地产策划建立密切的关系，科学地分析市场、顾客及与之相关的各种因素，然后创造性运用自身的能量，力求在适当的时间、适当的地点，以适当的价格和促销方式让顾客获得满足。如果推销一种观念，就有必要采取一定的策略和技术使大众自觉地接受它，而在这个过程中，营销策划人员所做的分析、判断、推理、预测、构思、设计、安排、部署、实施等工作，便是房地产营销策划。营销策划就是将市场策划、产品策划两阶段的策划成果，通过系统而形象的表现手法将产品的各种优势（卖点）淋漓尽致地诉求给锁定的目标客户群。营销策划包括营销推广、营销执行两大部分。营销策划是最终实现产品飞跃为商品的过程和手段。

（4）房地产开发策划是指房地产商从项目选址到取得土地使用权始，经过项目全程策划、规划设计和施工建设等过程，建造成可以满足人们某种需要的建筑物及其附属设备、设施与环境，即房地产产品，然后将其在市场上销售，将房地产产品出售给新的投资者或使用者，并通过这个交换过程收回投资以实现房地产商获取收益的目标过程。其中包括房地产生产和流通的统一过程称之为房地产开发。

五、房地产策划人员的能力要求

（1）房地产的基础知识。对房地产行业的人员来说，应该是基础。

（2）计算机运用能力。由于在发出策划中会运用到计算机软件，因此，计算机运用能力也是基础。

（3）写作能力。策划主要的工作就是通过文字传达一些思想，这与销售有很大的区别。策划人员一般都是从基础的调研报告、策划报告等开始的，所以始终需要比较强的写作能力。

（4）表达沟通能力。有了好的想法和思想，只用文字表达在很多时候是不够的，毕竟文字是苍白的，有些想法是无法用文字表达和陈述的，所以良好的表达和沟通的能力，是非常重要的。

（5）总结分析能力。其实，很多的报告写了几百页，得出的最好的那几行字，也就是那些结论，这些结论才是最值钱的。这是一个好的策划人或者开发商想要的目标。比如可行性报告里的"可行"、回报率"20%"等类似的言语，再比如定位的文字等，都是通过分析总结得出的，都是浓缩的精华。

（6）对项目的把控能力。其实在真正的操盘中，报告往往变成了形式，真正能够胜任任务的，还是靠自己的把控能力，毕竟有的时候报告变成了不可执行的废纸，这时候需要策划人随机应变，进行快速调整，当然这还需要对当前的情况进行总结分析，找对方向方可继续操盘。

第二节　房地产项目的构思与定义

一、房地产项目的构思

（一）房地产项目构思的概念

项目构思是指对未来项目的目标、功能、范围以及项目涉及的各主要因素和大体轮廓的设想与初步界定。它是一种创造性的探索过程，是项目策划的基础和首要步骤，其实质在于挖掘企业可能捕捉到的市场机会。项目构思的好坏，不仅直接影响整个项目策划的成败，而且关系到项目策划过程的繁简、工作量的大小等。任何项目都从构思开始，项目构思常常来自于项目的上层系统（即国家、部门、企业等）的现存需求、战略、问题和可能性。

（二）房地产项目构思的特征

房地产项目构思是房地产前期策划的主要内容之一，是以客观的市场调研和市场定位为基础，以独特的概念设计为核心，综合运用各种构思方式，按一定的程序对未来的房地产开发项目进行创造性的规划。因此，房地产项目的构思与其他项目的构思存在着较大的差别，具有独特的项目构思特征，其特征有如下六点。

1. 地域性

（1）要考虑房地产开发项目的区域经济情况。在我国，由于各区域的地理位置、自然环境、经济条件、市场状况区别较大，进行房地产项目构思时不能不考虑这些情况。

（2）要考虑房地产开发项目周围的市场情况。从市场角度看，房地产项目构思的重点是要把握市场的供求情况、市场的发育情况，以及市场的消费倾向等。

（3）要考虑房地产项目的区位情况。如房地产项目所在地的功能区位、地理区位、街区区位等。

2. 前瞻性

房地产项目构思的理念、创意、手段应着重表现为超前性、预见性。房地产开发项目的完成周期少则两三年，多则五六年，甚至更长，如果没有超前的眼光和预见能力，就会造成投入较大而产出较小，给企业带来巨大的损失。这种超前眼光和预见的能力，表现在：

（1）项目的可行性研究阶段，要预见到几年后房地产项目开发的市场情况；

（2）投资分析与决策阶段，要预知未来开发的成本、售价、资金流量的走向；

（3）规划设计阶段，要在小区规划、户型设计、建筑立面等方面预测未来的发展阶段；

（4）营销推广阶段，要准确预测未来市场的变化趋势，为销售价格的确定、楼盘包装、广告发布等方面奠定基础。

3. 市场性

房地产项目构思要适应市场的需求，主要表现在：

（1）房地产项目构思自始至终要以市场的需求为依据——顾客需要什么样的

房子，就建造什么样的房子；

（2）房地产项目构思要以市场为导向——房地产市场变了，房地产项目构思的思路、定位方式也要跟着改变；

（3）房地产项目构思要在现有市场的基础上，造就市场，创造市场。

4. 创新性

房地产项目构思要追求新意、独创。房地产项目构思创新，首先表现为概念新、主题新。因为概念与主题是项目的灵魂，是项目发展的指导原则，只有概念与主题有了新意，才能使项目有个性，才能使产品具有与众不同的内容、形式和气质。其次表现为方法新、方式新。项目构思的方式与方法虽有共性，但运用在不同的场合、不同的地方，其产生的效果也不一样，这需要通过构思实践来创新。

5. 可操作性

房地产项目构思的可操作性特征要求：

（1）在实际市场环境中，项目具有市场条件的可操作性；

（2）在具体的实施上有可操作的方法；

（3）构思方案要易于操作、容易实施。但是，在实际的房地产项目实施过程中，经常有一些项目构思方案完全脱离了市场的客观或超出了开发商的负担能力和实施能力，形成空洞的"纸上谈兵"。

6. 多样性

在房地产项目中，开发的方案是多种多样的，我们要对多种方案进行权衡比较，扬长避短，选择最科学、最合理、最具操作性的一种，同时，房地产项目构思方案也不是一成不变的，应在保持稳定性的同时，根据房地产市场环境的变化，不断对构思方案进行调整和变动，以保证构思方案对现实的最佳适应状态。

（三）房地产项目构思的环境分析

房地产企业在进行项目构思时，首先要预测可能的外部环境变化，放弃那些可能因外部环境的变化而难以持续经营的项目，选择能适应外部环境变化的项目，并根据可能的外部环境变化对项目进行可调性设计，以应付可能发生的变化；其次要全面分析开发项目的环境条件，特别要分析影响项目的敏感因素，以确定项目的可行性及开发时机是否已经成熟。一般来说，环境条件对项目构思的影响可分为宏观环境和微观环境两大因素。

1. 宏观环境因素的影响

宏观环境对房地产项目构思的影响具有全域性，是非常重要的影响因素。在具体的房地产项目实施过程中，宏观环境因素的影响表现在以下几个方面：

（1）政治法律环境的影响。

政治法律环境主要包括一个国家或地区的政治制度、政治形势、方针政策和法律等。政治环境对房地产项目构思影响最大的是政府的产业政策，产业政策是指政府对某些特殊产业实行扶持或限制的政策，可分为国家产业政策和地方产业政策，地方产业政策的制定虽然以国家产业政策为依据，但地方政府往往会根据本地区的资源优势而确定不同的产业政策。房地产产业政策一旦确定，该产业范围内的项目的立项审批程序以及税收、贷款和其他相关条件基本确定，不同等级的房地产企业进入该产业的"门槛"标准已经确定。法律环境对企业项目构思的影响主要体现在政府规制的变化。政府规制是强制性的，一旦规制出台，任何属于该范围的经济主体都要无条件地执行。

(2) 经济环境的影响。

经济环境是指企业经营过程中所面临的各种经济条件、经济特征和经济联系等客观因素。房地产企业开发的项目都是在一定的经济环境中运作的，经济环境直接影响项目实施的可行性和经济效益。

(3) 社会文化环境的影响。

社会文化环境是指一个国家或地区的民族特征、文化传统、价值观、宗教信仰、教育水平、社会结构和风俗习惯等情况。社会文化环境中许多因素都具有继承性和稳定性，受到传统文化和历史继承的制约。但是，当社会的政治法律环境发生巨大变化时，社会文化环境也将随之变化。这些变化不仅直接导致人们的消费观念、价值观、教育水平、收入水平及结构的变化，而且会改变人们对一些产品的需求，引发许许多多新的需求，促成许多新项目构思的形成。

(4) 技术环境的影响。

技术环境是指一个国家或地区的技术水平、技术政策、新产品开发能力以及技术发展的动向等。当今科学技术发展的速度越来越快，其革命性成果大大改变了人类社会的生产和生活方式，也都会对项目构思产生巨大的影响。在房地产开发过程中，新技术、新工艺、新材料和新设备的运用，为企业提供了丰富的项目构思源泉，为企业取得较强竞争优势奠定了基础。

2. 微观环境因素的影响

地区之间的发展是不平衡的，造成了不同地区的项目存在着不同程度的差异。所以在项目构思时，仅考虑其宏观影响因素是不够的，还必须对项目所在区域进行微观因素分析。这是因为：首先，宏观经济对区域经济的影响程度和速度不同，主要表现为对有的区域影响大，对有的区域影响小，对有的地区影响的快，对有的地区影响的慢，投资时必须加以考虑；其次，特定的地区经济可能免受或少受宏观经济波动的影响，也可能形成与宏观经济趋势相反的逆向走势。所以，在项目构思时，只有把宏观环境因素的普遍性和区域发展的特殊性结合起来，才能切实把握投资项目所在地区的区域经济发展趋势，保证项目成功实施。下面从5个方面分析区域性微观因素：

(1) 地区经济发展水平。

地区经济发展水平包括物价和工资水平、储蓄和贷款利率、人均GDP、消费结构和水平等指标，这些是房地产项目构思必须考虑的一个重要的区域性因素。同一国家不同地区的经济发展水平存在着一定的差异，如东西部差异、南北差异、沿海沿江与内陆地区的差异。这种状况的形成既有历史性原因，也有地理位置上的原因。

(2) 产业结构变化的影响。

产业结构变化是构成产业的各个组成部分发生变化而引起的组织结构变化。不同的产业，因其产出的产品不同而具有自己独特的技术经济特征，不同的产业阶段，相同的产业还可能呈现出不同的业态，这些业态又随着产业成熟度的提高而变化。企业面对这些变化，应积极地进行项目的构思，以加强企业的市场地位和竞争能力。

（3）地区发展战略。

地区发展战略是根据国家宏观经济发展战略和地区自身的优势，研究确定的该地区在今后若干年内的发展目标，它必须具有超前性，能代表该地区未来的重点发展方向。这是房地产构思中必须重视的问题，如果房地产开发项目能以地区发展战略为指导，则在该地区的项目投资定位上不会产生大的偏差。

（4）人口因素。

人口因素对该地区房地产物业的需求至关重要。它包括人口的数量、家庭规模和结构、人的素质等。

（5）环境因素。

一个地区的环境因素主要包括自然环境和人文环境，是房地产项目构思必须重点考虑的因素等。

（四）新时期房地产项目构思的制胜法宝——创新构思

市场经济的发展和住房体制改革的不断深入，使房地产市场日渐进入买方市场。项目运作的成功与否固然有多种因素，但创新是最重要的一环。房地产市场竞争的实质是创新的竞争，这已是众多开发商成功的秘诀。房地产项目构思的创新主要表现在以下三点。

1. 房地产项目目标设计理念的创新

在房地产开发项目构思上，就要依据开发商自身的实力、能力，结合政治、经济、社会等要素，寻找市场可发展空间，确立项目的销售对象，在如林的项目竞争中标新立异、脱颖而出。在迎合买方需求心理的前提下，设法使其感到实用而又新颖、别致，产生巨大的吸引力和非买不可的购买欲望。

2. 房地产项目的空间创新

建筑空间是项目设计的具体形态，优秀的建筑之所以引人入胜或经济效益显著，最主要的是其建筑空间特色。一座建筑要保持长期不落后，同样依赖于所创造的建筑空间所起的作用。不同功能与特色的建筑，需要由不同的空间组成。空间构建的核心是人，以人为本是空间组合的依据，高效、感人、舒适、安全、便捷、张扬个性与环境互融，也是空间设计的关键所在。悉尼的歌剧院、上海的金茂大厦、香港的会展中心、北京的故宫、合肥的琥珀山庄住宅小区不啻是空间组合的典范。

3. 经营策略的创新

经营策略的创新包括定价、销售渠道、销售策略、售后服务（物业管理）等方面的创新，这些创新都会吸引买家的注意力，是进行有效促销的必要手段。特别是物业管理方面的创新，在现阶段应该体现"以人为本"的亲情关怀，急业主所急、想业主所想。所以，房地产项目构思只有在理念、空间、文化、环境上创新，才能增强市场占有率，赢得买主的青睐，实现丰厚的经济效益，创造良好社会和环境效益。

二、房地产项目的定义

（一）项目的目标设计

目标是一种想要的结果状态。比如房地产开发商获得了一块土地使用权，用来从事房地产开发项目，这个开发项目完成后应该是一个什么样子，就是开发商所要达到的目标。要取得项目的成功，必须有明确的目标。没有明确目标的项目就像没有舵的飞机，风吹向哪里，它就飞向哪里，但不一定是它要去的地方。房地产项目采用严格的目标管理方法，项目管理的工作重心就是对项目目标的控制。因此，目标的设计对项目的实施具有非常重要的意义。

1. 分析影响项目的因素

影响项目的主要因素包括：

（1）环境因素。环境因素主要是指经济、技术、政治，以及自然和社会等方面的因素。

（2）组织因素。包括人员的专业水平、物资资源、从事项目活动的经验、公司的状况、企业的市场地位等。

（3）项目相关者的期望。项目相关者指的是在项目中有既定利益的任何组织和个人。包括项目的投资者、项目交付成果的使用者，以及项目的其他参与者。项目相关者的期望对项目的成功或失败有很大的影响，如果对项目实施的期望不现实，影响一定是消极的。

通过对影响项目的因素的分析，可以对目标设计提供大量的信息，可以对项目构思做出进一步的评价，并且可以对项目中的一些不确定性因素即风险做出分析，并对风险提出相应的防护措施。

2. 问题的定义

问题定义是目标设计的诊断阶段，从问题的定义中确定项目的任务。项目本身就是计划要解决的问题，当我们做一个项目时，很大程度上是在解决某个问题。实施一项地铁房地产项目，是为了解决城市交通问题，建一幢教学楼，是为了解决教学设施的问题。每一个项目都是要为组织解决一个问题。因此，为了确定项目将要达到的目标，明确我们为达到目标所要完成的任务，必须要对我们面临的问题做出分析和准确的判断。怎样定义一个问题决定了我们怎样解决一个问题。问题定义的基本步骤为：

（1）提出问题，确定有几个大的问题以及每一个大的问题又由几个小的问题构成。

（2）对原因进行分析，将问题的症状与背景、起因联系在一起，寻找出问题产生的原因。

（3）分析这些问题将来发展的可能性和对上层系统的影响。有些问题会随着时间的推移逐渐减轻或消除，相反有的却会逐渐严重。

3. 目标系统的建立

（1）目标系统结构。

项目目标系统至少有如下三个层次：

1）系统目标。目标系统是对项目总体的概念上的确定，通常可以分为：

功能目标，即项目建成后所达到的总体功能，例如一幢教学楼建成后可以满足1000名学生在里面同时进行学习。

技术目标，即对工程总体的技术标准的要求或限定，例如教学楼的建设必须达到国家规定的建设标准。

经济目标，如总投资、投资回报率等。

社会目标，如对国家或地区发展的影响。

生态目标，如环境目标，对污染的治理程度等。

2）子目标。子目标通常由系统目标导出或分解得到，或是自我成立的目标因素，或是对系统目标的补充，或是边界条件对系统目标的约束。例如生态目标可以分解为废水、废气、废渣的排放标准，环境的绿化标准，以及生态保护标准。

3）可执行目标。子目标再分解为可执行目标。它们决定了项目的详细构成。可执行目标以及更详细的目标因素的分解，一般在可行性研究以及技术设计和计划中形成、扩展、解释、量化，逐渐转变为与设计、实施相关的任务。

（2）目标因素的分类。

1）按目标的性质分类。

强制性目标。即必须满足的目标因素，包括相关的法律法规、技术规范、行业标准等。这些目标必须纳入项目系统中，否则项目不能成立。

期望目标。即尽可能满足的，有一定范围弹性的目标因素。例如总投资、投资收益率、就业人数等。

2）按目标的表达形式分类。

定量目标。能够用数字表达，通常是一些可考核的目标。如工程规模、投资回报率、总投资等。

定性的目标。不能够用数字表达，通常是一些难以考核的目标。如改善企业或地方形象、改善投资环境，使用户满意度等。

4. 定义目标的基本要求

明确清晰地定义目标系统，可以使项目管理者对项目目标的认识变得明晰。也许在开始制定目标时，对项目所应当达到的目标并不很清楚，但是随着定义目标这项工作的开展，将使我们对目标的认识越来越清楚。以书面的形式描述项目的目标系统，可以使项目管理组织中的成员都能够获得一份项目目标的说明，并定期参考它们，有助于组织成员解决要做什么的观点分歧。清晰明确地定义目标应当满足下面的基本要求：

（1）目标应当是具体的。

（2）目标是能够达到的。

（3）目标在可能的范围内是可评估的。
（4）目标应能够满足上层系统的要求。
（5）目标应当尽量用可交付成果的形式来说明，如评估报告、书面建议等。
（6）目标应当能够被理解，即能够让其他人知道你正在努力去达到什么。
（7）目标是现实的，是一个项目组织应该做的事情。如果目标不符合总体的项目使命，那么该目标就值得探讨了。
（8）目标有时间限制。如果目标没有时间限制，就永远不会达到。

5. 目标的重要性程度

在一个项目中有许多的目标，它们有不同的重要程度，这些重要程度可能由需求、经济或社会要求决定。因此，必须区分不同目标的重要程度，建立目标的优先级别。基本原则是较小重要性目标应当服从较大重要性目标，局部目标应当服从整体目标，期望目标应当服从强制性目标。

（二）项目定义

1. 项目的界定

项目的界定，简单地说就是确定项目并界定项目的范围。我们知道，项目是在一定的限定条件下，在限定的时间范围内所完成的一次性的任务。通过项目的界定，首先要把一项任务界定为项目，然后再把项目业主的需求转化为详细的工作描述，而描述的这些工作是实现项目目标所不可缺少的。因此，项目的界定是项目的首要工作。

2. 项目范围的界定

确定任务为项目时，对任务的管理就变成对项目的管理。项目范围的界定就是进一步确定成功实现项目目标所必须完成的工作有哪些。项目范围的界定要从三个方面来考察：

（1）项目的基本目标是什么？
（2）必须做的工作有哪些？
（3）可以省略的工作有哪些？

解决好以上三个方面的问题，就可以把有限的资源用在完成项目所必不可少的工作上，确保项目目标的实现。经过界定，去掉了不必要的工作，不但避免了资金、资源和人力的浪费，而且简化了管理，减少了干扰。

3. 工作分解

项目范围界定的主要工作是工作分解（WBS：Work Breakdown Structure）。所谓工作分解就是按等级将项目分解成子项目，子项目再分解成更小的工作单元，直至分解成可执行的具体工作。工作分解的过程是从子项目划分开始的。每个子项目再分解成若干工作区，每个工作区完成子项目的一个目标，完成了子项目包含的各工作区的任务就正好实现了子项目的目标，也就是说所有工作区的任务包含了子项目的全部目标。

在进行工作分解时，可以按5W2H的思路进行，即行动方案解决做什么（What）、为何要做（Why）、何时做（When）、何地做（Where）、谁去做

(Who)、如何做（How），做多少（How much）。

4. 项目定义

在确定项目及项目范围界定以后即可进行项目定义。项目定义是指以书面的形式描述项目目标系统，并初步提出完成方式，它是将项目构思和期望引导到经过分析、选择得到的有根据的项目建议，是项目目标设计的里程碑。

项目定义以一个报告的形式提出，其内容主要包括：

(1) 提出问题，说明问题的范围和问题的定义。

(2) 说明解决这些问题对上层系统的影响和意义。

(3) 项目界定，确定对项目有重大影响的环境因素。

(4) 系统目标和最重要的子目标，近期、中期、远期目标。对近期目标应定量说明。

(5) 边界条件，如市场分析、所需资源和必要的辅助措施、风险因素。

(6) 提出可能的解决方案和实施过程的总体建议。

(7) 经济性说明，如投资总额、财务安排、预期收益、价格水准、运营费用等。

第三节 房地产项目可行性研究

一、可行性研究的概念和作用

（一）可行性研究的概念

可行性研究是指在投资决策前，对与项目有关的资源、技术、市场、经济、社会等各方面进行全面地分析、论证和评价，判断项目在技术上是否可行、经济上是否合理、财务上是否盈利，并对多个可能的备选方案进行择优的科学方法。其目的是使房地产开发项目决策科学化、程序化，从而提高决策的可靠性，并为房地产开发项目的实施和控制提供参考。

我国从 20 世纪 70 年代开始引进可行性研究方法，并在政府的主导下加以推广。1981 年原国家计委明确把可行性研究作为建设前期工作中一个重要的技术经济论证阶段，纳入了基本建设程序。1983 年 2 月，原国家计委正式颁布了《关于房地产项目进行可行性研究的试行管理办法》，对可行性研究的原则、编制程序、编制内容、审查办法等做了详细的规定，以指导我国的可行性研究工作。

（二）可行性研究的作用

(1) 可行性研究是项目投资决策的重要依据。

开发项目投资决策，尤其是大型投资项目决策的科学合理性，是建立在根据详细可靠的市场预测、成本分析和效益估算进行的项目可行性研究的基础上的。

(2) 可行性研究是项目立项、审批、开发商与有关部门签订协议、合同的依据。

在我国投资项目必须列入国家的投资计划。尤其是房地产项目，要经过政府相关职能部门的立项、审批、签订有关的协议，依据之一就是可行性研究报告。

（3）可行性研究是项目筹措建设资金的依据。

房地产开发项目可行性研究对项目的经济、财务指标进行了分析，从中可以了解项目的筹资还本能力和经营效益的获取能力。银行等金融机构是否提供贷款，主要依据可行性研究中提供的项目获利信息。因此可行性研究也是企业筹集建设资金和金融机构提供信用贷款的依据。

（4）可行性研究是编制设计任务书的依据。

可行性研究对开发项目的建设规模、开发房地产项目的内容及建设标准等都作出了安排，这些正是项目设计任务书的内容。

二、可行性研究的阶段工作

可行性研究工作根据项目的进展可以分几个阶段进行。

（一）投资机会研究

该阶段的主要任务是对投资项目或投资方向提出建议，即在一定的地区和部门内，以自然资源和市场的调查预测为基础，寻找最有利的投资机会。投资机会研究相当粗略，主要依靠笼统的估计而不是详细的分析。该阶段投资估算的精确度为 ±30%，研究费用一般占总投资的 0.2%~0.8%。如果机会研究认为可行的，就可以实施。

（二）初步可行性研究

在机会研究的基础上，进一步对项目建设的可能性与潜在效益进行论证分析。初步可行性研究阶段投资估算精度可达 ±20%，所需费用约占总投资的 0.25%~1.5%。

（三）详细可行性研究

详细可行性研究是开发房地产项目投资决策的基础，是分析项目在技术上、财务上、经济上的可行性后作出投资与否决策的关键步骤。这一阶段对建设投资估算的精度在 ±10%，所需费用，小型项目约占投资的 1.0%~3.0%，大型复杂的工程约占 0.2%~1.0%。项目的评估和决策，按照国家有关规定，对于大中型和限额以上的项目及重要的小型项目，必须经有权审批单位委托有资格的咨询评估单位就项目可行性研究报告进行评估论证。未经评估的房地产项目，任何单位不准审批，更不准组织建设。

三、可行性研究的步骤

（一）组织准备

进行项目可行性研究首先要组建研究班子，负责可行性研究的构想、经费筹集、制定研究计划方案等。其中，项目研究班子的成员包括了解房地产市场的专家、熟悉房地产开发的工程技术人员、熟悉城市规划及管理的专家，并由熟悉房地产市场、工程技术、经济管理和经营且善于协调工作的专业人员来主持。

（二）现场调查与资料收集

现场实际调查主要包括投资现场的自然、经济、社会、技术现状的调查，如居民人数、户数及结构现状调查，市政基础设施状况调查，非居民户生产经营状况调查等。收集的资料主要有政府的方针政策，城市规划资料，各类资源资料，有关社会经济发展、交通、地质、气象等方面的技术资料，房地产市场分析的资料等。

（三）开发方案的设计、评价和选择

这一阶段的工作主要是根据项目前期工作的有关成果，结合开发商的现有资源情况和国家政策等，对项目开发方案进行设计、评价、对比优选，确定具体的项目开发方案。当然，选择不同的开发方案，会出现不同的社会经济效益。

（四）详细研究

采用先进的技术经济分析方法，对优选出的项目开发方案进行财务评价、国民经济评价和环境评价，从而分析项目的可行性。

（五）编写研究报告书

可行性研究报告书是对可行性研究全过程的描述，其内容要与研究内容相同，且全面、翔实。

四、可行性研究的内容

（一）可行性研究报告的结构

一般来讲，专业机构编写一个项目的可行性研究报告应包括封面、摘要、目录、正文、附件、附图等。

1. 封面

一般要反映可行性报告的名称，专业研究编写机构名称及编写报告的时间三个内容。

2. 摘要

它是用简洁明了的语言概要介绍项目的概况、市场情况、可行性研究的结论及有关说明或假设条件，要突出重点，假设条件清楚，使阅读人员在短时间内能了解报告的精要。也有的专家主张不写摘要，因为可行性研究报告事关重大，阅读者理应仔细全面阅读。

3. 目录

由于一份可行性报告少则十余页，多则数十页，为了便于写作和方便阅读，应根据报告的前后关系、假设条件及具体内容编写目录。

4. 正文内容

它是可行性报告的主体，一般来讲，应包括以下十项内容：

（1）项目概况。

主要包括：项目名称及背景、项目开发所具备的自然、经济、水文地质等基本条件，项目开发的宗旨、规模、功能和主要技术经济指标、委托方、受托方、可行性研究的目的、可行性研究的编写人员、编写的依据、编写的假设和说明；

(2) 市场调查和分析。

在深入调查和充分掌握各类资料的基础上，对拟开发项目的市场需求及市场供给状况进行科学的分析，并作出客观的预测，包括开发成本、市场售价、销售对象及开发周期、销售周期等。

(3) 规划设计方案优选。

在对可供选择的规划方案进行分析比较的基础上，优选出最为合理、可行的方案作为最后的方案，并对其进行详细的描述。包括选定方案的建筑布局、功能分区、市政基础设施分布、建筑物及项目的主要技术参数、技术经济指标和控制性规划技术指标等。

(4) 开发进度安排。

对开发进度进行合理的时间安排，可以按照前期工程、主体工程、附属工程、竣工验收等阶段安排好开发项目的进度。作为大型开发项目，由于建设期长、投资额大，一般需要进行分期开发，需要对各期的开发内容同时作出统筹安排。

(5) 项目投资估算。

对开发项目所涉及的成本费用进行分析评估。房地产开发所涉及的成本费用主要有土地费用、前期工程费用、建筑安装费用、市政基础设施费用、公共配套费用、期间费用及各种税费。估算的精度没有预算那样高，但需力争和未来开发事实相符，提高评价的准确性。

(6) 项目资金筹集方案及筹资成本估算。

根据项目的投资估算和投资进度安排，合理估算资金需求量，拟定筹资方案，并对筹资成本进行计算和分析。房地产开发投资巨大，必须在投资前做好对资金的安排，通过不同的方式筹措资金，减少筹资成本，保证项目的正常进行。

(7) 项目财务评价。

依据国家现行的财税制度、现行价格和有关法规，从项目的角度对项目的盈利能力、偿债能力和外汇平衡等项目从财务状况进行分析，并借以考察项目财务可行性的一种方法。具体包括项目的预售预测、成本预测基础上进行预计损益表、预计资产负债表、预计财务现金流量表的编制，债务偿还表、资金来源与运用表的编制，以及进行财务评价指标和偿债指标的计算，如财务净现值、财务内部收益率、投资回收期、债务偿还期、资产负债率等，据以分析投资的效果。

(8) 不确定性分析和风险分析。

主要包括盈亏平衡分析、敏感性分析和概率分析等内容。该分析通过对影响投资效果的社会、经济、环境、政策、市场等因素的分析，了解各种因素对项目的影响性质和程度，为项目运作过程中对关键因素进行控制提供可靠依据。同时根据风险的可能性，为投资者了解项目的风险大小及风险来源提供参考。

(9) 可行性研究的结论。

根据对相关因素的分析和各项评价指标数值，对项目的可行与否作出明确的结论。

(10) 研究人员对项目的建议。

对项目中存在的风险和问题提出改善建议，以及对建议的效果作出估计。

5. 附件

它包含可行性研究的主要依据，是可行性研究报告必不可少的部分。一般来讲，一个项目在做正式的可行性研究时，必须有政府有关部门的批准文件（如规划选址意见书、土地批租合同、土地证、建筑工程许可证等）。专业人员必须依照委托书和上述文件以及相应的法律、法规方能编写项目可行性研究报告。

6. 附图

一份完整的可行性报告应包括以下附图：项目的位置图、地形图、规划红线图、设计方案的平面图，有时也包括项目所在地区或城市的总体规划图等。

（二）可行性研究报告的项目投资预算

一些不大规范的房地产项目可行性研究报告，其中的项目投资概算只包含项目建设的工程概算，这样是不够正确的。一个房地产项目不等于一个简单的建筑物，它需要营销成本、金融成本和建筑成本，项目投资就是为了满足这些成本支出。而且，工程概算也不一定就等于发展商对项目工程建设的实际投资。在被证明是可行的前提下，边回收资金边追加投入的滚动式投资开发方式也是可以采取的，这样一来发展商在工程建设上的实际总投入就会小得多。以工程概算代替项目投资概算是极不严肃的。房地产项目的投资概算应包括以下四项内容。

1. 营销开支概算

（1）项目前研究及可行性研究的开支；

（2）项目策划的开支；

（3）销售策划的开支；

（4）广告开支；

（5）项目公司日常运作的开支；

（6）项目及企业的公关开支。

2. 工程开支概算

（1）用于工程勘探的开支；

（2）用于吹砂填土、平整土地的开支；

（3）用于工程设计的开支；

（4）用于建筑施工的开支；

（5）用于设施配套的开支；

（6）用于工程监理的开支。

3. 取得土地使用权开支概算

（1）政府一次性收取的标准地价；

（2）用于拆迁补偿或青苗补偿的开支；

（3）影响公共设施而出现的赔偿开支。

4. 金融成本开支概算

（1）外汇资金进入国内货币系统产生的银行担保及管理费用支出；

（2）贷款引起的利息支出；

(3) 各项保险开支；
(4) 税收和行政性收费；
(5) 不可预见开支。

复习思考题

1. 房地产项目策划的特征有哪些？
2. 房地产项目策划的内容有哪些？
3. 房地产项目构思的特征有哪些？
4. 如何对房地产项目进行定义？
5. 房地产项目可行性研究的概念是什么？
6. 房地产项目可行性研究的作用是什么？
7. 房地产项目可行性研究的内容是什么？

第五章 房地产项目评估和决策

房地产项目的经济评价是指从房地产开发商的角度来衡量一个项目的收益率，房地产评估又是项目投资决策的前提和基础，决策的正确与否直接决定整个项目的成败。评估与决策都是房地产项目开发中极其重要的环节。本章主要就房地产项目的评估和决策进行阐述。

第一节 房地产项目的经济评价

一、房地产项目经济评价的概念

房地产项目的经济评价是根据国民经济和社会发展战略，行业、地区发展规划的要求，在技术可行性研究的基础上，对拟建房地产项目的经济可行性和合理性进行全面的分析论证，做出综合评价，为房地产项目的科学决策提供依据。

房地产项目经济评价是项目建议书和可行性研究报告的重要组成部分，其任务是在完成市场预测、方案选择等研究的基础上，对拟建房地产项目投入产出的各种经济因素进行调查研究、计算及分析论证，比选推荐最优方案。

二、房地产项目经济评价的基本数据与指标

房地产项目经济评价是房地产项目开发可行性研究的重要内容。在房地产市场日趋竞争激烈的今天，一些具有远见卓识的开发商深刻地意识到：作为资金密集型的房地产业，迫切需要从粗放式开发向集约式开发过渡。要扩大开发利润空间，必须用定量分析的方法，来量化开发过程中的每一项成本支出，摆脱过去粗

糙的定性分析，从而真正达到全过程量化监测成本费用，最大限度地降低开发风险。而项目经济评价的定量分析，必须首先确定基础数据和参数。

房地产项目经济评价中基础数据的准确性和参数选择的合理性，对房地产项目经济评价结论的正确性有着重要影响，关系到项目操作的成败。

房地产项目经济评价中的基础数据和参数主要包括以下几个方面的指标。

（一）时间类参数

（1）开发活动的起始时间。

开发时机的分析与选择，应预测开发完成后的市场销售前景，再倒推出获取开发土地和投资建设的时机，在这个过程中，要充分预测办理土地使用权过程的难易度，以及办理规划审批、施工许可、毛地开发等前期手续对开发进度的影响。同时，要充分考虑当前国家的宏观经济调控政策的方向，特别是本地区的建材价格、银行利率水平、建筑定额标准、物价指数浮动情况等涉及开发成本的相关经济指标。

（2）开发经营期、建设前期、建设期、销售期（或出租期）的起始时间以及持续时间长度。

准确地确定上述时间指标，一个重要的原则就是要参照本地区同类规模和性质的开发项目（可比项目实例数量最好三个以上）。通过市场类比，结合本公司自身实力状况，斟酌推断，并且充分考虑未来市场变化的各种因素，最终确定。开发经营期可以分解为开发期和经营期，开发期可以分解为建设前期和建设期，需要指出的是建设前期存在诸多不确定的事项，表现在建设前期主要是办理政府审批的土地使用权、规划、施工许可等手续；具体时间进度取决于房地产开发企业的业务操作能力和政府部门的审批速度；各个开发公司在办理这些业务时，面临的业务情况和操作能力千差万别。因此，在市场类比的同时，一定要审视自身的公司实力，量体裁衣，不可盲目模仿。建设期由于受本地区平均建筑生产力水平的限制，一般变化不大但应考虑自身的工程管理能力和施工企业的实力水平，宜采用公开招标的方式，确定那些资质等级高、业绩好、管理经验丰富的施工企业。经营期包含销售期或出租期，在我国实行商品房屋预售的制度下，经营期有可能和建设期局部重合，即期房销售。因此，确定经营期不要只机械地考虑现房销售，只有对本地区房地产市场进行充分调查后，基于市场调查的数据，剔除个别的极端数据，然后，采用长期趋势法进行量化计算，才可以较为准确地预测未来的商品房销售状况。同时，还要考虑未来市场变化的风险，留置一定比例的房屋空置率。

（二）融资相关参数

房地产开发的资金来源，一般可以分为资本金、贷款资金和预（销）售收入三个部分。

（1）资本金投入比例。

《城市房地产开发经营管理条例》（国务院1998第248号文）规定：房地产开发项目应当建立资本金制度，资本金占项目总投资的比例不得低于20%。

(2) 房地产开发贷款的贷款利率。

(3) 预售收入用于后续开发建设投资的比例。

这个比例是没有硬性规定的，一般可用倒推法计算，即总投资乘以100%再减去资本金投入比例和开发贷款比例的差。

(三) 收益类相关指标

销售率、出租率、空置率、运营费用率，这些指标的确定，都是建立在对未来市场预测的基础上的。因此，必须对本地区房地产市场进行分析预测，首先，应该调查了解目前同一市场上多个类似房地产项目的销售率、出租率、空置率、运营费用率。然后，利用统计学方面的长期趋势预测法，建立合适的数学模型去推测、判断。同时，要充分考虑当前国家的宏观经济调控政策的方向，特别是本地区的房地产政策、银行利率水平、居民收入及消费方向、物价上涨指数情况等涉及房地产市场的相关经济指标状况。

(四) 评价标准类指标

该指标主要包括基准收益率、目标成本利润率、目标投资利润率、资本金利润率、目标投资回报率等。面对同一个开发项目，不同的开发商可能在开发成本和经营费用方面的优势不同，纳税状况不同，对项目未来的期望不同，造成基准收益率、目标成本利润率、目标投资利润率、资本金利润率、目标投资回报率有所不同。

(1) 确定基准收益率。该指标反映了某个具体的开发商基于公司的意愿和能力而做出的最低期望收益率。包含无风险收益率和风险补偿率两部分。无风险收益率是资金的机会成本，可选用同一时期的国债利率或者银行存款利率代替；风险补偿率主要考虑融资成本和项目风险，指开发项目存在的具有自身投资特征的区域、行业、市场等风险补偿率，包括投资风险补偿、管理负担的补偿、对投入资金缺乏流动性的补偿，并且要充分考虑项目所在地区现在和未来的经济状况及项目自身的产品市场定位。

(2) 目标成本利润率、目标投资利润率、资本金利润率、目标投资回报率。一般可参照项目的资产负债表、损益表中的有关数据，套用固定公式进行计算。这就要求财务表的数据质量必须高，力求准确地模拟项目未来的现金流量分析来编制财务表。否则，计算出来的数据就失去了真实意义。

目标成本利润率的高低，与项目所在地区的房地产市场竞争状况，项目开发经营周期长度，开发项目的物业类型，以及银行贷款利率水平等相关。另外，它是开发经营期的利率，不是年利润率。该指标是初步判断房地产开发项目财务可行性的一个经济评价指标。目标投资利润率是指项目经营期内一个正常年份的年利润总额与项目总投资的比率；对经营期内各年的利润变化幅度较大的项目，应计算经营期内年平均利润总额与项目总投资的比率。资本金利润率是指项目经营期内一个正常年份的年利润总额与资本金的比率，它反映投入项目的资本金的盈利能力；资本金是投资者为房地产开发投资项目投入的权益资本；目标投资回报率是房地产置业投资过程中，每年所获得的净收益与初始投入的权益资本的比率。

房地产项目经济评价的基础数据和参数,应该建立在房地产市场调查与预测、房地产项目策划、投资与成本费用估算、项目收入估算与资金筹措的基础上进行。同时,还应注意对项目进行不确定性分析和多方案比选。这样,才能使基础数据和参数达到或接近实际值,最终结论才能够作为房地产开发商投资决策的依据。

第二节 房地产项目的财务数据估算

一、财务数据估算概述

房地产项目的财务数据估算一般采用分项估算法,然后进行汇总,其主要内容包括:土地费用、前期工程费用、建筑安装工程费用、基础设施建设费用、公共配套设施建设费用、管理费用、销售费用、财务费用、各种税金支出、其他成本支出估算等。

二、财务分析常用指标

(一) 财务盈利能力分析指标

1. 财务内收益率($FIRR$)

财务内部收益率是指项目在整个计算期内各年净现金流量现值累计为零时的折现率,它反映项目所占用资金的盈利率,是考察项目盈利能力的主要动态评价指标。表达式为:

$$\sum_{t=1}^{n}(CI-CO)_t(1+FIRR)^{-t}=0$$

式中 CI——现金流入量;
CO——现金流出量;
$(CI-CO)_t$——第 t 年的净现金流量;
n——计算期。

在财务评价中,将求出的财务内部收益率($FIRR$)与行业的基准收益率或设定的折现率(i_c)比较,当 $FIRR \geq i_c$ 时,即认为其盈利能力能满足最低要求,在财务上可以考虑接受。

2. 投资回收期(P_t)

投资回收期是指项目的净收益抵偿全部投资所需要的时间。它是考察项目在财务上的投资回收能力的主要静态指标。投资回收期(以年表示)一般从建设开始年算起。表达式为:

$$\sum_{t=1}^{n}(CI-CO)_t(1+FIRR)^{-t}=0$$

投资回收期可根据财务现金流量表(全部投资)中累计净现金流量计算求得,详细计算公式为:

$$投资回收期（P_t）= \left[\begin{array}{c}累计净现金流量开\\始出现正值年份数\end{array}\right] - 1 + \left[\frac{上年累计净现金流量的绝对值}{当年净现金流量}\right]$$

求出的投资回收期（P_t）与行业的基准投资回收期（P_c）比较，当 $P_t \leq P_c$ 时，表明项目投资能在规定的时间内收回。

3. 财务净现值（FNPV）

财务净现值是按行业的基准收益率或设定的折现率，将项目计算期内各年净现金流量折现到建设期初的现值之和。它是考察项目在计算期内盈利能力的动态评价指标。表达式为：

$$FNPV = \sum_{t=1}^{n}(CI-CO)_t(1+i_c)^{-t}$$

财务净现值大于零，项目可以考虑接受。

4. 投资利润率

投资利润率是指项目达到设计生产能力后的一个正常生产年份的年利润总额与项目总投资的比率，它是考察项目单位投资盈利能力的静态指标，其计算公式为：

$$投资利润率 = \frac{年利润总额或年平均利润总额}{项目总投资} \times 100\%$$

年利润总额 = 年产品销售（营业）收入 −（年产品销售税金及附加 + 年总成本费用）

年销售税金及附加 = 年产品税 + 年增值税 + 年营业税 + 年资源税 + 年城市维护建设税 + 年教育费附加

项目总投资 = 固定资产投资 + 投资方向调节税 + 建设期利息 + 流动资金

投资利润率由损益表求得。在财务评价中，将项目的投资利润率与行业平均投资利润率对比，来判断项目单位投资盈利能力是否达到本行业的平均水平。

5. 投资利税率

投资利税率是指项目达到设计生产能力后的一个正常生产年份的年利税总额或项目生产期内的年平均利税总额与项目总投资的比率，其计算公式为：

$$投资利税率 = \frac{年利税总额或年平均利税总额}{项目总投资} \times 100\%$$

投资利税率可根据损益表求得。在财务评价中，将投资利税率与行业平均投资利税率对比，以判别单位投资对国家积累的贡献水平是否达到本行业的平均水平。

年利税总额 = 年销售收入 − 年总成本费用

或：年利税总额 = 年利润总额 + 年销售税金及附加

6. 资本金利润率

资本金利润率是指项目达到设计生产能力后的一个正常生产年份的年利润总额或项目生产期内的年平均利润总额与资本金的比率，它反映投入项目的资本金的盈利能力。其计算公式为：

$$资本金利润率 = \frac{年利税总额或年平均利税总额}{资本金} \times 100\%$$

(二)财务清偿能力分析指标

1. 资产负债率

资产负债率是反映项目各年所面临的财务风险程度及偿债能力的指标。

$$资产负债率 = \frac{负债合计}{资产合计} \times 100\%$$

2. 固定资产投资国内借款偿还期

国内借款偿还期是指在国家财政规定及项目具体财务条件下,以项目投产后可用于还款的资金偿还固定资产投资国内贷款本金和建设期利息(不包括已用自有资金支付的建设期利息)所需要的时间。其表达式为:

$$I_d = \sum_{t=1}^{P_d} R_t$$

式中 I_d——固定资产投资国内借款本金和建设期利息之和;

P_d——固定资产国内借款的偿还期(从借款开始年计算。当从投产年算起时,应予注明);

R_t——第 t 年可用于还款的资金,包括利润、折旧、摊销及其他还款资金。

国内借款偿还期可由资金来源与运用表及国内借款还本付息计算表求得。当借款偿还期满足贷款机构的要求期限时,即认为项目有清偿能力。

3. 流动比率

公式:流动比率 = 流动资产合计 / 流动负债合计

企业设置的标准值:2。

意义:体现企业偿还短期债务的能力。流动资产越多,短期债务越少,则流动比率越大,企业的短期偿债能力越强。

分析提示:低于正常值,企业的短期偿债风险较大。一般情况下,营业周期、流动资产中的应收账款数额和存货的周转速度是影响流动比率的主要因素。

4. 速动比率

公式:速动比率 = (流动资产合计 - 存货) / 流动负债合计

保守速动比率 = 0.8 × (货币资金 + 短期投资 + 应收票据 + 应收账款净额) / 流动负债企业设置的标准值

意义:比流动比率更能体现企业的偿还短期债务的能力。因为流动资产中,尚包括变现速度较慢且可能已贬值的存货,因此将流动资产扣除存货再与流动负债对比,以衡量企业的短期偿债能力。

第三节 房地产项目的投资决策

一、房地产项目投资的概述

房地产的投资分析与其他领域的投资并没有本质上的区别,作为投资,都是为了获取最大投资收益。由于房地产业在国内发展的局限性,市场的诸多不确定因素：投资周期长、不确定性和风险程度高；市场供给缺乏弹性；市场需求的广泛性和多样性；市场消费的层次性和发展性等。我们在进行房地产项目的投资分析时，需要根据房地产项目的实际情况，根据市场因素、经济因素等多方面的分析，做到项目决策的可行性、可操作性。

一个房地产开发项目，从提出到完成都必须经过以下几个阶段：项目的设想、机会分析、可行性分析、投资决策、实施和总结。

在房地产项目开发周期的各阶段中，从房地产开发项目设想的提出到项目的评估决策是整个项目开发的核心，这一阶段工作的好坏直接影响到项目整体目标的完成。一般情况下，可行性分析要研究的不仅仅是一个方案，而是同时分析多个方案，有时几个方案都可能是可行的，而且都很具有吸引力。要在多个可行方案中优选出最优秀方案，研究人员只能在可行性分析的基础上，综合考虑市场、资金、风险等各方面的问题，综合评价，合理取舍。项目的可行性分析是一个项目决策分析的基础，并为项目的投资决策分析提供充分的依据。

二、房地产项目投资的流程

当我们准备进行一项房地产项目的开发时，虽然房地产项目有很多种类，但项目的开发决策流程是大致相同的，一般包括以下六个步骤。

（一）开发项目的选定

项目要围绕着市场转，市场决定项目，能否通过市场调研准确把握市场的动向和发展趋势，已成为项目选择的思考重点。

在选择开发项目时，应根据房地产项目的初步设想状况，对城市总体规划、周边环境、区域房地产市场及走势、各类物业的市场状况等因素进行全面分析了解。根据地块的自然条件、经济条件及市场特性等多方面的分析，确定具体的项目选址以及该地块最适合的开发用途，比如是建商场、写字楼还是住宅、公寓等。

在确定项目所要开发的物业类型后，就需对拟开发的目标物业进行特定的市场分析及预测，进一步把握同类物业市场的动态及走势，市场潜力如何，竞争性的项目有多少，特点是什么，成交量有多少；市场的容量估计；通过分析各竞争项目的特点，明确拟开发项目的竞争优势，也就是我们常说的卖点。以此为基础，对物业类型进行进一步的市场细分；确定拟开发项目的具体市场定位及目标客户（比如写字楼是面向国际化大公司，还是SOHO一族；住宅楼是面向商界精英，还是白领或工薪阶层等），以及进入市场的时机和方式。

（二）开发方案的选择与确定

在根据对市场的客观分析，确定了拟开发项目的物业类型，物业目标客户后，需要对目标客户的需求状况、购买行为、购买能力等方面进行详细的分析，按照分析的结论，结合项目自身资源条件，构思项目建设方案。是采用高层还是多层，是采取何种建筑风格（欧陆风情还是南美情调，现代风格或古典情怀）等。在确定项目建设方案的同时，根据地块的建筑工程规划许可证的规定以及市场分析的指标，确定项目开发规模（总建筑面积、配套设施面积、绿化面积、车位数量等各项经济技术指标）和开发建设周期。

（三）对总收入或销售总额的估计

这一阶段最主要的工作是销售策划及销售方案的拟定。根据项目的具体情况，了解市场的供应量、租、售价水平，对未来市场的价格趋势的分析预测，综合考虑市场的心理预期、拟开发项目的实际情况来进行项目的定价分析，以及对销售周期的客观预测。这样才可以得到合理的项目销售收入，估计出实现销售收入的销售周期。

（四）项目开发总成本的分析

正确的估算项目总投资成本，是进行项目经济分析的可靠依据，通常项目的开发成本主要包括：

（1）土地费用：包括土地出让金、城市建设配套费、拆迁安置补偿费等，如是通过市场行为获得的就是土地使用权的价格；

（2）前期工程费：可行性研究费、勘察设计费等；

（3）房屋开发费：包括建安工程、附属工程、室外工程及其他相关费用；

（4）开发商管理费；

（5）融资费用及占用资金的利息；

（6）不可预见费；

（7）营销费用。

（五）经济分析

主要分析房地产项目的成本和收益。经济分析一般以动态分析为主，以静态分析为辅。主要进行项目现金流量分析，财务净现值、动态投资回收期、内部收益率等指标的测算，以及盈亏平衡分析、敏感性分析、风险决策分析等几方面的分析评估。

（六）项目投资决策

通过上述市场分析以及经济分析，在法律可行、市场可行、经济可行的基础上，进行项目的投资决策时，我们还需对开发商所拥有的开发资源进行综合分析，这些资源一般包括开发商的开发能力、管理能力、融资能力等。众所周知，拥有足够的资金是项目完成的前提条件，我们进行项目的市场分析、经济分析等可行性分析都是建立在开发商能够通过不同的方式或者渠道获得开发资金的假设上面的，但是，在实际操作中，作为房地产开发资金取得的来源渠道是很有限的，往往资金因素是取舍一个项目的关键因素。

在各方面条件都比较成熟的情况下，需要对多个项目的市场机会进行评级，经过总投资、项目建设周期、建筑技术、销售周期、资金筹措、收益状况等各因素的比较，从中选择一个最适合开发的项目及适宜的开发方式，提出项目开发计划，确定市场营销策略、技术计划、财务计划、管理计划。正式进入项目的实际操作。

房地产的项目投资决策是一个多目标、多因素的分析过程，是对项目风险与收益权衡的结果，同时也是科学分析与直觉的综合考虑。在实际操作中，不能只看各种理论数据、理论指标，还要对项目开发过程可能发生的各种风险，进行客观的估计和预测，综合分析，以得出最终的投资决策结论。

三、房地产投资决策的方法

房地产项目投资决策分析是房地产企业管理中最重要的决策，对企业的获利能力、资金结构、偿债能力以及长远发展都有着直接影响。随着我国市场经济的发展，市场竞争日益激烈，投资主体和投资渠道趋于多元化发展态势，如何优化配置资源，有效地利用资源，提高投资决策水平和效益，是当前房地产企业经营发展中的突出问题。因此，能否作出正确的资本决策是房地产企业经营发展的关键。

（一）非贴现法

1. 回收期限法

回收期限法是最早正式用来评估资本概预算项目的方法。所谓的回收期限法就是收回原始投资所需的预期年限，也就是公司用税后净现金流量来回收项目全部投资所需的年限。

2. 会计报酬率法

会计报酬率（ARR）指的是一个项目年净利润与年平均投资额之比。

（二）贴现法

1. 净现值法（NPV）

随着折现现金流技术的逐步推广和应用，净现值法得到了广泛的应用，NPV是目前应用最广泛的资本概预算方法。也就是将一个项目未来可能产生的全部现金流以项目的资本成本折现，NPV为正就接受项目，反之则放弃。

2. 内部回报率法（IRR）

所谓内部回报率就是项目预期现金流入的现值与项目成本的现值相等时的折现率。换句话说 IRR 就是当 NPV 等于零时的折现率。

3. 可获利指数法

（三）决策方法的新发展

1. 实物期权法

1977 年，Mayer 提出实物期权（real option）的思想，实物期权是金融期权理论在实物资产期权上的扩展。投资项目的价值不仅来源于项目自身所带来的现金流量，还包含未来的成长机会可能带来的价值。期权是指持有者拥有一项在到期日（之前）根据具体情况作出具体选择的权力。对于一些不成熟的产业，所投资项目不确定性大，因此所投资项目往往是一种期权。所投资项目的价值应该由项目的净现值和灵活性价值构成。

2. 层次分析法

资本概预算是项目投资，尤其是长期项目投资的一部分。实际操作中，投资主体在进行投资决策时，虽然以效益最大化为目标，但是投资项目是一个复杂的综合系统，在投资建设过程中受到诸多因素影响。投资决策是一个多目标、多层次且动态变化的决策问题。由于决策的复杂性和不确定性，仅靠上述的几种评价指标作出项目投资决策显然是不可取的。另外，之前讲到的投资决策方法均是从项目的利润水平方面考虑。如果仅从利润方面考虑，投资项目是难以成立的。项目投资决策应该把项目的管理能力放在第一位，其次是产品技术的独特性、市场潜力的大小、回报率等。那么，如何把这许多因素综合进行考虑呢？层次分析法为我们找到了解决问题的思路。

层次分析法（AHP）是20世纪70年代由美国学者 T. L. Saaty 提出的一种多目标评价决策方法。其分析的基本原理是：将复杂的问题分解为若干要素，根据他们的相互关联度和隶属关系组成一个多层次分析结构模型，并在各要素中比较、判断、计算，以获得不同要素的权重，为方案决策提供依据。该方法以其定性与定量相结合的处理各种决策因素的特点，以其系统、灵活、简捷的优点，在社会经济多个领域得到广泛地重视和应用。

复习思考题

1. 房地产项目经济评价的概念是什么？
2. 房地产项目经济评价的作用是什么？
3. 《房地产开发项目经济评价方法》对于房地产行业的意义有哪些？
4. 房地产项目财务数据估算的必要性有哪些？
5. 简述房地产项目投资决策的重要性。
6. 房地产项目投资决策的方法有哪些？

第六章
房地产项目选址、规划与设计

房地产项目要进行合法建设,首先须经过城市规划行政管理部门的审核,并协调有关行政管理的要求,正确选址,取得合法用地及工程建设的规划管理的法律性文件。房地产项目不仅要满足居住功能及经济功能需要,而且对城市布局形态、城市交通、公共卫生、公共安全、环境质量以及相邻建筑物、公共设施等产生影响,因此必须服从规划管理,有序进行建设。本章主要讨论房地产项目选址因素,以及规划与设计等内容。

第一节 房地产项目选址

房地产项目的选址应选择在适宜居住生活的区位和环境中。

一、房地产项目选址原则
(一)房地产项目选址要以城市总体规划为依据
城市总体规划确定了规划期内城市入口及各类用地规模,划定城市规划区范围,并对新建房地产作出了安排,因此,房地产项目选址必须与之协调。

1. 房地产项目选址要与旧区改造相结合

以上海为例。据统计,20世纪90年代,上海市共拆除各类旧房面积2787.27万平方米,其中,包括一级旧里、二级旧里、简屋和危棚简屋等。这些旧地块拆除后新建了办公、商业和房地产楼,以及新辟道路、绿地和公共休息场所等。旧区改造给城市建设和发展带来挑战,也给房地产项目建设提供机遇。虽然旧区改造面临任务繁重、动拆迁成本高、资金短缺等问题，但应看到，相对而言市区具有商业发达、交通方便、教育资源集中等优点，这些无疑给发展商品住宅带来商机。与旧区改造相结合，是房地产项目选址的重要原则。

2. 新建居住区选址还要和城郊建设相结合

在大城市特别是特大城市，城郊建设是城市发展的重要组成部分。这些城郊的重点镇村，人口集聚，发展前景良好，且土地级差地租低，土地资源充足，这些都给房地产项目的选址创造了机遇和条件。

（二）房地产项目选址必须考虑市政公用基础设施的配套条件

房地产项目必须考虑市政公用基础设施配套的可行性问题。市政公用基础设施配套通常是指供电、供水、供气、雨水和污水的排放、电话通信及城市道路网络相连接的道路交通条件。由于城市发展的不平衡，并不是任何一个地方都具备可以开发房地产项目的条件的。在项目选址时，必须调查研究，周密了解拟建地块周边大市政的网络情况，应选择小区的市政公用管线能与城市市政公用管网衔接方便的基地。

房地产项目选址时应选择具有良好地质条件，适应建设的地区，用地力求规整，应当先调查勘察地质条件和水文条件。如上海是松软土质，对房地产项目地基有一定影响。同时，上海又临海，还应当了解防风、防汛工程，包括河道、海塘、江堤防洪墙、水闸等情况。

（三）房地产项目选址要与立体轨道交通发展情况相适应

房地产项目离不开城市的交通。在房地产项目选址时必须充分考虑城市立体轨道交通发展情况，在城市轨道交通两侧选择，使居民出行便捷。如莫斯科就是先发展地铁延伸到郊区，然后在其周边建造房地产群。同时，房地产选址还要了解全市地下工程规划，切勿把房地产选址放在受地下规划影响的控制地区。

（四）房地产项目选址必须符合环境保护要求

房地产项目选址应从可持续发展角度出发，考虑其周边的生态环境，防止"三废"污染问题。因此，在房地产项目选址时，必须了解和防止周边有关工业房地产项目产生高温、尘毒、振动、放射线、电磁辐射、高频等工业污染情况。

（五）房地产项目选址必须考虑周边电信、机场、铁路、文物及优秀近代建筑保护、军事设施保护等控制性要求

电信。城市里有大量的专业单位和非专业单位使用的无线电发信台和收信台、广播发射台、电视发射台以及微波通道，根据国家有关规定，对其周围环境都有一定的控制和制约要求，特别对建筑高度有严格的控制。对高压、高频电器设备的安装、高压线路的穿越也有明确的要求。这方面的制约因素在选址时也不应忽视。

机场周围地区和气象台周围地区的净空控制、铁路沿线的规划控制等也应在房地产项目选址时加以考虑。

文物、寺庙等保护。在房地产选址时，尽可能避开文物、寺庙等保护区。

优秀近代建筑保护。对优秀近代建筑保护范围和建筑控制地带内的新建、改建、扩建工程要严格控制，保护优秀近代建筑。如在上海，优秀近代建筑是指该市范围内自1840～1949年期间建造的，具有历史、艺术和科学价值的，报市政府批准、国务院备案或核定的上海市建筑保护单位、上海市文物保护单位、全国重点文物保护单位。保护分为面控制和线控制，如图6-1、图6-2所示。

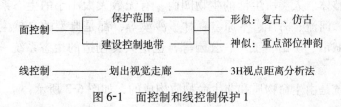

图6-1　面控制和线控制保护1

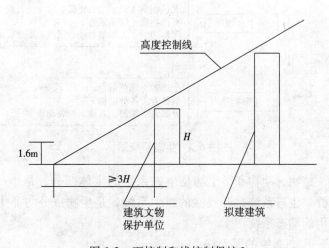

图6-2　面控制和线控制保护2

军事设施保护。对军事设施按军事禁区、外围安全控制范围、军事管理区、一般军事设施四种范围分别按规定实施控制。其他还有园林绿地保护和古树名木保护等。

二、房地产区位及房地产生态环境

（一）房地产区位

所谓房地产区位，是指房地产的地理位置及社会经济位置的综合。这里要摒弃两种观点：一种是认为房地产只应追求它的地理位置，即距离市中心越近越好。这种观点没有正视城市一个中心的理论正在接受挑战，一个大城市特别是特大型的国际化大都市大多为一个中心、多个副中心。城市建设正在走"反门槛理论"的道路，即在城市边缘地区发展多极化的工业、房地产、航运、物流等副中心。那些地方房地产的社会经济价值正在急剧上升。另外一种认为房地产区位是永恒不变的，这是一种静止的观点。由于城市规划的调整，整个城市的交通系统、运转系统正在发生日新月异的变化，由于一条地铁或轻轨的到达，由于绿地的营造，由于水域环境得到改善，由于傍临高等院校等，使得一些楼盘声名鹊起，成为都市楼盘的亮点，这说明了房地产区位是可以改变的。

（二）房地产与生态环境

1. 生态环境概述

生态系统是生物群落与其环境之间在能量流动和物质循环过程中形成的一个统一的有机整体。人类所生活的生物圈内，有无数大大小小的生态系统。我们常见到的池塘、河流、海洋、平原、森林、沙漠等，都是典型的自然生态系统；农田、果园、城市、矿山、工厂、公园等，也是人类创造的生态系统——人工生态系统。

生态系统是由生命物质和非生命物质构成的，如图6-3所示：

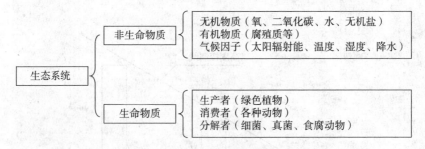

图6-3 生态系统图

可以看出，植物、动物和微生物是生态系统的主体部分，是生产、消费、分解三大功能类群。生态系统是开放性的组织系统，是生物成分与非生物成分相互联系、相互作用的动态系统。

2. 森林——生态系统的擎天柱

在生物圈中植物的地位十分重要，大量的绿色植物，从岩石圈的土壤中吸收水分、有机养料和无机养料，从大气圈里摄取二氧化碳、氧和氮，并源源不断地生产着碳水化合物、蛋白质、脂肪等有机养料，这就在各个自然圈层间，生物与生物之间，生物与环境之间，形成了以植物为纽带的物质循环和能量流动，进行着地球生物化学循环。而这种生物的生产量中，森林的生产量是最高的，在整个生态系统的能量储存中，森林转化和储存的能量最多。空气中近60%的氧气来自森林植物，每公顷森林在生长季节能吸收1吨二氧化碳，放出700公斤氧气。森林以其茂密而挺拔的树木，养育和庇护着数不尽的鸟、兽、虫、菌，为人类提供动物资源，又以特有的生态环境，孕育着数不尽的树、革、蕨、藓，为人类提供植物资源。

保护和营造森林生态系统，能有效防止水源枯竭、资源短缺、土地侵蚀和荒漠化、物种灭绝、温室效应等。森林生态系统是整个生态平衡的擎天柱。

3. 房地产建设可持续发展的思想

21世纪是人和环境协调发展、和谐统一的时期。房地产发展必须全面贯彻可持续发展的理念，要以提高居住环境质量为核心，结合市场需求，按照交通便捷、环境幽雅、配套齐全的要求规划建设房地产区位。房地产可持续发展是社会发展的必然要求，其基本思想有三点：

（1）房地产项目选址应充分利用特定的自然资源和条件，使人工系统与自然系统协调和谐，形成一个科学、合理、健康和完美的建筑格局，如倚江抱湖拥绿的形态，山、水、绿浑然一色的形态等。要在原生态环境上研究气候、地形地貌、水体、植物等，把居住建筑融于其中，且必须保护自然景观、格局，创造一个整体连贯而有效的自然开敞绿地系统。

（2）房地产建设的方向、速度和规模不仅要考虑城市基础设施的配套能力和资金供给能力，还必须考虑自然界的自净能力和吸纳废物能力。由于自然界的自净能力和吸纳废物能力是有限的，所以必须做到人工系统与自然系统相协调，努力实现三个能力的统一，即资源供给能力（土地、材料、人力）、人工设施处理能力（雨水、污水、废弃物）和自然界的自净与吸纳废气、废物、废水能力的统一。

（3）房地产项目建设必须在材料生产与准备、建筑设计、建筑施工、建筑使用等方面努力减少对环境的破坏，采取平衡式生产方式，使用低污染材料，提高标准化管理水平以及采用人与自然相和谐的设计等。

第二节 房地产项目规划

一、房地产项目规划概述

（一）居住和居住区

1. 居住和居住区概念

居住是人类生存生活的基本需要之一，居住区是满足人的行为要求，并为此创造一种将人集聚在一起的环境。所以居住区是具有一定规模的居民集聚地，要考虑为居民提供居住生活空间和各种设施。房地产建筑设计是与居住区规划设计密切相连的，它直接关系到人们的生活和居住环境。

在我国，居住区一般指居住区规划结构中的一个层次，它被城市干道或自然界线所围合，并有若干个居住小区和房地产组团组成。居住区的规划设计和建设应为居住者营造满足居住功能要求的优美适宜的居住环境，并使其符合舒适、便利、卫生、安全和美观的要求。

2. 影响居住形态的因素

（1）自然条件。

在我国由于南北气候条件各不相同，受温度、湿度、风雨、沙石等影响，使得各地区的房地产呈现出各异的布局方式与形态风貌。如北方建筑较为厚实，保暖性能强，南方建筑室内外空间连成一片，开敞的建筑有利于通风，还有草原地区的蒙古包、云南的高架屋、福建的骑楼等各种形式的建筑都是适应当地的自然环境而形成的。

(2) 经济条件。

国家的经济条件、居民生活水平的高低也是影响居住形态的因素之一。经济条件的限制直接影响了房地产设计的标准，如我国六七十年代的合用厨房、厕所的房屋。改革开放以后，我国经济的持续发展，使人们的住房条件得到改善，居住面积有了扩大，房地产的形态也由原来千篇一律的"火柴盒"式变得越来越丰富多变。近几年来，随着经济的发展与人民生活水平的进一步提高，在告别了解困型住房供应和粗放型房地产发展后，新世纪的房地产项目无论从设计、质量上都有质的飞跃，并出现了生态型房地产。生态型房地产的根本特征就是以创造舒适的人居环境为主题，除了满足居住功能外，还强调空间、环境、文化的整体结合，争取人、房地产和自然环境之间巧妙融合。

(3) 科技水平。

科学技术水平的不断提高，房地产在结构设计、施工方法方面不断运用新技术，改变了房地产的型制与形态，如房地产开间宽度变得更大，跃层式房地产使内部空间更丰富。同时高科技的新材料、新设备的使用，也改变了房地产的外部形态和内在质量。如轻质隔断材料、新型墙体材料、新窗体构件、外墙材料等。

(4) 建造目的。

针对不同的地区、不同的生活习惯、不同的职业阶层，在房地产开发建设中建造的目的会各不相同，因而产生不同的规划指导思想，也就形成不同的房地产形态。如动迁安置房与外销商品房从平面到立面设计都有很大的不同，房地产设计标准、造价也不同，因此其房地产形态也存在明显差异。

(二) 居住区结构模式

居住区按居住户数或人口规模可分为居住区、居住小区、居住组团三级，其规划组织结构有以下几种结构模式：

居住区——居住小区——居住组团；

居住区——居住组团；

居住区——街坊。

居住区的结构与布局取决于方便居民居住生活的需要，采用何种结构要结合城市用地的总体规划布局，还要考虑所在城市的特定条件，因地制宜地选择结构模式。

1. 居住区

居住人口规模一般为30000～50000人、10000～15000户，是被城市干道或自然分界线所围合的居住生活聚居地，居住区一般由若干个居住小区组成，配备有一整套较完善的、能满足该区居民物质与文化生活所需的公共服务设施。

2. 居住小区

居住小区人口规模一般为5000～15000人、2000～4000户，是被居住区级道路或自然分界线所围合的居住生活聚居地，居住小区一般由若干个房地产组团组成，配备有日常生活所需的公共服务设施，如托儿所、幼儿园、小学、中学、居民委员会及商业服务设施等。

3. 居住组团

居住组团人口规模一般为1000～3000人、300～700户，是被小区道路分隔的居住生活聚居地，配备有居民所需的基层公共服务设施，如居委会、综合服务站等。

（三）居住区用地构成

居住区用地由房地产用地、公共服务设施用地、道路广场用地和公共绿地构成。此外，也允许有无害无污染的小型工厂用地、市政工程设施用地及水面等其他用地。

1. 房地产用地

房地产用地指房地产建筑基底占地面积及四周合理间距内的用地的总称，其中包括宅间绿地、家务院和宅间小路。

2. 公共服务设施用地

公共服务设施用地，又称公建用地，指与居住人口规模相对应配建的、为居民服务和使用的各类设施建筑物基底占有的用地及其四周的用地，包括道路、停车场、场院和绿化等用地。

3. 道路广场用地

道路广场用地指居住区内各级道路的用地，包括道路、回车场和停车场用地。居住区级道路是划分小区的道路，小区级道路一般是划分组团的道路，房地产组团道路是连接一群房地产的道路。

4. 公共绿地

满足规定的日照要求、适合于安排游憩活动设施的、供居住区内居民共享的游憩绿化用地，包括中心公共绿地和其他块状、带状绿地。包括儿童游戏场地、青少年和成人老年人的活动和休息场地。

5. 其他用地

其他用地指规划范围内除上述居住用地外的用地，包括非直接为本区居民配建的道路用地，其他单位用地、保留的自然村或不可建设用地等。

二、居住区规划设计要求

居住区的规划设计是城市控制性详细规划的组成部分，要符合城市总体规划的要求。应遵守《城市规划法》提出的统一规划、合理布局、因地制宜、综合开发、配套建设的原则，从全局出发考虑居住区的具体规划设计。居住区规划设计应符合国家标准《城市居住区规划设计规范》（GB 50180-93）及对规划布局、空间环境、土地使用等提出的相关技术规定。居住区规划是对居住区的布局结构、房地产群体布置、道路交通、生活服务设施、各种绿地和游憩场地、市政公用设施等进行综合的具体的安排，为居民创造良好的生活环境，具体要求做到五个方面：舒适、方便、卫生、安全和美观。

(一）舒适

满足人们生活起居的基本要求，各功能用房合理布局，空间组合富有个性，具备良好的日照、通风、朝向等条件，设施齐全、设备先进。具有适宜的建筑密度与道路密度，配备齐全的服务设施和良好的绿化环境，为居民提供足够的户外活动场地，严格控制室外噪声源的产生并有良好的防噪声措施。

（二）方便

居住区规划布局要方便居民生活、有利组织管理。为居民提供便利的购物环境和公共活动中心，合理组织人流、车流交通，确保小区道路畅通、停车方便，使居民出行方便。同时规划布局也要有利于房地产建筑施工的合理组织及门牌号码的编排与垃圾的收集。

（三）卫生

居住区域内有完善的、与城市管线相衔接的给水、雨水、污水、燃气、集中供暖系统和电力、通信、安保、电视等管线。生活污水应进行处理，并达到排放标准。居住区内空气清新，无有害气体与烟尘污染。有条件的地方居住区域应设置分类收集垃圾的设施。

（四）安全

居住区安全指对防火安全、防震抗震、防辐射、交通安全与安保系统有周密的考虑，创造安全的居住环境。

（五）美观

建筑空间布局合理，比例尺度和谐，色调和谐，风格统一，富有个性。居住区各类管线宜采用地下敷设的方式进行管线综合设计，保证居住区具有良好的视觉效果。

三、居住区规划的相关指标

（一）居住区规划用地指标

居住区规划用地指标包括房地产用地、公共服务设施用地、道路用地和公共绿地各分项用地指标和总用地指标。

（1）居住区用地平衡控制指标，如表6-1所示。

居住区用地平衡控制指标　　　　表6-1

用地构成	居住区（％）	小区（％）	组团（％）
1. 房地产用地	45～60	55～65	60～75
2. 公共服务设施用地	20～32	18～27	6～18
3. 道路用地	8～15	7～13	5～12
4. 绿化用地	7.5～15	5～12	3～8
居住区用地	100	100	100

（2）人均居住区用地控制指标，如表6-2所示。

人均居住区用地控制指标　单位：m²/人　　表6-2

居住规模	层数	大城市	中等城市	小城市
居住区	多层	16~21	16~22	16~25
	多层、中高层	14~18	15~20	15~20
	多层、中高层、高层	12.5~17	13~17	13~17
	多层、高层	12.5~16	13~16	13~16
小区	低层	20~25	20~25	20~30
	多层	15~19	15~20	15~22
	多层、中高层	14~18	14~20	14~20
	中高层	13~14	13~15	13~15
	多层、高层	11~14	12.5~15	——
	高层	10~12	10~13	——
组团	低层	18~20	20~23	20~25
	多层	14~15	14~16	14~20
	多层、中高层	12.5~15	12.5~15	12.5~15
	中高层	12.5~14	12.5~14	12.5~15
	多层、高层	10~13	10~13	——
	高层	7~10	8~10	——

注：本表各项指标按每户3.5人计算。

（二）居住区各项用地界线划定的技术性规定

1. 居住区用地范围的确定

（1）居住区以道路为界线，属城市干道时，以干道红线为界；属居住区干道时，以道路中心线为界；属公路时，以公路红线为界。

（2）同其他用地相邻时，以用地边线为界。

（3）同天然障碍物或人工障碍物相毗邻时，以障碍物地点边线为界。

（4）居住区内的非居住用地或居住区级以上的公共建筑用地应扣除。

2. 房地产用地范围的确定

（1）以居住区内部道路红线为界，宅前宅后小路属房地产用地。

（2）房地产邻公共绿地，没有道路或其他明确界线时，通常在房地产的长边，以房地产高度的二分之一计算，在房地产的两侧，一般按3~6m计算。

3. 公共服务设施用地范围的确定

（1）明确划定建筑基地界线的公共服务设施，如幼托、学校等均按基地界线划定。

（2）未明确划定建筑基地界线的公共设施，如菜场、饮食店，可按建筑物基底占用土地及建筑物四周所需利用的土地划定界线。

4. 底层公共服务设施楼层房地产用地范围的确定

（1）当公共服务设施在房地产建筑底层时，将其建筑基底及建筑物周围用地，按房地产和公共服务设施项目各占该幢建筑总建筑面积的比例分摊，并分别计入房地产用地或公共服务设施用地。

（2）当底层公共服务设施突出于上部房地产或占有专用场地与院落时，突出部分的建筑基底和因公共建筑需要后退红线的用地与专用场地的面积，均应计入公共服务设施用地。

5. 道路用地范围的确定

（1）城市道路一般不计入居住区的道路用地。

（2）居住区道路作为居住区用地界线时，以道路红线宽度的一半计算。

（3）小区道路和房地产组团道路按道路路面宽度计算，其中包括人行便道。

（4）公共停车场、回车场以设计的占地面积计入道路用地，宅前宅后小路不计入道路用地。

（5）公共建筑用地界限外的人行道或车行道均按道路用地计算，属于公共建筑专用的道路不计入道路用地。

6. 公共绿地范围的确定

（1）公共绿地指规划中确定的居住区公园、小区公园、房地产组团绿地，不包括满足日照要求的房地产间距之内的绿地、公共服务设施所属绿地和非居住区范围内的绿地。

（2）院落式组团绿地、开敞式组团绿地的用地界线的划定参照图 6-4。

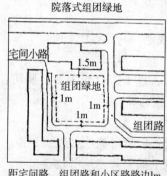
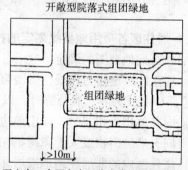

图 6-4 绿地的用地界线示意图

（三）居住区规划设计的重要技术经济指标

1. 建筑面积

建筑面积指建筑物各层面积的总和，包括主要使用面积、辅助使用面积和结构面积三项。在居住区规划中，建筑面积用于计算建筑面积总量及建筑面积密度等指标。

2. 建筑密度

居住区用地内各类建筑物的基底总面积与居住区用地的比率（%）。它可以反映出一定用地范围的空地率和建筑物的密集程度。

3. 人口密度

人口密度指在每公顷居住用地内的居住人数（人/hm²）。人口密度有毛密度和净密度两种。人口毛密度是按居住区或居住小区总用地计算，人口净密度是按房地产用地计算。建筑面积密度也称容积率，指每公顷居住区用地上拥有的各类建筑的建筑面积（m²/hm²）。

4. 房地产建筑面积毛密度

每公顷居住区用地上拥有的房地产建筑面积（m²/hm²）。

5. 房地产建筑面积净密度

也称房地产容积率，指每公顷房地产用地上拥有的房地产建筑面积（m²/hm²）。

6. 房地产建筑套数毛密度

每公顷居住区用地上拥有的房地产建筑套数（套/hm²）。

7. 绿地率

居住区用地范围内各类绿地的总和占居住区用地的比率（%）。

第三节 房地产项目设计

一、房地产项目设计概述

房地产项目是供家庭居住使用的建筑。房地产按层数可划分为如下几类：低层房地产为一至三层，多层房地产为四至六层，中高层房地产为七至九层，高层房地产为十层及以上。

房地产项目设计应符合城市规划和居住区规划的总体要求，使房地产建筑与周围环境相协调；房地产项目平面设计、立面造型应满足居民不断变化的对房地产功能的新要求，符合市场的需求，倡导正确的消费观念，创造方便、舒适、优美的生活空间；积极采用新技术、新材料、新产品，推行标准化、多样化房地产项目建设，促进房地产产业的现代化发展；房地产项目要力求做到远近结合，可持续发展，以人为本，尽量满足老年人、残疾人等特殊人群的使用要求。

二、房地产项目设计的功能与空间

房地产空间本身具有的具体目的和使用要求就是房地产功能。功能对于空间形式具有制约性，即规定性。空间形式必须适合于功能的要求、审美方面的要求以及工程技术、结构、设备、材料等方面对建筑空间形式的影响。

（一）空间的大小与功能

房地产各功能用房的使用要求不同，面积就要随之变化，如起居室、卧室、厨房、卫生间的面积各不相同。而不同类型的房地产，其面积也不同，如大套的起居室面积与中套、小套的标准不同，别墅与普通的多层房地产的起居室面积标准也不同，这都是由功能决定的。

（二）空间的形状与功能

空间形状主要有：正方形、长方形、圆形、三角形、扇形、不规则形等。虽然功能对于空间形状并无严格的要求，但设计者所采用的形式，要符合功能要求，多层和高层房地产受结构技术、设施设备、经济条件等方面的制约，空间形状相对比较规则，低层房地产尤其是独立式房地产空间形状相对灵活一些。

（三）空间的质与功能

功能对空间的规定性首先表现在量和形方面，同时在质的方面也应与功能相适应。对一般房地产空间而言，空间的质是指一定的采光、通风、日照条件。功能要求不同，则要求有不同的朝向和不同的开窗处理。如为满足开窗面积与采光系数的关系，起居室朝南开落地窗满足采光与观景的功能要求。

因此，合理的功能应该是合适的大小、合适的形状、合适的门窗设置和合适的朝向，能形成合适的空间形式。此外，形成空间的顶棚、地面、墙面的处理都应理解为空间形式的范畴。

三、房地产设计的空间与形式

（一）内部空间组合

1. 房地产的内部区域设计

房地产的内部可分为三个区域：群体生活区域、私人生活区域和家务工作区域。各区域都包括了一定的功能用房：

（1）群体生活区域：门厅、起居室、餐厅、书房、家人室、娱乐室、户外活动空间。

（2）私人生活区域：主卧室、卧室、卫生间。

（3）家务工作区域：厨房、家务室、工作室、贮藏室、车库。

2. 平面功能组合

一般房地产内部区域平面组合有以下几种形式：

（1）以起居室为中心布置：各功能用房围绕起居室按不同的采光、通风、朝向要求进行布置。这种布置平面比较紧凑，但有时起居室开门太多。

（2）以过道串联排列：以交通空间为主线串联各功能用房。这种布置各功能用房独立完整，但平面易分散，用地不经济。

（3）以中间内院为中心布置：内部空间景观较好，但这只适合于独立式房地产。

（二）外部造型处理

1. 基本要素——点、线、面、体

点是具有空间位置的视觉单位，它无方向性。建筑中点是有相对限度的，否则会失去点的性质，而变为"形"和"面"。一根柱子、塔在平面上是看作一个点，墙面上的窗户也可看作为点。

线是点的移动轨迹，一个点可以延伸成一条线。线有长度，但没有宽度和深度。建筑中线条可以清楚地表明面和体的轮廓和表面，如窗框线、梁、柱。

面为线的移动轨迹，一条线可以展开成一个面。在建筑中常用的面的一般要素有：地面、外墙面、垂直墙、内墙面、顶棚面、屋顶面。

体是面的移动轨迹，一个面展开成一个体。体有长度、宽度和深度，一个体可以是实体，即体量所置换的空间，如雕塑体；也可以是虚体，即有面所包容或围起的空间，如建筑空间。

2. 基本方法

（1）体型的消减与增加。

内部功能决定了建筑造型形式，即造型不能影响建筑功能使用的要求。一般的造型首先是对建筑体型进行处理，就是运用点、线、面、体等要素对造型体块进行切割、叠加处理。如阳台的凹进凸出，立面的跌落处理等。

（2）立面的形式处理。

立面构图要符合形式美的原则，讲求节奏、韵律、渐变、平衡、对比、统一的构图规则，并体现出房地产建筑的个性。具体对以下几方面进行处理：

虚实处理：相对实体墙面来说，门窗、凹阳台、大面积玻璃面等给人是虚的感觉。虚实构图要平衡，以形成节奏和韵律感。

光影处理：利用凸出部分在光线作用下产生的阴影，形成强烈明暗对比和视觉效果，如凹凸的阳台，出挑的板块等均能产生光影效果。

色彩处理：色彩要体现出房地产所处城市的个性、房地产的个体特征。应利用色彩的明度、彩度的对比与调和、色相的冷暖对比进行房地产立面构图处理。

材质处理：材质设计是实现房地产造型设计与色彩设计的根本，应利用材料表面肌理结构特征和材料的和谐法则，以达到满足房地产功能与形式的基本效果。

节点处理：房地产装饰是房地产造型的重要手段之一，它能体现房地产文化的特性。应利用建筑特定的语言符号处理好房地产建筑造型，以便更好地表现建筑的地方性、时代性，使房地产建筑的形式符合房地产规划建设的创意。

四、房地产设计的内容与要求

房地产设计直接关系到居民的生活和居住环境质量，房地产的商品化和市场化使得人们对房地产的居住功能、环境质量提出了更高的要求，房地产设计越来越多样化。在新技术、新工艺、新材料、新产品不断涌现并大力推广应用下，房地产建设正向产业现代化方向发展。为此，房地产设计从内容到形式上都有了新要求，现以上海市《房地产设计标准》（DGJ 08-20-2007）的规范要求，对房地产设计的有关内容提出一些要求。

（一）套型设计

房地产套型是指按完整的居住功能，由不同的使用空间组成的成套房地产的房型。房地产应按套型设计，每套房地产应设卧室、起居室、厨房、卫生间、贮藏室或壁橱、阳台或阳光室等基本空间。普通房地产套型分为小套、中套、大套，其居住空间个数应符合表6-3的规定。

套型空间个数表　　　　　　　　　　　　　　表6-3

套型	可分居住空间数（个）
小套	2
中套	3
大套	4~5

套型功能分区设计应明确合理，做到洁污分离、动静分离。合理安排各空间的序列，减少交通面积，组织好公共空间和私密空间的关系，避免相邻住户的视线干扰。

房地产出入口宜设过渡空间，套内还应预留洗衣机位置，卧室与卫生间之间不应设计错层。

1. 卧室

卧室之间不应穿越，卧室应有直接采光、自然通风。其使用面积不应小于下列规定：主卧室12平方米，双人卧室10平方米、单人卧室12平方米。主卧室的短边轴线宽度，小套、中套不宜小于3.30米，大套不宜小于3.60米。

2. 起居室

起居室应有直接采光、自然通风，其使用面积，小套、中套不应小于12平方米，大套不应小于14平方米。起居室的短边轴线宽度，小套、中套不宜小于3.60米，大套不宜小于3.90米。起居室内门洞布景应综合考虑使用功能要求，减少直接开向起居室门的数量。起居室至少有一侧的墙面直线长度不宜小于3米。

3. 厨房

低层、多层房地产的厨房应有直接采光、自然通风。中高层、高层房地产的厨房应有商接采光、自然通风或开向公共走廊的窗户，但不得开向前室或楼梯间。

厨房应设计为独立的可封闭的空间，其使用面积不应小于下列规定：小套不应小于4.5平方米，中套不应小于5.0平方米，大套不应小于5.5平方米。厨房宜布置在套内近入口处，厨房内设备、设施、管线应按使用功能、操作流程进行整体设计。厨房内宜配置洗涤台、灶台、操作台、吊柜，并应预留排油烟器、热水器等设施的位置。单排布置设备的厨房净宽不应小于1.50米，双排布置设备的厨房净宽不应小于2.10米，厨房操作面的净长不应小于2.10米。

4. 卫生间

卫生间宜有直接采光、自然通风；有多个卫生间时，至少应有一间有直接采光、自然通风。无通风窗口的卫生间应有通风换气措施。房地产的卫生间，至少应有一间的使用面积不应小于4.0平方米，大套房地产宜设两个或两个以上卫生间。

卫生间不应布置在下层住户厨房、卧室、起居室和餐厅的上层。当布置在其他房间的上层时，应采取防水、隔声和便于检修的措施。

5. 贮藏及交通

小套、中套房地产应有壁橱，净深不宜小于0.60米，净宽不宜小于0.80米。大套房地产应有贮藏室，使用面积不应小于1.5平方米。

套内出入口过道净宽不宜小于1.2米；通往卧室、起居室的过道净宽不应小于1.0米；通往厨房、卫生间、贮藏室的过道净宽不应小于0.90米，过道拐弯处的尺寸应便于搬运家具。

6. 阳台、阳光室

每套房地产应设阳台，主要阳台的净深不应小于1.3米，阳光室的净深不宜小于1.5米。阳台栏杆高度应达到安全要求，低层、多层房地产的阳台栏杆或栏板的净高不应低于1.05米，中高层、高层及寒冷、严寒地区房地产的阳台宜采用实体栏板，栏杆或栏板的净高不应低于1.1米。阳台栏杆设计应防止儿童攀登，垂直杆件间净距不应大于0.11米；放置花盆处必须采取防坠落措施。

阳台应设置晾、晒衣物的设施，顶层阳台应设雨罩。阳台、雨罩均应做排水处理和防水处理。各套房地产之间毗连的阳台应设分户隔板。

7. 层高、净高

房地产层高不宜低于2.80米。卧室、起居室的室内净高不应低于2.50米，局部净高不应低于2.20米，且其面积不应大于室内使用面积的1/3。厨房、卫生间的室内净高不应低于2.20米。贮藏室净高不宜低于2.00米。厨房、卫生间内排水横管下表面与楼面、地面净距不得低于1.90米，且不得影响门、窗开启。

（二）公共部位设计

1. 楼梯

楼梯间设计应符合现行国家标准《建筑设计防火规范》（GB 50016－2006）、《高层民用建筑设计防火规范》（GB 50045－1995）和各地的有关规定。楼梯梯段净宽不应小于1.10米，六层及六层以下房地产，一边设有栏杆的梯段净宽不应小于1米（注：楼梯梯段净宽系指墙面至扶手中心之间的水平距离）。

楼梯踏步宽度不应小于0.26米，踏步高度不应大于0.175米，扶手高度不应小于0.90米。楼梯水平段栏杆长度大于0.50米时，其扶手高度不应小于1.05米，楼梯栏杆垂直杆件间净空不应大于0.11米。楼梯平台净宽不应小于楼梯梯段净宽，且不得小于1.20米。

楼梯平台的结构下缘至人行通道的垂直高度不应低于2米。入口处地坪与室外地面应有高差，并不应小于0.10米。楼梯井净宽大于0.11米时，必须采取防止儿童攀爬的措施。

2. 电梯

住户入口层楼面距室外设计地面的高度超过16米的房地产必须设置电梯。底层作为商店或其他用房的多层房地产，其住户入口层楼面距该建筑物的室外设计地面的高度超过16米时必须设置电梯；底层做架空层或贮存空间的多层房地产，其住户入口层楼面距该建筑物的室外设计地面的高度超过16米时必须设置电梯；

顶层为两层一套的跃层房地产时，跃层部分不计层数，其顶层住户入口层楼面距该建筑物室外设计地面的高度不超过16米时，可不设电梯。

12层及以上高层房地产的每单元设置电梯不应少于两台，其中一台电梯的轿厢长边尺寸不应小于1.6米。同时应设消防电梯，消防电梯可与客梯兼用，其前室可与防烟楼梯间的前室合用。

电梯应在设有户门或公共走廊的每层设站，且至少应有一台电梯通向地下汽车库。当地下室为自行车停车库或机电设备房时，消防电梯可不停靠。

3. 走道

18层以上的塔式房地产或每单元设有两个防烟楼梯间的单元式房地产，当每层超过6套或短走道上超过3套单元住户时，应设置环绕电梯或楼梯的走道（注：短走道指防烟楼梯间的前室门至最远的一套户门之间的走道）。走廊通道的净宽不应小于1.2米。

4. 管道井

实践证明房地产不应设置垃圾管道，这有利于房地产的环境卫生。燃气管道泄露危险性较大，故规定燃气管道井不得设置在合用前室或楼梯间内。

5. 出入口

房地产的公共出入口处应有识别标志，应设置方便老年人、残疾人使用的坡道，该坡道的数量占该类房地产出入口总数的比例应满足如下要求：低层、多层房地产不应少于10%；中高层房地产不应少于30%；18层及以下的高层房地产不应少于50%；18层以上高层房地产应为100%。

高层房地产的底层出入口宜设门厅和管理值班室，房地产出入口应设置信报箱或信报间、信报柜。

（三）物理环境性能设计

房地产声环境和热环境的性能是房地产内在质量的体现，建筑物理环境的优越应体现在新世纪的房地产设计理念中。

1. 声环境

房地产应有良好的声环境，环境噪声应符合《声环境质量标准》（GB 3096 - 2008）的要求。房地产卧室、起居室内的允许噪声级昼间应不大于50dB，夜间应不大于40dB。房地产建筑的外墙、分户墙及楼板的空气声计权隔声量应不小于45dB。电梯井道不应紧邻卧室，紧邻书房及起居室时，应采取隔声措施。水泵房不应设在房地产建筑内。

2. 热环境

房地产要保证室内基本的热环境质量，应采取冬季保暖、夏季隔热与防热以及节约采暖和空调能耗的措施。对房地产建筑围护结构传热系数的要求是针对两种不同要求的房地产提出的：一是普通的无节能要求的房地产，二是对节能有要求的房地产。对一般无节能要求的房地产提出的指标应符合国家标准《民用建筑热工设计规范》（GB 50176 - 1993）的有关规定，对一般有节能要求的房地产提出的指标应同《住宅建筑节能设计标准》（DG/TJ 08 - 205 - 2000）的规定一致。

（四）构配件设计

1. 门窗

房地产分户门应采用安全防卫门，且分户门上端不得开气窗，向外开启的户门不应妨碍交通。下列情况应采取安全防护措施：①二层及二层以上，窗外无阳台或平台的外窗，其窗底距楼面的净高低于 0.9 米时；②房地产底层的外窗和阳台、开向公共部位或走廊的窗以及外窗口下缘距屋面（平台）小于 2.0 米时。

面临走廊或凹凸的窗，应避免视线的干扰，向走廊开启的窗不应妨碍交通。各部位门洞的最小尺寸应符合表 6-4 的要求：

各部位门洞的最小尺寸表　　　　　　　　　表 6-4

类别	洞口宽度（m）	洞口高度（m）
公用外门	1.20	2.10
户（套）门	0.95	2.10
起居室门	0.90	2.10
卧室门	0.95	2.10
厨房门	0.80	2.10
卫生间门	0.75	2.10
阳台门（单扇）	0.80	2.10
贮藏室门	0.70	1.80

注：门洞高度不包括门上亮子高度。洞口两侧地面有高差时，以高地面为起算高度。

2. 信报箱

信报箱、信报柜、信报间的设置应该符合《信报箱设置技术规程》（DB/TJ 08－201－1998）的规定。总体上要求设置在明显的、便于投递的位置上；形式上宜选用嵌入式信报箱；设有电控总门的房地产，当信报箱设置在总门外时，应有防雨措施；高层房地产可在底层结合管理值班室安置信报间、信报柜。

3. 排油烟道

厨房竖向排油烟道的断面，应根据所担负的排气量计算确定，应采取支管无回流、竖井无泄漏和窜烟的措施。厨房竖向排油烟道出屋顶口处应安装无动力风帽。厨房内横向排油烟道的设计应隐蔽、美观并有防止交叉污染的措施。

4. 楼地面、屋面、墙身

房地产底层居住空间地坪应有防潮措施，且底层厨房、卫生间、楼梯间必须采用回填土分层夯实后浇筑的混凝土地坪。厨房、卫生间的楼板及卫生间的墙身应设防水措施。

与燃气引入管贴邻或相邻以及下部有管道通过的房间，其地面以下空间应采取防止燃气积聚的措施。

建议低层、多层房地产屋面设计做坡屋面。

5. 空调机室外机座板

如房地产无中央空调系统时，应考虑每套房地产的居住空间安装空调机的措施，统一设置的机座板在设计上应做到安全、隐蔽、美观及便于安装。应设专管排放空调机的冷凝水和融霜水，也可接入阳台排水系统。机座板的设置，当与邻套房地产的机座板相邻时，应符合环保部门空调安装间距的有关规定，并采取安全隔离措施。

（五）结构设计

房地产的建筑平面设计宜规则，避免过多曲折，质量分布和刚度分布宜均匀，竖向宜避免刚度的凸变。房地产抗震设计应符合《建筑抗震设计规程》（DBJ 08 - 9 - 2003）等有关规定，房地产尽量避免错层设计，房地产承重结构部位的孔洞应预留。

（六）建筑设备

1. 给水排水设计

房地产应设室内给水排水系统。如上海市规定套内分户水表前的给水静水压不应小于70kPa，多层房地产宜采用变频恒压供水方式。房地产室内给水系统和热水系统最低配水点的静水压力宜为300~350kPa，当大于350kPa时，应采用竖向分区或减压措施。房地产应预留安装热水供应设施的条件或设置热水供应设施。给水和集中热水供应系统应分户分别设置冷水和热水表。

房地产的污水排水横管宜设于本层套内，卫生间以及布置洗浴器和洗衣机的部位应设地漏，水封深度不应小于50毫米。

废水、污水立管应暗敷；给水管、热水管宜暗敷。管道不宜靠近卧室墙面布置，室外明露和房地产公共部位有可能冰冻的给水、消防管道应有防冻措施。给水管不应采用镀锌钢管，给水泵房内不应有污水管穿越。地下室、半地下室中低于室外地面的卫生器具和地漏的排水管，不应与上部排水管连接，应设置集水坑用污水泵排出。

2. 供暖设计

严寒地区和寒冷地区的房地产，宜设集中供暖系统，供暖热媒应采用热水。集中供暖系统的设计，宜能实施分室温度调节。用于总体调节和检修的设施不应设置于房地产套内。

3. 燃气设计

使用燃气的房地产，每户燃气用量至少应按双眼灶和燃气热水器各一具计算。燃气计量表可安装在厨房、套内服务阳台或户门外公用部位表箱内。厨房或阳台内计量表宜明装，也可安装在有通风条件的表箱（柜）内，以符合抄表、安装、维修及安全使用的要求。燃气管道不应设在封闭的楼梯间、防烟楼梯间和前室内，可设置在敞开的楼梯间。室内燃气管道宜明敷。

套内燃气热水器的设置应符合下列规定：燃气热水器应设置在厨房或服务阳台内有通风条件的部位，除了密封式燃气热水器外，其他燃气热水器不得设置于卫生间或无通风条件的部位；燃气热水器应设置排至室外的专用废气排放管，严禁与竖向排油烟管合用；安装燃气热水器的房间或部位应预留安装位置和排气孔。

燃气设计同时应符合《城镇燃气设计规范》（GB 50028 – 2006）、《城市煤气、天然气管道工程技术规程》（DGJ 08 – 10 – 2004）等的规定。

4. 电气设计

每套房地产应设电度表。电度表应分层集中嵌墙暗装在各楼层公共部位或明装在各楼层配电箱内。每套房地产的用电负荷计算功率不应小于表 6-5 规定。

每套房地产用电负荷计算功率表　　　　　　　　　　　　　表 6-5

房型	用电负荷计算功率
小套	4kW
中套	6kW
大套	8kW

注：当建筑面积大于 150 平方米时，可按 60 瓦/平方米指标计算。

房地产供电系统的设计应符合下列基本要求：①应采用 IT、TN—c—s 或 TN—s 接地方式，并进行总等电位联结；②电气线路应采用符合安全和防火要求的敷设方式配线，导线应采用铜导线。房地产单相进户时，进户线截面不应小于 10 平方毫米，三相进户时，进户线截面不应小于 6 平方毫米，分支回路的截面不应小于 2.5 平方毫米；③空调电源插座、厨房电源插座、卫生间电源插座、其他电源插座及照明，应单独回路设计；④每套住宅应设住户配电箱，住户配电箱应设置电源总断路器，具有过载保护、短路保护等功能，并采用可同时断开相线和中性线的开关电器；⑤房地产的总电源进线断路器应具有漏电保护功能。

房地产的公共部位应设公共照明，除高层房地产的电梯厅和应急疏散诱导、指示照明外，照明控制应采用节能自熄开关。

电源插座应选用防护型，其位置应综合考虑家具布置的位置，卫生间电源插座应选用防溅式。套内电源插座设置数量不应少于表 6-6 的规定：

套内电源插座设置数量表　　　　　　　　　　　　　　　表 6-6

部位	设置数量
单人卧室、书房	单相两极和单相三极组合插座两只，单相三极空调电源插座一只
起居室、主卧室、双人卧室	单相两极和单相三极组合插座三只，单相三极空调电源插座一只
厨房	单相两极和单相三极组合插座一只，单相三极带开关插座三只
卫生间（有洗衣机）	单相两极和单相三极组合插座两只，单相三极带开关插座一只
卫生间（无洗衣机）	单相两极和单相三极组合插座一只

（七）智能设计

在上海市的有关规定中，对房地产的智能设计提出新的规定。房地产的智能设计和设备的选用应考虑技术的先进性、设备的标准化、网络的开放性、系统的可靠性及可扩性。

1. 居住区域的智能设计规定

封闭房地产区可根据规模、等级及管理要求，建立可靠的安全防范系统，包括居住区域内安保中心控制室、周界防范报警系统、各主要出入口电视监控系统、电子巡更系统等。

根据居住区域的性质及服务要求，可在居住区域内建立网络系统提供必要的信息服务。按居住区域管理要求，还可设相关的物业管理系统，如停车库管理系统、电梯运行状态监控系统、区域内公共照明和给水排水设备自动监控系统；住户管理、设备维修管理等。

2. 房地产的智能设计规定

每套房地产宜设置信息配线箱，电视、通信（电信和数据）、安全防范等管线可通过信息配线箱引出。房地产套内应布置有线电视系统，其设备和线路满足双向有线电视传输的要求，在主卧室、起居室、书房等房间应设置有线电视插座。每户电话进线不应少于两对，通信管线必须到户，在主卧室、起居室、书房等房间应设置双孔信息插座。每楼应设置电信间，该电信间应有电源插座和接地端子。

房地产的电梯箱内应设置紧急呼叫按钮或报警电话，按钮信号引至底层电梯厅警铃，报警电话接至值班室或居住区域安保中心控制室。房地产应设楼宇访客对讲和出入口门锁电动控制装置。

住户宜设置具有自动计量装置的水表、电表、燃气表。有居住区域安保中心控制室或值班室的房地产内应设置紧急呼叫求助装置，信号接至安保中心控制室或值班室。

复习思考题

1. 房地产项目选址的原则有哪些？
2. 在房地产项目规划中哪些因素会影响居住形态？
3. 房地产项目居住区结构模式有哪些？
4. 居住区规划设计的重要技术经济指标有哪些？
5. 房地产设计的重要性体现在哪几个方面？
6. 在房地产设计中如何将实用与美观相结合？

第七章

房地产项目前期准备

房地产项目的前期准备是整个住宅项目实施的最初一个阶段。在这个阶段，无论是新建居住区的基地开发还是旧区改造基地，前期准备工作的好坏直接影响到房地产项目的开发成本、建设周期和销售。因此，抓好房地产项目前期准备工作至关重要。

第一节 房地产项目前期工作概述

房地产项目前期工作是房地产项目实施过程中的一个重要组成部分。充分认识到该阶段工作的重要性，熟悉该阶段工作的操作程序，明确该阶段工作的关键所在，对顺利完成房地产项目前期工作，保证整个房地产项目的顺利实施起着事半功倍的作用。

一、房地产项目前期工作的地位和作用

（一）房地产项目前期工作的概念

根据我国的建设程序划分，房地产项目前期工作应是在可行性研究报告批准后，施工阶段开始之前的一个阶段，与勘察设计阶段基本处于同一时期。按惯例，在该阶段的工作除勘察设计外，基本上都可归属于房地产项目前期工作的范畴。由于该阶段政策性较强，适用法律、法规较多，涉及面很广，所以对于房地产开发商来讲，需要投入大量的精力。因为，在这个阶段，每一个环节都是必不可少的，也是非常关键的。

(二) 房地产项目前期工作的地位

房地产项目前期工作是房地产开发商在整个房地产开发过程中，很难委托别人而需要自己去做的一项较主要的工作，它的成果将直接影响整个房地产开发周期。土地使用权成本过高，安置费用超标，动迁周期过长，各类审批手续申办资料不全，扩初方案考虑不周难以得到通过，勘察、设计、监理、施工发包程序出错等在该阶段经常遇到的问题，都会给房地产开发商带来很大的麻烦。

(三) 房地产项目前期工作的作用

房地产项目前期工作的作用是为实施整个房地产项目的开发奠定基础，为整个住宅项目的具体实施做好各项准备，是房地产项目能否顺利实施的基本保证。

二、房地产项目前期工作的主要任务和基本程序

(一) 房地产项目前期工作的主要任务

按照房地产开发项目的建设程序，房地产项目前期工作的主要任务可以分为两大类：房地产项目的基地开发和房地产项目的发包工作。

(二) 房地产项目前期工作的基本程序

房地产项目前期工作的基本程序可由图 7-1 表示。

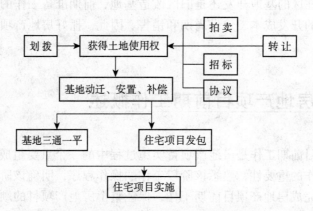

图 7-1 房地产项目前期工作的基本程序

三、房地产项目的基地开发

房地产项目基地开发的主要目的是要为房地产项目的实施，提供"三通一平"的建设场地。

(一) 房地产项目基地的获得

房地产项目基地的获得是指房地产开发企业为了建设住宅的需要，按照一定的程序，通过契约的方法，获得房地产项目基地的使用权的过程。

房地产项目基地获得的途径在现行阶段主要有：行政划拨、拍卖、招标、协

议、转让等。

1. 房地产项目基地的行政划拨

房地产项目基地的行政划拨系住宅建设单位因住宅建设的需要，向地方政府申请用地，经有关部门核准后，直接将城市土地的使用权授予住宅建设单位的一种建设基地的供应方式。由于以行政划拨方式提供土地使用权一般都是无偿的，所以该土地使用权提供的方式仅供建造安居房、平价房等。

2. 房地产项目基地的拍卖

房地产项目基地的拍卖系由国家或地方政府拨出某一住宅建筑地块，公布其位置、占地面积、建筑技术参数和其他条件，然后委托专业拍卖行进行公开拍卖，由出价最高者获得该土地的使用权。运用此种方式，将使得房地产项目基地所需的土地使用权的出让的竞争性得到最大限度地发挥，并进一步体现土地使用权出让的公开、公平、公正。运用此种方式，有利于政府合理控制土地的供应总量，建立土地的储备机制和供应机制，以加强土地供应空间合理分布的引导。

3. 房地产项目基地的招标

房地产项目基地的招标系由国家或地方政府划定某一住宅建筑地块，公布招标条件，规定截止时间，由房地产开发商按要求自由参加投标，并秘密报价，一般由出价最高者获得该土地的使用权。房地产项目基地土地使用权出让采用招标的方式，是目前最具竞争性的两种土地使用权有偿出让的方式之一。一般，在招标时，由政府主管部门设定土地使用权有偿出让的招标标底，在评标时，由政府招标管理部门所预设的评标专家库中随机抽取的专家对各投标单位的投标文件进行综合评定后决定，并非一定是最高价中标。此外，上海市还规定，如果投标者的报价低于标底10%，则作为废标处理。

房地产项目基地的拍卖、招标是目前房地产开发商获得房地产项目基地的最常用的方式。根据2001年颁布的《上海市土地使用权出让办法》，规定用于商业、旅游、娱乐、金融、服务业、商品房等项目的土地使用权出让，包括市政府对工商企业已注入土地资产的土地改变为上述六类用途的，以及以划拨方式取得土地使用权的土地转让房地产后改变为新建上述六类项目用途的都属土地使用权招标、拍卖的范围。

土地使用权招标、拍卖出让前，市土地招标拍卖办公室向规划、计划、环保、绿化、市容环卫、公安（交通、消防）、民防、卫生监督、管线管理等部门（住宅项目，还应包括住宅部门）书面征询意见，各部门应当提出项目开发的有关技术参数、控制标准等管理要求（其中，环保部门组织完成环境影响评价），并书面反馈给市土地招标拍卖办公室。市土地招标拍卖办公室应当将各项管理要求汇总协调，不但要规定地块面积、土地使用性质、容积率、建筑密度、建筑高度、停车泊位、主要出入口、绿地比例、公共设施、工程设施、建筑界线、开发期限等基本指标，还应该具体规定该地块的整体建筑风格、具体的建筑类型以及周围的景观设计等，并制定相应的违约条款，写入土地出让合同，以免造成后遗症。

4. 房地产项目基地的协议出让

房地产项目基地的协议出让系政府与有意向、有支付能力的房地产开发企业通过相互协商土地价格与其他款项，并达成协议，签订合同，让渡土地使用权的形式。由于房地产项目基地的协议出让竞争性很差且又表现为国家的土地使用权协议出让的决定权掌握在极少数人手里，容易滋生腐败，故国家将严格控制这种土地使用权的出让方式。

5. 房地产项目基地的转让

房地产项目基地的转让是指原土地使用权人将其有偿获得的土地使用权转移给房地产开发商的行为。一般是指房地产开发商从二级市场中所获得的土地使用权。应当指出的是，根据国家的有关规定，原土地使用权人在将其从一级市场中有偿获得的土地使用权转移给其他房地产开发商之前必须对其在一级市场中所获得土地进行开发。如果不加以开发而直接将所获得的土地使用权转让，则属"炒卖"土地，将受到国家有关方面的惩处。

（二）土地征用及其程序

1. 土地征用的基本概念

在我国，城乡土地均属社会主义公有制，即城市土地归国家所有，农村土地为集体所有。根据法律，我国实行城市国有土地的所有权与使用权相分离的原则，即城市土地使用权可以依法有偿出让和转让，而农村土地的使用权是不能有偿出让的。农村土地只有通过征地，方能将该土地的使用权有偿出让。

征地系县级以上人民政府通过行政手段，将农村集体所有的土地转变为城镇国有土地的过程。一般，使用者除了要支付土地出让金外，还得向所征用土地方支付征地费用。

2. 土地征用的程序

参照我国一些大型城市的通常做法，土地征用的程序大致可以有以下几个阶段：

（1）由房地产开发公司提出报告，由主管部门列入项目；

（2）开发公司持批准立项的文件，向市规划局申请选址；

（3）市土地管理部门根据规划的初步定点，设计补偿安置方案；

（4）各有关部门到实地考察、了解情况，核对地界，土地征用面积数量等，最后确定征地范围；

（5）开发公司与各有关方面共同协商征地补偿办法以及人员安置方法；

（6）开发公司与被征地单位签订土地征用初步协议；

（7）市土地管理部门签署意见；

（8）市规划局审核各类有关文件，拟定详细规划；

（9）市政府有关部门总审、颁布文件；

（10）市规划局根据批文，核发处理用途以及有关文件；

（11）区（县）政府协助办理具体征地事宜；

（12）开发公司缴纳耕地占用税、新菜地开发基金；

(13) 在市土地管理部门的主持下，被征地单位向开发公司正式移交土地。

(三) 征地费用

由于征地涉及到被征地农民的切身利益，所以政府规定，征地单位必须对被征地所在地的农民和其他有关人员支付征地费用。通常征地费用包括三个部分，即：土地补偿费、土地投资补偿费、安置补偿费。这些费用一般占到房地产项目总开发费用的 20% 左右。

一般土地补偿费为被占用耕地征用前 3 年平均年产值的 3~6 倍。如被征用土地系城市郊区菜地，还应根据国家的有关规定缴纳新菜地开发基金。

土地投资补偿费系征地单位对农民在其所使用的土地上当年所投入的种子、肥料、劳力等相关支出的补偿。

征用耕地的安置补偿费，按照需安置的农业人口数计算。需安置的农业人口数，按照被征用的耕地数量除以征地前被征地单位平均每人占有耕地的数量计算。一个农业人口的安置费标准，为该耕地被征用前 2 年平均每亩年产值的 2~3 倍。每亩被征用耕地的安置补偿费，最高不得超过被占用耕地征用前 3 年平均年产值的 10 倍。特殊情况下经批准可适当增加，但不得超出被占用耕地征用前 3 年平均年产值的 20 倍。

(四) 建设用地的审批权限和土地使用的年限

(1) 建设用地征地的审批权限。根据《上海市实施〈中华人民共和国土地管理法〉办法》的规定，在上海市范围内征地由市政府和各区、县政府进行审批。市政府和各区、县政府审批的权限可由表 7-1 表示。

土地审批权限表　　　　　　　　表 7-1

土地种类	市政府	县政府	原县现改为区政府	区政府
耕地	1000 亩	50 亩	30 亩	15 亩
其他土地	2000 亩	100 亩	60 亩	30 亩

(2) 各类土地的使用年限。根据《中华人民共和国土地管理法》的规定，在各类土地的使用年限是不同的，即：

居住用地为 70 年；

工业用地为 50 年；

教育、科技、文化、卫生、体育用地为 50 年；

商业、旅游、娱乐用地为 40 年；

由于各类土地的使用年限不同，所以房地产开发商在土地使用权的转让时应看清该土地使用权出让时国家所给予的使用年限。因为土地使用权年限的计算是延续的，而非相应延长。例如，甲房地产开发企业于 2001 年在二级市场获得一地块的土地使用权，该地块系乙房地产开发企业于 1993 年获得，其界定为居住用地，使用年限为 70 年。则甲房地产开发企业在所获得的地块的土地使用权应为 70 - (2001 - 1993) = 62 年，而非 70 年。

第二节 动迁管理

动拆迁管理是房地产项目基地开发的重要工作内容之一，是房地产项目前期工程中一项政策性很强的工作。它关系到千家万户被拆迁人的切身利益。动拆迁工作能不能切实贯彻有关拆迁法规精神，严格按城市建设的基本要求和符合城市规划的要求，不仅直接关系到房地产项目的顺利实施和三个效益的发挥，也关系到改革发展的进程和社会环境的稳定。因此，必须引起房地产开发企业的高度重视。

一、房地产项目实施动拆迁工作的依据和原则

房地产项目在前期土地开发过程中，为了清除建设基地上原有的建筑物、构筑物等地上、地下障碍物，就要实施动拆迁工作，而动拆迁就必须对这些建筑物、构筑物的原使用人、所有人进行安置补偿。由于拆迁涉及的企事业单位和个人，情况各异，要求不一，矛盾错综复杂，特别是像上海这样的国际化大都市，拆迁工作所涉及的法律关系主客体广泛，法律关系复杂，政策性、群众性特强，它直接关系到人民群众的切身利益，牵一发动全身。处理得不当，很可能引起社会矛盾。在整个拆迁过程中，应该始终坚持以"三个代表"的重要思想为指导，把为大多数人民群众的利益服务作为动拆迁工作的出发点和归宿。始终坚持以国家《城市房屋拆迁管理条例》和各地对城市房屋拆迁管理的实施细则为法律依据，充分依靠广大人民群众，服从各级政府拆迁管理部门的管理，切实维护拆迁当事人合法权益，维护社会稳定。以符合城市规划，有利于城市建设，改善生态环境，保护文物古迹为原则，进一步加强住宅建设动拆迁管理，规范房屋拆迁行为，促进房地产开发项目拆迁工作向法制化、规范化方向发展。

随着我国改革开放的深入和国民经济的发展，原由国务院于1991年6月1日颁布的《城市房屋拆迁管理条例》在过去十多年的实施过程中，为我国的城市建设，特别是为房地产项目的拆迁工作，在加强法制建设，提高依法拆迁的自觉性，规范拆迁行为，解决拆迁遗留问题，维护社会稳定以及提高各建设单位拆迁管理水平等方面都起了重大的规范和指导作用，从而保证了房屋拆迁工作的顺利进行，加速了城市建设和住宅建设速度。然而随着我国改革开放的进一步深入和国民经济的进一步发展，原有《拆迁条例》已不能适应当前市场经济条件下对动拆迁工作管理的需要，故在2000年10月国家重新颁布了经修改后的《城市房屋拆迁管理条例》，新老《拆迁条例》对照主要在以下四个方面作了重点修改：一是拆迁补偿的标准由被拆迁房屋的重置价结合成新结算，修改为按被拆迁房屋的区位、用途、面积等因素，以房地产市场评估价格确定货币补偿金额；二是明确了被拆迁人为房屋的所有人，重点对房屋所有人进行补偿，兼顾对使用人的安置。并将房屋所有人与使用人的租赁行为作为拆迁法律关系的从属关系、尊重所有人和使用人的权利；三是增加了被拆迁人对补偿方式的选择权，即除了拆除非公益事业

房屋的附属物，拆迁人与被拆迁人解除不了租赁协议之外，被拆迁人可以选择拆迁补偿方式；四是明确了管理程序，充实和完善了法律责任，加大对违法行为的处罚力度。

二、房屋动迁申请和审批

房地产项目建设用地上原有的地上建筑物和构筑物需要拆除时需按下列步骤分别办理报审、取得有关许可手续方可实施拆除。

1. 申办建设用地时暂停办理除本房地产项目以外的各类房屋开发经营活动的手续

为了防止在拟建房地产项目用地上继续进行与本房地产项目无关的开发经营活动，从而增加动拆迁工作量和补偿费用。房地产开发单位应在取得规划管理部门核发的建设用地许可证后，即向项目所在地的区（县）房地局申请暂停办理改变房屋和土地用途的审批手续，以及房屋租赁合同的登记备案手续，确保房地产项目用地范围内，不再出现其他新建、改建和扩建房屋及附属物，不建立新的房屋租赁关系和分列房屋租赁户名。

暂停办理有关手续批准后的有效期限为一年。在期限内本项目建设单位取得房屋拆迁许可证的，该期限可顺延至拆迁期限届满日，即拆迁许可证允许的期限日。

在暂停办理有关手续期限内未取得房屋拆迁许可证的，暂定期限届满暂停措施自行解除。建设单位确因故需要延长暂停期限的应在期限满30天前予以公告。延长期一般不超过半年。需要超过6个月以上的，需经区（县）房地局审核，报市局审核后批准。

2. 申办房屋拆迁许可证

房地产项目需要拆迁基地内原有房屋的，应持房地产项目批准文件，建设用地规划许可证、国有土地使用权批准文件、拆迁计划和拆迁方案、本市银行出具的补偿安置资金专用存款账户的存款证明，以及产权清晰、无权利负担、质量达标、配套齐全的安置用房证明等文件资料，向区（县）房地局提出申请，区（县）房地局在30日内经审核同意拨给房屋拆迁许可证。如果被拆迁的房屋系新式里弄、成套独用新工房、花园住宅以及公寓或拆迁期限超过一年的项目等特殊情况，还需报经市房地局审核。区（县）房地局颁发拆迁许可证的同时以公告的形式在拆迁范围内予以公布。未取得拆迁许可证的不得擅自实施房屋拆迁。

如在拆迁许可证规定的期限内不能完成拆迁的，应在拆迁期限届满15天前，向原申请的区（县）房地局提出延期申请，拆迁期限累计超过一年，延期申请由区（县）房地局报经市房地资源局审核后给予答复并公告。

三、拆迁的实施方法

（一）实施拆迁的形式

房地产开发单位经申请取得拆迁许可证后，可以自行组织实施动拆迁工作，但自行拆迁的建设单位的从业人员，必须具有经有关拆迁专业的法律、业务知识的培训考核，取得市房地资源局颁发的拆迁工作上岗证，才能从事拆迁工作。

如果建设单位自己无能力实施拆迁工作，也可以委托具有拆迁资质的专业拆迁单位签订委托合同实施拆迁。委托合同应在合同签订后15日内报区、县房地局备案。被委托单位以其拆迁劳务收取按市有关部门制定的拆迁服务费。

（二）拆迁补偿安置协议

拆迁人应当与被拆迁人签订拆迁补偿协议，如被拆房屋系以租赁形式有人承租的。即拆迁人应与被拆迁人（房屋所有权人）和承租人共同签订拆迁协议。如果承租人使用的是执行政府规定租金的公房及私房或房管部门依法代管的房屋以及宗教团体委托房管部门代管的房屋，则拆迁人应分别与被拆迁人和承租人签订由市房地资源局制定的规范拆迁协议。被拆迁当事人以房地产权证、租用公房凭证、房屋租赁合同计户补偿安置，并以上述证件上载明的所有人为协议当事人。拆迁期限届满后的30天内，拆迁人应将所订全部协议送区、县房地局备案。

对于被拆房屋的所有人不居住在拆迁范围内的，应通过其代理人、承租使用人或建设单位自行设法通知其落实签订协议。如当房屋拆迁许可证第一次期限届满时，仍无法通知被拆房屋所有人的，可将有关被拆房屋的勘察记录向公证机关办理证据保全，补偿费提存，并对房屋使用人提出临时安置方案，经区、县房地局核准后，可先行拆迁腾地。

凡是已签订拆迁协议，却不按协议规定完成搬迁的，拆迁人可以依法向仲裁机构申请仲裁或向法院起诉。诉讼期间，拆迁人可提供相应的安置房屋，申请法院先予执行。

对于拆迁当事人之间达不成拆迁补偿安置协议可报请区、县房地局裁决，当事人不服裁决的可依法向法院起诉。对于裁决后不按要求搬迁也不起诉的，经区、县房地局申请，由区、县人民政府责成区、县房地局和公安机关等有关部门进行强迁，或由区、县房地局依法申请人民法院强制执行。强制拆迁的，应提前通知当事人，并将有关被拆房屋的资料等，向公证机关办理证据保全。

（三）如何进行拆迁补偿和安置

拆迁补偿安置方式有三种，可由被拆迁当事人选择确定。一是实行货币补偿安置；二是实行货币补偿金额同等价值的产权房屋调换（即价值标准房屋调换），但这种方式要按房地产市场标准价结算差价；三是实行以房屋建筑面积为基础，在应安置面积内不结算差价的异地产权房屋调换（即面积标准房屋调换）。拆迁人在实行房屋调换时，应提供两处以上经区（县）房地局审核认可的安置用房，供被拆迁人、承租人选择，但拆迁用于非公益事业房屋的附属物，不作房屋调换，只能用货币补偿。

1. 货币补偿金额和价值标准房屋调换之价值的计算

拆迁居住房屋，货币补偿金额应当根据被拆除房屋的房地产市场评估单价和被拆除房屋的建筑面积确定。

拆迁未出租的私有居住房屋或拆迁由租赁双方协议确定租金标准的出租居住房屋，被拆迁人与房屋承租人协议解除租赁关系的，或拆迁执行政府规定租金标准的公有出租房屋，被拆迁人选择房屋调换，由被拆迁人安置房屋承租人，租赁关系继续保持的均适用被拆除房屋的房地产市场单价和价格补贴，其货币补偿金额的计算公式为：

$$(被拆除房屋的房地产市场单价 + 价格补贴) \times 被拆除房屋的建筑面积 = 货币补偿金额$$

拆迁执行政府规定租金标准的公有出租居住房屋，被拆迁人选择货币补偿的，租赁关系终止的，其货币补偿金额的计算公式为：

$$被拆除房屋的房地产市场评估单价 \times 被拆除房屋的建筑面积 \times 20\% = 货币补偿金额$$

而其承租人如选择货币补偿或价值标准房屋调换的，其货币补偿金额的计算公式为：

$$(被拆除房屋的房地产市场单价 \times 80\% + 价格补贴) \times 被拆迁房屋的建筑面积 = 货币补偿金额$$

拆迁执行政府规定租金标准的私有出租居住房屋，租赁关系终止，被拆迁人可以选择货币补偿或价值标准房屋调换，其货币补偿金额计算公式为：

$$被拆除房屋的房地产市场评估单价 \times 被拆除房屋的建筑面积 \times 100\% = 货币补偿金额$$

拆迁非居住用房，按房地产市场价格实施货币补偿或实行价值标准调换结算差价。如非居住用房是出租的，又不能解除租赁关系的，应实施价值标准调房安置，以保持原租赁关系，对于执行政府规定租金的非居住用房选择价值标准调房的，保留原租赁关系；选择货币补偿的需终止原租赁关系，即按市场价的20%补偿给被拆迁人，80%补偿给原承租人。

上述房地产市场单价是具有市房地资源局核准的房屋拆迁估价资格的估价机构评估的房地产市场每平方米建筑面积的价格。如果被拆除房屋的市场评估单价低于最低补偿单价标准（被拆除房屋同区域公有居住房屋上市交易的平均市场单价）的，按最低补偿单价标准计算。

已购公有居住房屋上市交易的平均市场单价，由各区（县）政府按其划定的区域范围定期公布。

价格补贴标准，由市价格主管部门会同市住建委、市房地资源局制定。

例如：某区5~10月份公房出售案例共计3000例，涉及全区10个街道，其中最高价5000元/平方米，最低价1000元/平方米，总面积150000平方米，总价为450000000元，平均3000元/平方米。10个街道所属范围划分为三个等级的地段。通过计算：

一等地段平均单价为3500元/平方米；

二等地段平均单价为3100元/平方米；

三等地段平均单价为2800元/平方米；

价格补贴假定为200元/平方米。那么，如在该区三等地段有一未出租私有居住户，原房建筑面积50平方米，市场评估价为2050元/平方米，其居住房屋的补偿安置应是：

（平均单价+价格补贴）×建筑面积

即（2800元/平方米+200元/平方米）×50平方米=150000元

再如，同样在该区三等地段一未出租私有居住户，原房建筑面积50平方米，市场评估价为3000元/平方米，其居住房的补偿安置应是：

（评估单价+价格补贴）×建筑面积

即（3000元/平方米+200元/平方米）×50平方米=160000元

其他各类货币补偿金额可以按前面所述各类计算公式依此类推计算得出。

2. 面积标准房屋调换安置

凡是被拆除的是旧式里弄、简屋以及其他非成套独用居住房屋，符合拆迁房屋所在地的区、县政府规定条件的未出租私有居住房屋的所有人；执行政府规定租金标准的公有居住房屋承租人，被拆迁人（房东）不选择房屋调换的；执行政府规定租金标准的私房承租人；由房管部门代理经租的宗教团体房屋以及由房管部门依法代管房的承租人，都可以选择面积标准房屋调换。为了鼓励城市中心区居民通过动迁向城市边缘地区疏散，面积标准房屋调换的应安置面积，以被拆除房屋的建筑面积为依据，按照市房地资源局划定的不同地段，给予增加面积安置。位于城市中心一、二、三类地的被拆迁户，以面积调换形式安置在四、五、六类地段的，在原房建筑面积的基础上，分别增加30%、60%、100%的面积安置；四类地段调换至五、六类地段的动迁安置可分别增加40%和70%的面积安置。安置用房在一、二、三类地段，或四类地段动迁户仍安置在四类地段的，不享受增加系数安置。五、六类地段的拆迁户安置是否增加安置面积，增加多少，根据所在区（县）政府制定的标准执行。

实际安置房屋的建筑面积超过应安置面积的部分，拆迁户应按房地产市场价支付房价。但对于拆迁廉租屋住户以及孤老、孤残、孤幼等特困动迁户，可适当减免其超面积安置部分的房款。

3. 拆迁补助费

拆迁补助费是指动迁过程中拆迁人给予被拆迁人或原承租人除居住房屋补偿以外，其他有关损失的经济补助。

（1）一次到位的动迁安置应支付补助费。

对于动迁房屋一次性补偿安置到位的动迁户，应由动迁单位支付按市价格主管部门和市房地资源局制定标准的搬家补助费和设备迁移费（如空调、热水器等迁移）。

（2）临时过渡费。

对于实行期房调换安置的，在过渡期住房由拆迁户自行落实的，除了拆迁单位应支付动迁补助费外，还要按规定标准支付过渡期的临时安置补助费。

（3）非居住房屋拆迁补偿费。

拆迁非居住用房，除了给予房屋补偿安置外，还应按被动迁单位的实际情况，分别给予补偿设备搬迁、安装费、报损设备折价补偿费、停产、停业补偿费。

（四）特殊用房和专业设施的拆迁

对于拆迁宗教团体用房、依法代管房屋、产权不明确房屋和设有抵押权的房屋以及专业市政公用设施等特殊建筑物、构筑物，由于其涉及的政策性和技术性专业关系，住宅动迁单位在实施这些房屋动迁时除了应按规定给予补偿和妥善安置外，还要按国家有关的规定办理好有关审报手续和法律手续。

四、加强法制观念，公正、公开、公平实施动拆迁工作

动拆迁工作是一项政策性很强的群众性工作，涉及的法律关系广泛而复杂，住宅建设单位的拆迁工作人员必须认真学习掌握《拆迁条例》和有关法规的全部内容和精神实质，把动拆迁工作提高到稳定社会大局的高度来抓，真正做到公正、公开、公平。要做深入细致的宣传、解释和补偿、安置工作，把实施动拆迁的过程作为一次落实党的为民工程、温暖工程来做，切实以"三个代表"的思想指导动拆迁工作。

1. 深入调查研究，认真制定动迁方案

动迁工作涉及的被动迁人员和单位众多，情况各异，相互间关系复杂，特别历史上形成的房屋所有权纠葛错综复杂。因此，住宅动迁单位必须在实施动迁之前，要通过对动迁所在地的街道、居委、派出所以及群众深入了解调查，彻底了解动迁范围所有动迁户的基本情况，明晰产权结构。只有在充分调查研究的基础上，才能制定切实可行、公平合理的动迁方案。方案的编制过程，要充分依靠有关政府拆迁管理部门的管理和指导，遇到一时难以解决的问题和特殊情况要及时向拆迁管理部门请示和咨询，该办理的申报手续要及时申报。同时要发挥全体动迁人员的积极性以及动拆迁范围的地区居委以及群众的参与性，把拆迁与被拆迁双方共同组成一个落实为民工程共同体中来，群策群力把动迁工作做好。

2. 现场办公，因地制宜开展动迁工作

由于动迁工作面对的是各家各户情况各异的居民群众，各人的工作环境和活动时间各不相同，不可能按照实施动迁单位的作息时间安排实施动迁，只能由拆迁单位去服从各家各户的时间安排，所以一般在实施动迁过程中，拆迁单位的工作人员，是没有白天和晚上之分的，也没有休息天和工作日之分，只要有可能与动迁户接触的时间，都是拆迁单位的工作时间。因此动迁工作必须实行现场办公，因地制宜开展工作，充分听取被动迁人员的意见和倾诉，对被动迁人员提出的意见和要求都要认真研究，只要有一定的合理性且可采纳的就要尽可能满足，对确实有违政策法规精神，不能满足的要求，要做深入细致的解释工作，切忌粗暴简单的工作方法。要多从被动迁户的角度设身处地为其着想，把一切可能引起矛盾或矛盾激化的因素都化解在日常工作中，坚决避免可能出现的集访和上访。

3. 增强法制观念，规范动拆迁行为

建设单位在整个动拆迁过程中，所办理的各类手续都要严格按《拆迁条例》和《拆迁细则》的有关规定办理，特别是与被拆迁人之间的有关协议或合同，各项条款都要有法律依据，用字要严密，内容要完整。在整个过程中所发生的所有资料、文件要妥善收集整理，对过程中发生的问题、原因和过程变化以及研究商量的意见、处理结果都要有详细记录。对于需要裁决、强迁的动迁案件，更要严

格按《拆迁条例》和《拆迁细则》规定，办好有关报批手续。实践证明动拆迁工作的后遗症较多，而且延续时间很长。近年来有关动迁遗留问题的投诉和上访及集访时有发生，有的甚至在完成动拆迁工作若干年甚至十几年后，还对原来的处理结果提出重新处理的要求。所以我们的所有工作都要合法合理，有法可依，有据可查，不然就会给动迁工作带来被动或留下隐患。

第三节 房地产项目的建管管理

房地产项目的建管管理是指在房地产项目施工前，由政府建筑业管理部门对房地产项目从房地产项目报建开始到施工许可证发放为止的全过程管理。

一、房地产项目建管管理工作的基本流程

（一）房地产项目建管管理工作流程的基本概念

房地产项目建管管理工作流程是指从房地产项目报建开始至施工许可申报整个过程的各项工作，它是房地产项目前期工作的另一项主要工作。由于房地产项目关系到居住者的安全及广大业主的切身利益，所以，政府建设主管部门将对整个房地产项目的前期准备过程实施全面的管理。

（二）房地产项目建管管理工作流程图

根据有关规定，房地产项目建管管理的工作流程大致可由图 7-2 表示。

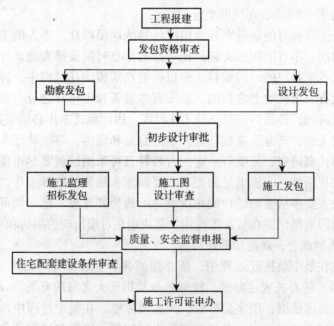

图 7-2 建管管理的工作流程图

各个工作流程中，有些地方政府主管部门采用"电子身份证"的形式来进行管理，即采用工程项目IC卡来对整个房地产项目建管管理的工作流程中关键的节点进行管理。

（三）工程项目IC卡制度

1. 工程项目IC卡制度的概念

IC卡是一种运用计算机操作的智能卡，IC卡制度最早是上海作为深化建筑市场管理改革的一项重要措施而采用。

目前，上海的工程项目IC卡划分为：工程项目IC卡；建筑企业IC卡（含勘察、设计、施工、监理、发包代理、工程造价咨询企业）；个人执业IC卡。

2. 工程项目IC卡制度的操作过程

上海工程项目IC卡从1998年8月1日试行，由建设单位在办理工程报建手续的同时申领，由报建管理单位负责制卡，并按所设计的程序要求写入报建资料的有关数据，然后将卡发给建设单位。

目前IC卡已设置了若干个节点，每一节点为一个区域，由每个节点的管理单位实施分区域管理，设置区域独立密码，其他区域有读数据的权利而无修改及更新数据的权利。根据项目IC卡制度的规定，在操作过程中应严格按照各节点的先后顺序办理手续，每办完一个节点，均要由该节点的管理单位在卡上输入"Y"，表示通过，以进入下一道管理节点。如在下一个节点上读卡显示为"XX"，则说明前一节点的工作尚未完成，需要补做。只有在完成了前一个节点的工作，方能实施下一步的工作。

3. 工程项目IC卡制度的作用

工程项目实施IC卡制度，有利于形成建设市场的闭合管理，有利于实现建设工程项目信息共享，有利于办事手续的简化，同时使房地产项目有了"电子身份证"。

二、房地产项目建管管理中的主要工作

（一）房地产项目工程报建

1. 房地产项目工程报建的目的

实施房地产项目工程报建制度是一项有利于政府部门掌握建设规模，加强建筑市场宏观调控，建立良好市场管理秩序的有效举措。

2. 房地产项目工程报建的范围

凡要进行建设的房地产项目，总投资在50万元以上（不含50万元）的，房地产项目的建设单位应当在房地产项目工程立项文件批准后30天内，且在房地产项目工程勘察、设计发包前向政府报建部门办理报建手续。

3. 房地产项目工程报建的管理部门

各省、直辖市建设行政主管部门是建设工程项目报建管理的政府主管机关，建设工程交易管理中心是具体组织实施和管理的职能部门。各区（县）建设工程项目报建，由区（县）人民政府建设主管部门负责，具体由区（县）建设工程交

易分中心实施。

4. 房地产项目工程报建的管理权限

各区（县）建设工程交易分中心负责本区域内总投资在1500万元以下（含1500万元）的房地产项目和总投资在500万美元以下（含500万美元）的非限制性中外合资的工程项目的报建管理；

省级建设工程交易管理中心负责本辖区内建设工程总投资在1500万元以上的房地产项目和总投资在500万美元以上的非限制性中外合资的工程项目的报建管理。

5. 房地产项目工程报建的内容

①工程名称；②建设地点；③总投资、总面积；④当年投资额；⑤资金来源；⑥工程规模；⑦预计开、竣工日期。

6. 房地产项目工程报建的程序

房地产项目的建设单位向报建管理部门领取《建设工程报建表》和《建设工程报建信息卡》。

房地产项目的建设单位填妥上述表格后随带建设工程立项批准文件原件和复印件、企业营业执照及有关证明文件的原件和复印件，报送市建设工程交易中心或各区（县）建设工程交易分中心审核。凡符合要求的房地产项目，市交易中心或分中心将当场予以办理手续，并发给项目IC卡。

7. 罚则

凡按规定应报建而未报建的房地产项目，政府招标管理部门不予受理招标业务；设计单位、施工单位不予承接该项目业务；工程质量监督部门对工程质量不予认定。

（二）房地产项目工程发包资格审查

房地产项目工程发包资格审查应在进行房地产项目工程报建的同时进行，实施房地产项目工程发包资格审查的政府管理机构、管理范围、管理权限均与房地产项目报建相同。

1. 房地产项目工程发包资格审查的内容

房地产项目工程发包单位应具备下列条件：

（1）是否有法人资格或系依法成立的组织；

（2）是否有与建设工程相适应的资金；

（3）是否有与建设工程相适应的人员。

根据有关规定，如果没有与建设工程相适应的人员，房地产项目工程的发包单位不得自行发包，必须委托有资质的发包代理机构代理发包。发包单位自行发包应配备人员条件，具体人员要求可由各地地方人民政府建设行政主管部门规定。

2. 房地产项目工程发包资格审查的程序

房地产开发单位首先向发包资格审查机构领取并填写《建设单位工程专业技术人员和管理人员核定申报表》，然后携带表格及表内人员的技术职称证书原件和复印件、银行出具的建设资金落实证明送建设工程交易管理中心或分中心审核。

交易中心应在 10 天内签发《核定意见书》，如不予审定，房地产开发单位应委托有资质的建设工程发包代理单位代理发包。

（三）勘察招标发包

建设工程勘察实行招投标对于促进勘察技术进步，提高勘察质量、缩短勘察周期，提高投资效益等均有十分积极的意义。

1. 勘察招标的管理部门

建设工程勘察招投标由建设工程交易管理中心勘察分中心进行管理，根据规定所有勘察项目都必须在勘察分中心内进行交易。

2. 勘察招标的管理范围

凡属设计招投标范围的建设工程项目（总投资额在 500 万元以上的居住小区、高层住宅、公共建筑及其他民用建筑工程和新建、扩建、技术改造的工业、市政工程等项目），其工程勘察任务必须进行勘察招标。

（四）设计招标发包

建设工程设计实行招投标对于促进设计技术进步，提高设计质量，缩短设计周期，提高投资效益等均有十分积极的意义。

1. 设计招标的管理部门

建设工程设计招投标由建设工程招标投标管理办公室进行管理。

2. 设计招标的管理范围

总投资额在 500 万元以上（含 500 万元）的居住小区、高层住宅、公共建筑及其他民用建筑工程；总投资额在 100 万元（含 100 万元）的市区广场、主要道路两旁和重要风景区的新建、改建、扩建的建筑物；总投资额在 1000 万元（含 1000 万元）的新建、扩建、技术改造的工业、市政工程等项目。

（五）房地产项目初步设计审批

房地产项目初步设计审批是一项国家规定的，旨在促进设计进步，提高投资效益，提高建筑物使用功能和城市环境水平的政府行政管理制度。

（1）房地产项目初步设计的审批机关。

房地产项目初步设计审批，实行分级管理，市住建委、区（县）住建委（住建局）和市行业主管委、办、局是房地产项目初步设计的审批机关。

（2）建设单位送审初步设计时，应提交一下文件资料：

1）工程房地产项目可行性研究报告的批准文件（复印件）；

2）规划部门签发的规划设计要求及设计方案审核意见；

3）设计单位提供的全套初步设计文件（应加盖市住建委统一颁发的出图专用章）；

4）批租地块的《土地使用权有偿出让合同》复印件；

5）相关土地批准文件。

房地产项目初步设计审批时，审批机关应组织住宅、环保、绿化等相关部门评审，并以住宅部门为主。虽说建设单位在编制房地产项目初步设计时已根据规划的要求进行编制，但在审批时，有关部门可能根据整个小区周围环境及国家的有关规定进行调整。例如：当周边小区都已建成，而审批的住宅项目为该小区最后一个项目时，有关部门将视小区的整体需要对方案进行修改，原没有学校或其他项目的可能根据需要而增加；再如：当需要原架空线入地或围墙透绿或"四新"技术的采用等，均可能对原有的房地产项目初步设计进行调整。

初步设计审批合格，将由相应负责部门批复，其一经批准，不得任意修改。如需作较大修改，则须重新报原审批机关批准。

（六）房地产项目施工图设计审查

房地产工程项目施工图设计审查是为了加强房地产工程项目设计质量的监督和管理，保护国家和人民财产安全，保证建设工程设计质量而实施的管理措施。

1. 房地产工程项目施工图设计审查单位

房地产工程项目施工图设计审查单位是具有设计审图资质的审图公司。

2. 房地产工程项目施工图设计送审单位

房地产工程项目施工图设计的送审单位是承担房地产工程项目施工图设计的设计单位。

3. 房地产工程项目施工图设计审查内容

审图公司对房地产工程项目施工图设计的审查主要在以下几方面：

（1）是否符合有关的法律、法规和现行的技术、标准规定的要求；

（2）提供审查的设计文件是否齐全和符合程序；

（3）是否按照经批准的初步设计文件进行施工图设计，施工图设计文件是否达到规定的设计深度标准要求；

（4）基础处理是否妥当，基础最终沉降计算值、偏心距计算值、倾斜率计算值是否符合本市有关规定；

（5）上部结构设计是否安全等。

（七）施工监理招标发包

实行建设工程施工监理招标发包，是为了加强建设市场管理，提高建设工程质量，规范建设单位与监理单位行为，维护双方合法权益的一项重要措施。

1. 施工监理招标的范围

根据国家的有关规定，实施施工监理招标的范围为：国家和本地区重大建设工程；大、中型公益事业工程；住宅工程；利用外国政府或者国际金融组织赠款、贷款的工程等。应注意，房地产项目属必须监理招标发包的项目。

2. 施工监理招标的管理部门

建设工程交易管理中心监理分中心负责本区域范围内上述工程的施工监理交易活动的管理。

（八）房地产项目施工招标发包

房地产项目实行施工招标，是为了适应社会主义市场经济体制需要，营造公平竞争、规范运行的市场秩序，从而达到控制建设工期、确保工程质量和提高投资效益的目的。

1. 房地产项目施工招标投标的管理部门

房地产项目施工招标投标的管理部门是建设工程招标投标管理办公室及各区（县）的建设工程招标投标管理办公室。

2. 房地产项目施工招标投标的范围

房地产项目关系到人民的生命安全，因此只要是房地产项目必须进行招标投标。

3. 房地产项目施工招标投标的管理权限

省级建设工程招标投标管理办公室负责全省建设工程总投资在3000万元及以上的生产性建设工程项目，总投资在1500万元及以上的非生产性建设工程项目的施工招标投标管理；

区（县）招标投标管理办公室负责本区域内总投资在3000万元以下的生产性建设工程项目，总投资在1500万元以下的非生产性建设工程项目的施工招标投标管理。

4. 专业分包管理

凡本区域内建设工程的土方、石方、桩基、建筑幕墙、金属结构等专业承包或分包的交易都必须进入相应的交易市场公开交易。

（九）房地产项目质量、安全监督申报

政府对房地产项目实行的质量和安全的监督，是我国为了明确建设工程参与各方的质量、安全责任，保证工程质量，以及贯彻"预防为主"方针，保护施工人员人身安全而实施的一项基本的行政管理制度。

1. 房地产项目质量、安全监督的范围

本区域范围内除个人建造自住房屋外的房屋建筑、土木工程、工程设备安装、管道敷设等新建、改建、扩建的建设工程。

2. 房地产项目质量、安全监督的管理部门

由建设工程质量监督总站及各区（县）质监站负责。

3. 满足报监需要的材料

报监的材料可分为基本材料和特殊工程附加材料。

（1）报监的基本材料有：

1）建设工程项目批准文件；

2）建设单位与监理单位、勘察单位、设计单位、施工单位签订的建设工程合同；

3）监理单位、勘察单位、设计单位的资质等级和经营范围的有关证明文件；

4）施工单位的施工许可证和经营手册；

5）有关建设工程质量保证条件的资料；

6）有关概预算资料；

7）与建设工程质量核验监督有关的其他文件和资料。

（2）特殊工程附加材料为由工程建设标准化办公室审核并加盖审核章的房地

产项目施工图纸。

4. 报监程序

建设单位应在建设工程开工前30天内（申领施工许可证前），根据管理权限到相应的监督站领取《建设工程质量监督申报表》（按单位工程或单项工程填写，一式三份）、《建设工程质量监督书》（按单位工程填写，一式三份）、《建设工程安全受监登记表》（一式三份），同时办理建设工程质量、安全监督申报手续。

建设单位填妥上述表格后，附报监所需资料报送监督站审核。

监督站应在收到资料后15天内作出审核决定。

申报的工程中含有人防工程的，建设单位应将其中人防工程部分向民防建设工程质量监督站办理民防工程质量核验监督的申报。

（十）施工许可申办

房地产项目具备施工条件后，建设单位应申领建设工程施工许可证。

1. 施工许可申办的管理部门

施工许可申办的管理部门为建设工程交易中心或市建设工程交易中心派出分中心或区县分中心。

2. 施工许可申办的管理范围

凡在本行政区域内新建、改建和扩建的建设工程施工前，建设单位应当办理建设工程施工许可证手续。施工许可证应放在施工现场，随时备查。

3. 施工许可申办的管理权限与工程报建相同

4. 施工许可申办程序

建设工程具备施工条件后，建设单位应根据工程的管理范围到建设工程交易中心或区（县）分中心领取《建设工程施工许可证申请表》；建设单位填妥相关表格后，随带下列资料申领建设工程施工许可证：①建设工程规划许可证；②资金入账凭证；③通水、通电、通路以及场地平整等有关证明；④建设工程承发包合同副本和廉洁协议；⑤监理合同（应当实行监理的工程）；⑥建设工程质量和安全监督申报材料；⑦项目施工登记卡（中标单位）；⑧勘察、设计、施工中标（交易成交）通知书；⑨住宅新开工审核通知单；⑩《房地产项目配套建设条件审核申请表》审核意见通知单等。

根据规定，未领取建设工程施工许可证的房地产项目，不得进行施工。

复习思考题

1. 试述房地产项目建设前期工作的基本概念及其作用。
2. 试述房地产项目基地获得的途径和拍卖、招标出让土地使用权的范围。
3. 试述建设用地审批的权限和各类土地使用的最长年限。
4. 试述动迁工作的依据和原则。
5. 试述房地产项目的建管管理的概念。

6. 试述工程项目 IC 卡制度的作用和种类。
7. 试述房地产建设工程报建的目的和范围。
8. 试述房地产建设工程自行发包应具备的条件。
9. 试述房地产项目初步设计的评审部门及其要求。
10. 试述房地产项目质量、安全监督的意义和范围。

第八章

房地产项目招标投标

《中华人民共和国招标投标法》的颁布实施标志着我国建设工程的招标投标进入了法制化、规范化的轨道,在房地产项目的承发包过程中采用招标投标的形式,对于强化房地产项目实施过程中的廉政建设,体现公开、公平、公正的原则,提高房地产项目产品的质量,缩短房地产项目实施的工期,降低房地产项目投资的成本都具有重大的意义。

第一节 房地产项目招投标概述

一、招标投标的含义与特征

(一)招标投标的含义

招标是指当事人一方(招标人——法人代表或个人)依据国家有关法律,公开提出自己的条件和要求,征求他方(投标人)承包的意思表示。招标人可以首先公布招标要求,邀请投标人书面应征。在招标书规定的日期里,由招标人召集由专家等人组成的评标小组当场开标,通过对各投标书进行评议,择优选定得标人,最后招标人与中标人订立合同。

招标与投标的结合,构成双方法律行为。招标方式一般适用于政府采购、建设工程承包、大宗商品买卖、机电设备、土地批租、国外贷款项目及其他城市管理的特定项目。

投标是招标的对应。投标人(法人或个人)为获得某项任务或成交某项大宗商品买卖,以及承担某项建筑工程等,根据招标人发布的招标书的要求和条件,在通过招标人的资格审查，取得投标资格后，经过市场分析、项目分析和经济分析制定投标书，并在规定的时间内将密封好的投标书投入投标箱内。一旦被确定中标，必须与招标人签订相关合同，履行自己承担的权利和义务。

（二）招标投标的特征

招标投标作为目前国内外广泛采用的一种经济活动方式具有以下六项特征。

1. 公正性

促进公平竞争，招标人赋予所有投标人公平竞争的机会是招标投标活动的最基本的特点。在招标公告或投标邀请书发出后，任何有能力或资格的投标者均可参加投标。招标方不得有任何歧视某个投标者的行为。在评判标书时，应力求评标客观，按照招标文件中明确规定的评标要求和标准，客观考虑报价及其相关因素，公正评价所有标书，而不允许偏袒任何投标商。在签订合同时，有关合同条款对各方不应具有明显的倾向性，以体现公正性原则。

2. 规范性

不论国内，还是国际招标，均按照规定的程序和国际惯例进行，这是招标投标活动的一个显著特点。招标投标程序和条件由招标机构事先拟定，在招标投标双方之间具有法律效力的规则。

在招标文件中明确规定递交标书的时间和地点，一般要求投标文件必须以书面方式提出，以电报、电传、传真等方式提出的投标必须经书面确认。标书应密封，并妥善保存。到开标前必须检查标书是否密封完好。标书启封后，经审查符合招标文件的要求，才能参加评标。招标投标的规范活动对招标投标的质量把握起着积极地作用。

3. 竞争性

招标投标制度建立的本身就包含着竞争性，加上投资项目的交易金额一般都比较大，如果经营得当，往往能获得相当丰厚的利润。因此，各投标商之间的竞争表现得异常激烈。由于在不同的国家和地区，商品、技术和劳动力等方面的成本和价格有较大差异，各国投标商总是利用自己的优势，力求在投标竞争中压倒对手，而业主从事项目投资，总是希望选择施工技术水平高、工程质量好、施工周期短、工程价款低的承包商，这样就进一步加剧了竞争的激烈程度。

4. 风险性

一般来说，凡纳入招标范围项目均具有资金量大、施工技术复杂、营建时间较长的特征（从投标施工到竣工需要数年时间，相应工程款的回收期也较长）。在此期间不可预测的技术经济风险或各种不可抗力的因素，都可能使承包商蒙受损失。如项目所在国发生动乱、政变或罢工，货币贬值、物价上涨、自然、地理及气候发生变化等，都可能给工程带来不利影响。因此，采用招标投标的项目一般都具有较大风险。

5. 一次性

在招标投标活动中，投标人只能应邀进行一次性递标，以合理的价格定标是招标投标活动所体现的严肃性特点。标书在投递后一般不得随意撤回或者修改。

一般的交易方式，即合同在双方当事人的反复洽谈中形成，任何一方都可以提出自己的交易条件，进行讨价还价，而招标投标却不然，投标的一次性是招标投标的特征。

6. 法制性

招标投标活动是买卖双方的一种经济联系，他们的这种联系必须以法律保障为基础，承发包双方签订的合同、协议以及正式业务书信等，均具有法律效力。若出现纠纷和争执，无法协商解决时，必须诉诸法律裁决。而且，国际招标投标活动还要受项目所在国法律和法令的制约，工程所在国政府为了本国企业的利益，一般实行贸易保护主义，限制外国承包商的经营活动，如对外国承包公司规定较高的税率等。可见，国际项目的招标投标具有明显的法治性。

二、《中华人民共和国招标投标法》制定

（一）《中华人民共和国招标投标法》立法目的

《中华人民共和国招标投标法》（以下简称招标投标法）第一条规定："为了规范招标投标活动，保护国家利益、社会公共利益和招标投标活动当事人的合法利益，提高经济效益，保证项目质量，制定本法。"招标投标法的立法目的主要包括以下四个方面：

1. 规范招标投标活动

由于我国目前招标投标活动存在推行招标投标的力度不够，不少单位不愿意招标或者想方设法规避；存在招标投标的程序不规范，做法不统一，漏洞较多，不少项目有招标之名而无招标之实；存在招标投标中的不正当交易和腐败现象比较严重；存在政企不分，对招标投标活动的行政干预过多；存在行政监督管理体制不顺，一些地方和部门自定章法，自行其是；有的地方和部门甚至允许本地方、本系统的单位参加投标，限制公平竞争。面对这些问题，迫切需要通过立法对招标投标活动予以规范。

2. 保护国家利益、社会公共利益和招标投标活动当事人的合法权益

依照《招标投标法》第三条的规定，大型基础设施、公用事业等关系社会公共利益、公共安全的项目，全部或者部分使用国有资金投资或者国家融资的项目，使用国际组织或者外国政府贷款、援助资金的项目，以及法律和国务院规定的项目等达到规定的规模标准的，应当依法进行招标。

上述有的项目事关财政资金的支出管理，通过招标投标展开公开竞争，使财政资金使用商业化，降低采购成本，增加财政资金使用的透明度。有的项目使用的是国际组织或者外国政府贷款、援助资金，对这些项目实行招标投标能够保证这些资金合理、有效地使用，也符合贷款方的要求。由此可见，实行招标投标对保护国家利益和社会公共利益是不无裨益的。

3. 提高经济效益

经济效益，又称为"经济效果"，是指经济活动中投入和产出的关系，即劳动耗费或者资金占用与劳动成果相互比较的关系。从产出的角度看，以同样数量的

劳动耗费或者资金占用，创造和实现的劳动成果多，效用大，经济效益就高；反之，创造和实现的劳动成果少，效用小，经济效益就低。

就投入的角度看，同样的劳动成果，耗费的劳动资金占用少，经济效益就高；反之，经济效益就低。经济效益的提高，意味着劳动时间的节约，用同样的劳动耗费或者资金占用，创造和实现尽可能多的社会必要产品。

经济效益又具有宏观经济效益和微观经济效益之分。所谓宏观经济效益，也就是全社会经济效益。微观经济效益是指各经济组织本身的经济效益。提高经济效益是招标投标活动追求的基本目标之一。

4. 保证项目质量

招标人实行招标采购的目的是要通过招标投标程序选择最恰当的投标人而与之订立项目承包合同。招标人希望对项目投入最少的资金且中标人能够保质保量地完成项目承包任务。质量上的要求在工程建设领域尤其重要。一项不合格、质量低劣的工程项目，它所带来的后果常常是不堪设想的，甚至会造成人民生命、财产的重大损失。仅就房屋建筑工程而言，这些年暴露的问题就相应严重。

据有关部门统计，从1986年到1995年，全国共发生房屋倒塌事故237起。这几年也时有工程建设事故发生。有云南昆禄公路、沈阳沈四高速公路、重庆彩虹桥等重大工程质量事故。当然，造成工程建设质量事故的原因是多方面的，其中重要的原因与没有按照规定进行招标或者根本没有进行招标不无关系。

《招标投标法》对我国境内的招标投标活动进行调整，也就是说在中华人民共和国境内进行的招标投标活动必须服从于该法，目的就是对招标投标活动进行规范，以达到保证项目质量的目的。

（二）《招标投标法》颁布的意义

《招标投标法》的制定将对我国招标投标活动产生巨大的积极影响，主要体现在以下几个方面。

1. 确立了强制招标制度

《招标投标法》规定：大型基础设施、公用事业等关系社会公共利益、公众安全的项目，全部或部分使用国有资金投资及国家投资及国家融资的项目，使用国际组织或外国政府贷款、援助资金的项目，包括勘察、设计、施工、监理以及与工程建设有关的重要设备、材料等的采购，必须进行招标。

2. 确立了公开和邀请等两种招标方式

公开招标指招标人以招标公告的方式邀请不特定的法人或者其他组织投标，邀请招标指招标人以投标邀请书的方式邀请特定的法人或者其他组织投标。法律规定，国家重点项目和地方重点项目应当进行公开招标，不适宜公开招标的，经国务院发展计划部门或省、自治区、直辖市政府批准，可以进行邀请招标。

3. 确定了招标人自行招标和招标代理机构代理招标两种制度

法律规定，任何单位和个人不得以任何方式为招标人指定招标代理机构，或者强制其委托招标代理机构办理招标事宜。依法必须进行招标的项目，招标人自行办理招标事宜的，应向有关行政监督部门备案。

4. 确立了公开、公平、公正的招标投标程序

法律规定了招标、投标、开标、评标各环节应遵守的程序性规则。公开招标必须发布公告，邀请招标必须发出投标邀请书；评标委员会由招标人的代表和有关技术、经济等方面的专家组成，专家必须符合法定条件；中标人应按合同完成中标合同，不得向他人转让，主体、关键性工作不得分包等。

5. 确立了行政监督体制

法律规定，有关行政监督部门依法对招标投标活动实施监督，依法查处招投标活动中的违法行为。任何单位和个人不得非法干预、影响评标过程和结果。

三、房地产项目承发包

当房地产项目经过慎重决策后，将按照项目计划实施。由于房地产项目的实施需要众多承包商参与，则如何择优选择合格的承包商是房地产项目的管理者应考虑的问题。按照国际惯例，房地产项目的承包商一般都是通过招标投标来加以选择。

（一）房地产项目承发包和房地产项目招投标的关系

房地产项目承发包和房地产项目招投标的关系，可由图 8-1 房地产项目承发包工作程序图表示。

由图 8-1 可知，房地产项目招投标是房地产项目承发包形式的一种，是一种具有竞争性的承发包的方式。

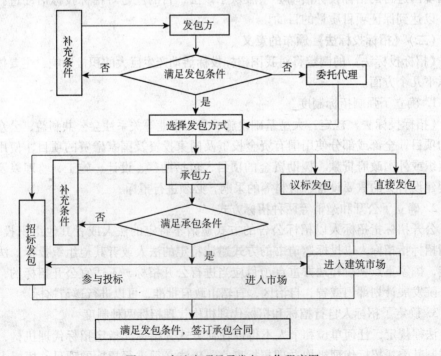

图 8-1　房地产项目承发包工作程序图

(二) 房地产项目发包方式

选择合适的房地产项目发包方式，不但受国家或地方的有关规定所限制，更主要的是有助于提高房地产项目的质量，缩短房地产项目的工期，降低房地产项目的投入。根据现行的做法，房地产项目发包的方式，主要可分为：招标发包（又可分为：公开招标、邀请招标）、议标发包和直接发包三种。

1. 招标发包

招标发包是国际上广泛采用的分派房地产项目业务的主要交易方式，是业主（建设单位）对自愿参加某一特定房地产项目的承包者进行审查、评比和选定的过程。它是一种具有相当竞争性的发包方式。根据《中华人民共和国招标投标法》的规定：在我国境内进行下列工程房地产项目（包括项目的勘察、设计、施工、监理以及与工程建设有关的重要设备、材料等的采购）必须进行招标：大型基础设施、公用事业等关系社会公共利益、公众安全的项目；全部或者部分使用国有资金投资或者国家融资的项目；使用国际组织或者外国政府贷款、援助资金的项目。考虑到招标成本，国家发展和改革委员会又对招标项目的合同估算价作了规定：施工单项合同估算价在200万元人民币以上的；重要设备、材料等货物的采购，单项合同估算价在100万元人民币以上的；勘察、设计、监理等服务，单项合同估算价在50万元人民币以上的如果单项合同估算价低于前三项规定的标准，但项目总投资额在3000万元人民币以上的也需要招标。

根据发布招标信息形式的不同，招标又可以分为：公开招标、邀请招标两种。

（1）公开招标。

所谓公开招标是指招标单位通过公众媒介、报刊、信息网络及在建设工程交易中心发布招标公告或信息，邀请不特定的法人或其他组织投标所进行的招标，它是一种无限制的竞争方式。

公开招标的特点是：招标信息公开发布、投标单位数量不限、投标竞争机会均等。

公开招标有着很强的竞争性并能最大限度地体现施工发包的"公开、公平、公正"，其主要优点在于投标不受限制，对于发包方而言有着较大的选择余地，有利于降低造价、提高质量、缩短工期；对于承包方而言，则是一种平等竞争的理想方式。但公开招标也存在着一定的缺点，如招标的周期较长，工作量较大，投入资金较多，还有可能出现故意压低投标报价的投机承包商以低价挤掉对报价严肃认真而报价较高的承包商等。所以并非要求所有的房地产项目都采用公开招标的形式，一般情况下，只有国家投资的或国有资产占主体企业投资的房地产项目才要求采用公开招标的形式。

（2）邀请招标。

邀请招标是一种由业主向其认为能够胜任其发包工程的承包商发出招标邀请，而由承包商应邀前来进行投标的行为，是一种有限竞争性招标。

邀请招标的特点是：投标单位数量有限（至少3家），且为业主自主选择。邀请招标的优点在于可以保证承包商有此项工作经验，信誉可靠，有能力完成该项工程项目；其不足之处是竞争相对减弱，有可能漏掉一些在技术上、报价上有竞争力的优秀企业。由于邀请招标形式简单，易于操作，而且资金和时间的耗用较少，所以除国家规定必须采用公开招标方式外，招标发包房地产项目一般都采用邀请招标的形式。

2. 议标发包

议标发包是一种非竞争性的发包方式。这种方式是业主（发包方）与一家或两家承包商直接就施工工程进行协商谈判，并最终签订房地产项目承包合同。议标发包的优点是节省时间，容易达成协议，快速开展工作，缺点是无法获得有竞争力的报价。所以，这种发包方式一般在小型、简单的房地产项目或资金投入不是很大的房地产项目中采用。

在必须实行公开招标和可以实行邀请招标的工程中，涉及专利保护、少数潜在投标单位可供选择、经公开或邀请招标无人报名投标以及有其他特殊要求的工程，经招标单位报建设行政主管部门批准的，可以进行议标。通常参加议标发包协商的承包商不得少于2家。目前，根据有关规定，一般在房地产项目的发包中，不采用议标的方式。

3. 直接发包

直接发包与议标发包一样，同样是一种非竞争性的发包方式。

直接发包的特点在于直接发包赋予业主（发包方）最大的选择权，故能够使房地产项目快速展开，但同样也给不公平竞争开了绿灯。因此，只有在国家政策、法令、法规的许可下，在政府建设行政主管部门的监督管理下，方可实施，并要从严掌握。

在必须实行公开招标和可以实行邀请招标的工程中，涉及国家安全和保密、抢险救灾等特殊工程，经建设单位报建设行政主管部门批准的可以直接发包。

4. 招标发包、议标发包、直接发包的区别

招标发包、议标发包、直接发包的区别如表8-1表所示。

招标发包、议标发包、直接发包区别表　　　　　表8-1

工程投资性质	发包方式	参加单位数量
国有经济占主体	必须公开招标	3家以上
集体经济占主体	可以邀请招标	3家以上
私营经济、外商投资占主体	可以议标发包	2家以上
私营经济或外商独资	可以直接发包	1家

第二节　房地产项目勘察、设计、监理招标投标

房地产项目招投标是房地产项目发包的一项重要的方式。它可分为勘察招标、

设计招标、监理招标和施工招标。

房地产项目勘察、设计、监理招标是根据国家的有关规定所实施的一种勘察、设计、监理发包方式。应当进行勘察、设计、监理招标的房地产项目,其招标的条件和要求在第七章内已有阐述,在此不再重复,而招标的种类的区分、程序的安排、操作的要求等将在施工招标部分再行论述。本部分仅就勘察、设计、监理招标中应注意的问题进行探讨。

一、房地产项目勘察招标

(一)工程勘察的基本概述

工程勘察,是对工程项目的建设地点的地形地貌、地质构造、水文等进行测绘、勘探、测试及综合评定,并提供可行性评价与建设所需要的勘察成果资料,以及进行岩土工程勘察、处理、监测的活动。一般,工程勘察可分为:初步勘察和详细勘察。

(二)工程勘察招标的范围

根据国家有关规定,凡单项工程勘察发包金额在 50 万元以上或工程房地产项目总投资额在 3000 万元以上的勘察应当招标发包。

(三)实行勘察招标的工程房地产项目应具备的条件

实行勘察招标的工程房地产项目应具备以下条件:
(1) 有权批准部门批复的项目建议书可行性研究报告;
(2) 土地规划管理部门核准的用地范围;
(3) 场地地形图:初勘阶段,一般提供 1∶2000~5000 的地形图;详勘阶段提供 1∶500 或 1∶1000 的地形图。图中需附有坐标系统与坐标控制点;
(4) 建(构)筑物总平面布置图,比例与地形图一致;
(5) 初勘阶段应提供场地中拟建建(构)筑物类型、大小规模(如层数、高度、宽度、长度、重量等)、主要设备及其规格和建设场区内的总体规划布局或基本设想等。详勘阶段招标另外还要提供更详细的有关基础设计和结构设计的资料;
(6) 其他有关文件与资料:如地下管线网络图、地下人防或其他建(构)筑物分布图等。

(四)工程勘察招标的特点和要求

1. 工程勘察招标的特点

工程勘察招标具有如下特点:
(1) 工程勘察发包的标的合同价一般均较小;
(2) 工程勘察招标可以分为初勘和详勘分别进行,在成熟发达地区大多为详勘招标;
(3) 工程勘察发包的标的包括咨询服务和劳务服务两部分。

2. 工程勘察招标的要求

凡参与工程勘察投标的勘察单位,均要求具有国家规定的资质等级。

3. 工程勘察招标的评标要点

在进行工程勘察招标评标时，应从以下几个方面评定：

（1）勘察方案（包括：勘察方案的编制依据、勘探测试应解决的工程技术问题、勘探测试方法、手段、勘探测试工作量、拟定的勘察报告等）；

（2）保证工程质量的技术措施、力量；

（3）施工组织进度与安全施工措施；

（4）工程勘察费预算依据、费率取值；

（5）服务与配合。

二、房地产项目设计招标

（一）工程设计的基本概述

工程设计是运用工程技术理论及技术经济方法，按照现行技术标准，对新建、扩建、改建项目的工艺、土建、公用工程、环境工程等进行综合性设计（包括必须的非标准设备设计）及技术经济分析，并提供作为建设依据的设计文件和图纸的活动。

（二）工程设计招标的范围

根据国家有关规定，凡单项工程设计发包金额在50万元以上或工程房地产项目总投资额在3000万元以上的设计应当招标发包。

（三）实行设计招标的房地产项目应具备的条件

（1）已具备规划设计条件、规划设计要求，即已有明确的用地范围，规划指标；

（2）具有能反映该地块现状及周边情况的1：500或1：1000的地形图；

（3）具有经批准的可行性研究报告或设计任务书，及详细的技术要求、技术标准；

（4）对于工业项目应有工艺流程方面的要求；

（5）能反映该地块或能近似反映该地块的工程地质、水文地质情况的勘察资料。

（四）工程设计招标的特点和要求

凡参与工程设计投标的设计单位，均要求具有国家规定的资质等级。

在设计招标时，有时采用设计竞赛的方式，要求投标的设计先作出一个设计方案，由设计评标专家进行评审，有时设计中标的单位并不一定是方案竞赛的最优者，而可能是综合理解能力最佳的设计单位。有时，设计招标单位亦可要求中标的设计单位采用未中标的设计单位的某些设计思想，并由中标的设计单位向那些提供设计思想的未中标的设计单位支付费用。总之，设计招标时，在一般情况下，各投标者的报价基本相似，因为国家对设计的收费都有着明确的指导价。因此，招标单位在评标时，不应将商务标作为主要的评分标准，而应以技术标作为评标时的主要依据。

三、房地产项目监理招标

(一) 工程监理的基本概述

1. 工程建设监理的含义

所谓工程建设监理,就是监理的执行者,依据国家批准的工程项目建设文件、有关工程建设的法律、法规和工程建设监理合同及其他工程建设合同,对工程建设实施的监督管理。建设监理是一种高智能的有偿技术服务。

工程建设监理的执行者包括:①政府和建设管理部门;②经政府认证取得资格的社会监理单位监理工程师。由于两者的法律地位不同,其执行职能的性质和内容也有所不同。前者称为政府监理,通常只对重点项目进行监督,目前主要采取事后控制的形式。后者称为社会监理,由监理工程师执行委托合同中赋予的职权,采取事前、事中、事后全面控制的方法,具体监理工程建设项目合同的实施。这里所指的主要是社会监理,政府监理被称为监督。

2. 工程建设监理的作用

工程建设监理是工程建设中必不可少的一个重要方面和环节,实行工程监理有其重要的意义。

(1) 实行工程建设监理是发展生产力的需要。

实行工程建设监理制度,可以用专业化、社会化的建设队伍代替小生产管理方式,可以加强建设的组织协调,强化合同管理监督,公正调解权益纠纷,控制工程质量、工期和造价,提高投资效果。监理单位以第三者的身份改变政府单纯用行政命令管理建设的方式,加强立法和对工程合同监督,可以充分发挥法律、经济、行政和技术手段的协调约束作用,抑制建设的随意性;还可以与国际通行的监理体制相沟通。这有利于提高建设水平和投资效益,促进生产力发展。

(2) 实行工程建设监理是建立社会主义市场经济体制的需要。

建立社会主义市场经济体制和运行机制,必须要培育健全的市场体系。就建立市场主体而言,如果只有交易主体而无监理服务主体,就不是主体健全的建设市场。就建设市场运行机制而言,如果只有承发包的招标投标制和合同制,而无严格的建设监理制的实施,建设市场的运行就会处于无序或混乱状态,破坏公平竞争的种种非法活动就不能制止。因此,工程建设监理不仅仅是提高建设水平和投资效益的新型项目建设管理的体制需要,而且又是建立社会主义市场经济体制和运行机制所必需的重要环节。

(3) 实行工程建设监理是提高经济效益的需要。长期以来,我国的建筑经济效益不高,投资、质量和工期失控的现象屡见不鲜。实行工程建设监理制度,使监理单位承担起投资、质量、进度控制的责任,这既是监理单位分内之事,也是他们的专业特长,解决了建设单位自行管理能力不足和控制失效的问题。实践证明,实行建设监理的工程,在投资、质量和进度控制方面收到良好的效果,综合效益均得到提高。

(4) 实行工程建设监理是对外开放、加强国际合作,与国际惯例接轨的需要。

改革开放以来，我国大量引进外资进行建设，三资工程一般按国际惯例实行建设监理制度。同时我们也大力开拓对外工程承包业务，在国外承包工程，也要实行监理制度。推行建设监理制度以来，我们已变被动为主动，改善了投资环境，提高了经济效益，增强了我国的国际竞争能力，壮大了我国的建设事业。

（二）工程监理招标的范围

根据国家有关规定，凡单项工程监理发包金额在 50 万元以上或工程房地产项目总投资额在 3000 万元以上的监理应当招标发包。此外，对于房地产项目，国家还规定了住宅监理必须招标。

（三）实行监理招标的工程房地产项目应具备的条件

实行监理招标的工程房地产项目应具备以下条件：完成施工图设计，符合政府对监理的要求。

（四）工程监理招标的特点和要求

工程建设监理招标投标是整个工程建设招标投标的重要环节之一，它对保质保量完成工程建设项目起着十分关键的作用。工程监理招标投标除具有其他招标投标共性之外，还有其自身不同的特点。

其一，监理招标投标与监理工作的特点是紧密相关的。凡参与工程监理投标的监理单位，均要求具有国家规定的资质等级。

监理工作实际上是监理单位为业主提供的技术服务（对工程进行三控制一管理一协调），因此监理招标投标应主要以技术标为主，即监理单位投标书的核心问题主要是反映提供的技术服务水平的特点。在监理招标时，招标单位或监理评标专家应着重对监理单位提交的监理大纲进行认真的审核，同时为保证监理质量，可以在评标过程中，对监理单位所提出的总监理工程师进行面试答辩，以考察其综合协调能力和专业技术能力。因此，招标单位在评标时，不应将商务标作为主要的评分标准，而应以技术标作为评标时的主要依据。

其二，由于监理单位对其工作上的失误给业主带来的损失是以其收取的费用作为最高的赔偿限额，从而给业主带来较大的风险。目前，政府为规范监理市场的有序竞争，保证工程监理的贯彻实施，在评标办法里，应对于那些购买监理保险的监理公司，在同等条件下予以优先中标。总之，在监理招标的一般情况下，各投标者的报价基本相似，因为国家对监理的收费有着明确的指导价。

第三节 房地产项目施工招标投标

一、房地产项目施工承发包和施工招投标

建筑施工阶段是整个房地产项目实施的关键阶段，它是以形成有形的建筑产品实体为其主要标志。在建筑施工阶段，大量的建设资金被集中花费，房地产项目的实施中占全部建设周期中的相当长的时间在这个阶段被利用，而这阶段所形成的作为百年大计的建筑产品的质量又将直接影响到房地产项目使用的全过程。

因此，如何进行有效的投资、质量、进度控制，把握住投资和质量、投资和进度以及质量和进度之间的关系，是建筑施工阶段亟待解决的问题。参照国际惯例，严格按照房地产程序办事，实施建筑施工承发包的招标投标制度，既是为了适应社会主义市场经济体制需要，使房地产开发单位和施工企业进入建筑市场进行公平交易、平等竞争，也是目前对建筑施工过程中的投资、质量、进度进行有效控制，协调好施工中的投资和质量、投资和进度以及质量和进度之间的关系的行之有效的措施。在我国实施施工招标投标的主要依据有：《中华人民共和国建筑法》、《中华人民共和国招标投标法》等法律。此外在各地还有着自己的地方法规，如上海市的《上海市建筑市场管理条例》、《房地产施工招标投标管理办法》、《上海市建设工程承发包管理办法》、《上海市建设工程施工招标投标管理暂行办法》等。

建筑施工承发包是指业主将其投资建设的工程项目中的施工部分通过发包的方式，委托给有资质的承包商进行施工。在施工承发包中，发包方的建设项目投资者，称业主；承包方的建筑施工企业，称承包商。

（一）施工发包的条件

施工发包除了发包人应具备条件之外，施工项目本身也应具备一定的条件：

（1）施工的初步设计方案已获批准。施工是房地产项目形成实体的关键所在，为确保施工的质量，满足业主的需求，在施工发包时，设计单位所提交的施工项目的初步设计，必须已经通过有关部门审批。

（2）已列入国家或地方的年度建设计划。施工工程只有列入国家或地方的年度建设计划方能发包，如果发包工程没有列入国家或地方的年度建设计划，则属于无计划施工，将受到政府有关部门的处罚。

（3）工程施工所需的施工图纸及相应的技术资料已齐备。俗话说"不打无准备之战"，同样，施工也需要事先准备好施工图纸和其他相关的技术资料，这不但是工程施工程序上的需要，而且也是顺利实施施工工程的保证。

当房地产项目施工的发包人及施工项目分别具备了上述的发包条件后，发包人就可自行选择合适的发包方式，并独立地进行发包。如果不具备相应的发包条件，则需补充条件或委托有资质的发包代理单位代理施工发包。

（二）施工发包的方式

选择合适的施工发包方式，不但受国家或地方的有关规定限制，更主要的是有助于提高施工项目的质量，缩短施工项目的工期，降低施工项目的成本。根据现行的做法，施工发包的方式，主要可分为：招标发包（又可分为：公开招标、邀请招标）、议标发包和直接发包三种。

（三）施工承包

1. 施工承包的基本概念

施工承包是指具有资质证书或者承接业务许可证的建筑施工单位在规定的业务范围内承包建设工程施工的过程。

2. 施工承包的条件

作为一个合格的承包方，在参与投标承包施工工程时应具备国家或政府主管部门所规定的相应条件，其中必要条件为：

（1）具有从事建筑施工活动的营业许可证及相应的资质等级（该资质等级由住房和城乡建设部或地方人民政府建设主管部门审定授予）；

（2）根据属地管理的原则，跨省、市、自治区作业的建筑施工单位在进行施工承包时，应先向工程所在地的建设行政主管部门申请登记手续，并取得当地的施工许可；

（3）外国及我国港、澳、台地区的施工企业在内地进行施工承包时，首先应根据国家的有关法律、法规办理有关手续，而后向工程所在地的建设行政主管部门申请登记手续，经批准后方可从事建筑施工承包活动。

二、施工招投标程序

（一）施工招标程序

施工招标程序（以施工公开招标为例）如图8-2所示。

图8-2 施工公开招标程序图

根据施工公开招标程序，其主要工作如下：

1. 成立招标工作小组

作为发包方的招标单位应当在实施招标前成立招标工作小组，以组织实施整个招标工作。招标工作小组除应有项目投资者代表或项目法人法定代表人或其委托代理人参加，有与施工工程规模相适应的技术、预算、财务等管理人员参加外，还应有对投标单位进行评审的能力。

不具备上述条件的招标单位，应根据《中华人民共和国招标投标法》的规定，委托有相应资质的发包代理单位代理招标工作。

2. 招标登记

招标单位在具备施工招标条件后，应即按施工工程管理权限到有管辖权的招标投标管理办公室（以下简称招标办）领取相关表格。在填妥相关表格后并随附满足施工招标条件所需提供的资料报送招标办审核。

审核后全部满足要求的，即由招标办同意办理登记手续。

3. 招标文件编制

招标文件是整个招标过程中的纲领性文件，用以指导整个招投标活动，所以要求编写规范。通常，招标单位在确定招标方式后，即可自行编制或委托招标代理单位编制招标文件，并将招标文件送交招标办审核。招标文件是投标单位编制标书的主要依据，通常包括以下内容：工程综合说明；设计图纸和技术说明书；工程量清单和单价表；投标须知；合同主要条件等。

4. 发布招标信息

招标单位根据经核准的招标文件，应通过报刊、网络、交易中心等发布招标信息。根据有关规定，在报刊上发布的招标信息，必须同时上网发布，而在网上发布招标信息是不一定刊登在报刊上的。通常，发布招标信息必须在接受投标报名前5个工作日前进行。

5. 接受投标申请、进行资格预审

招标单位应在规定的时间内，公开接受投标单位的投标报名（一般接受投标报名的时间不得短于一天），并可从资质等级、人员配备、车辆设备、施工业绩、财务状况等方面对投标者进行资格预审。但根据《招标投标法》的规定，招标人不得以不合理的条件限制或者排斥潜在的投标者。此外，只有通过资格预审的投标者才能办理投标手续。

6. 分发招标文件、办理投标手续

招标单位应通知经资格预审合格的投标单位，按规定时间、地点购买招标文件，办理投标手续，根据规定，分发招标文件的时间不得短于五个工作日。

7. 组织现场踏勘和召开答疑会

招标单位在分发招标文件后的3~4天内，要统一组织投标单位到施工工程所在地进行现场踏勘。踏勘后，招标单位要及时组织召开招标文件答疑会，由投标单位提出关于招标文件中的疑问，招标单位负责逐一解答，要注意的是，答疑会上的提问，应该是在规定时间内提交的书面问题。

8. 分发招标补充文件

答疑会后，招标单位应将会上对各疑问所作的答复形成会议纪要并整理成招标补充文件，报招标办核准后，分发各投标单位，连同原招标文件作为编制投标文件的依据。该会议纪要可以视作招标文件的补充，与招标文件具有同等的法律效力。根据《招标投标法》的规定，修改招标文件应在递交投标文件的截止日前15天进行。

9. 成立评标小组

评标小组由招标单位依法组建，其成员由招标人的代表和有关技术、经济等方面的专家（这些专家均应来自当地政府招投标管理部门的专家库）组成，成员人数为5人以上的单数,其中技术、经济等方面的专家不得少于成员总数的2/3。

10. 接受投标文件

招标单位应根据招标文件的规定,按照约定的时间、地点接受投标单位送交的投标文件,并在接受投标文件的截止之日开标。

根据《中华人民共和国招标投标法》的规定,依法必须进行招标的项目,自招标文件发出之日起至投标人提交投标文件截止日,最短不得少于20天。

11. 开标

开标由招标人主持,所有投标单位参加,招标办的管理人员到场监督、见证。开标时,由投标人或者其推选的代表检查投标文件的密封情况,也可由招标人委托的公证机关检查并公证。经确认无误后,由工作人员当众启封,宣读投标人名称、投标价格和投标文件的其他主要内容。整个开标过程应当记录,并存档备查。

12. 评标、定标

评标由评标小组负责,其过程必须保密,不得外泄。由于《中华人民共和国招标投标法》规定的中标条件是:综合评价最优或经评审的投标价格最低,因此,通常采用的评标方法有:"百分制打分法"、"两阶段评标法"、"低价中标法"等。评标小组根据送交招标办审核批准的评标办法,在所有的投标者中,评选出一个最适合本工程的承包商作为中标单位,报招标办审核。

13. 签发中标通知书

招标办在收到招标单位填妥的中标通知书后应及时签证,作为中标结果的凭证。同时,招标单位应将中标通知书及未中标通知书同时发送中标单位和未中标单位。

14. 签订承发包合同

招标单位在发出中标通知书之后的30天内与中标单位签订施工工程承包合同,并将合同副本同时报政府主管部门备案。

(二) 施工投标程序

投标是整个招标活动中的关键一环,它是承包单位以投标报价的方式争取承包施工项目的经济活动。在建筑经济由计划经济转向市场经济的今日,建筑施工企业要生存和发展就必须进入市场,以竞争占领市场,而投标就是建筑市场竞争最普遍、最常见的行之有效的方法。施工投标的工作程序如图8-3所示。

根据施工投标程序,其主要工作内容如下:

1. 成立投标小组、获取招标信息、进行投标决策

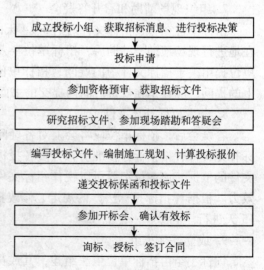

图8-3 施工投标工作程序图

（1）成立投标小组、获取招标信息。

由于建筑施工市场的激烈竞争，要承包工程就必须参加投标已成为不争的事实。要提高投标工作的质量，建筑施工企业常设一个投标小组是必需的。一个良好的投标小组应由三类专业人员组成：经营管理人员、专业技术人员、商务金融人员。投标小组的主要职责就是获取招标信息、进行投标决策及开展投标活动。

信息是投标的前提，建筑施工企业应加强信息管理工作，多种渠道地广泛收集各种情报信息，对房地产项目实施跟踪，及时获悉招投标管理部门发布的公开招标公告，并对信息进行定性、定量分析，以选择合适的投标目标。

（2）进行投标决策。

由于投标活动具有强烈的竞争性和高风险性的特点，因此，在投标过程中进行慎重的投标决策是必须的。投标决策包括：投不投标、投何种标、采用何种策略和技巧等。建筑施工企业进行投标决策的根据主要有：企业的装备、技术优势、招标项目的知名度、企业的经营策略、企业的经营现状、项目的风险预测及中标可能受到的影响分析等。在有些情况下，建筑施工企业应考虑放弃投标，如：招标项目超越企业经营范围的；自身资质等级不够的；各方面都不如已知竞争对手的；目前任务饱满且招标项目为难度较大的工程的；与招标单位或招标单位确定的监理单位曾有过结的等。

2. 投标申请

确定投标目标后，投标单位应根据招标单位的要求，在规定的时间内向招标单位提出投标申请，并提交所需的证明文件，力争通过招标单位的资格审查。

3. 取得招标文件

投标单位通过招标单位的资格审查后，应根据招标单位的通知要求，去指定地点购买招标文件，并领取相关的资料。

4. 研究招标文件和现场踏勘

招标文件是整个投标活动的指导性文件，投标单位必须仔细阅读，认真研究，以响应招标文件的要求。

现场踏勘是对施工项目进行的实地查勘，它不但是投标单位的权利而且也是投标单位的义务。投标单位现场考察的内容主要有：所投标段的性质及相关标段的情况，项目所在地的自然地理条件、工程经济条件、社会法律条件、风俗习惯条件等。

5. 参加答疑会

答疑会是由招标单位或发包代理单位组织，就招标文件及现场状况，针对投标单位提出的疑问进行解答的一次重要会议。投标单位应充分重视这次会议，因为这次会议不但是一个解答疑问的会议，而且是一个重要的获取信息的场所，投标单位在弄清招标文件中的问题的同时，可进一步明确招标单位的意图和要求，以便及时调整投标策略。

6. 编制投标书

投标书是投标工作的主要成果，一般编制的投标书应包括以下内容：标书综合说明，有报价的工程量表，技术保证措施，进度计划，施工方案及选用的主要设备，开、竣工日期及总工期，招标文件规定的合同条件等。

7. 递交投标文件

编制好的投标文件应加以密封，并要按照投标须知的要求，按时送达或邮寄（以邮戳日期为准）到规定地点。在投标截止日期前，投标单位若有补充或修改内容，密封后送达规定地点，同样具有效力，且修改部分以补充内容为准。

8. 投标保函（保证金）

投标保函是银行出具的一张信用凭证，其作用是保证投标单位在中标后与招标单位签订合同。一般情况下投标保函的金额为投标报价的1%~2%，最高不得超过80万。投标单位在中标后不与招标单位签订合同的，该保证金将被没收；招标单位在确定中标单位后不与中标单位签订合同的，该保证金将由招标单位双倍返回。

9. 参加开标会

开标会是整个投标活动的重要一环，投标单位的投标委托人应准时参加，如果在开标时，投标单位无人到场，则视为该投标无效。

10. 询标

询标又称澄清，是招标单位或发包代理单位对有效标作详细询问的重要活动。投标单位应对投标书中不详尽的内容作详细解释，作出询标回函，加盖公章后报送招标单位。询标回函与投标标书具有同等法律效力。

11. 授标签约

投标单位中标后，应在规定的时间内（招标法规定30天内），以招标文件、投标标书、中标通知书为基础，签订施工合同。

（三）投标应注意的几个问题

投标活动是一个系统工程，每一个环节都要认真对待，要做到：加强信息管理，把握投标机会；研究投标决策，化解市场风险；解读投标须知，防止废标产生；编好投标文件，造价技术并重。

同时要注意防止导致废标原因的产生，因为投标标书列为废标，一切努力将前功尽弃。通常废标产生的原因有：投标文件没密封、标书无印鉴、格式不对、超时送达等。

复习思考题

1. 简述招标的过程。
2. 发标方招标工作包括哪些内容？
3. 简述房地产项目承发包和房地产项目招投标的关系。
4. 房地产项目发包方式有哪些？
5. 简述房地产项目招投标中可能遇到的问题及解决方案。

6. 简述我国工程招标投标管理现状。
7. 简述房地产项目勘察、设计、监理招标的条件。
8. 施工发包的条件是什么?
9. 简述施工招标程序。
10. 简述施工投标工作内容。

第九章
房地产项目目标控制

房地产项目目标控制是指管理人员在不断变化的动态环境中，为保证计划目标的实现进行的一系列检查和调整活动。包括进度控制、质量控制、投资控制和风险管理。本章主要就上述内容进行阐述。

第一节 房地产项目目标控制概述

一、房地产项目目标控制的概念

房地产项目管理是在一定的约束条件下，为达到项目目标而对项目实施的计划、组织、指挥、协调和控制的过程，是以目标控制为核心的管理活动。目标控制是指管理人员在不断变化的动态环境中，为保证计划目标的实现进行的一系列检查和调整活动。合理的目标、科学的计划是实现目标控制的前提，组织设置、人员配备和有效地领导是实现目标控制的基础。项目计划在执行过程中，必须进行控制，检查计划的实施情况。当发现计划实施偏离目标时，应及时分析偏离的原因，确定应采取的纠正措施。在纠正偏差的过程中，继续实施情况检查，形成反复循环的动态控制过程，直至房地产项目目标实现为止。

二、目标控制的任务和步骤

房地产项目目标控制的主要任务是在房地产项目建设的各个阶段采用规划、组织、协调等手段，从组织、技术、经济、合同等方面采取措施，确保项目控制目标的顺利实现。

在目标控制过程中,要经过投入、转换、反馈、对比、纠正等基本控制步骤,缺少这些基本环节中的某一个,动态控制过程就不全面,也会降低控制的有效性,影响目标控制的效果。

三、控制的方法

(一) 主动控制

主动控制是事先分析目标偏离的可能性,并制定各种预防措施,使控制目标按预定计划目标实现。主动控制是对将要实施的计划目标进行的控制,是在事情发生前按预定计划目标主动采取控制措施的一种方法。主动控制可以解决传统控制过程中存在的时滞影响,尽最大可能改变偏差已成事实的被动局面,使目标控制达到理想的效果。当控制者根据自己掌握的信息预测出控制目标将要偏离计划目标时,则可以采取适当的纠正措施,使计划目标的运行不发生偏离。

(二) 被动控制

被动控制是在控制目标按计划目标运行时,管理人员对其实施的跟踪,并通过对目标实施过程中的信息进行收集、加工和整理,使控制人员从中发现问题,找出目标控制的偏差,寻求解决问题的方法,制定纠正偏差的方案,使计划目标出现的偏差得以及时纠正的过程。被动控制也是一种积极的控制,是经常采用的一种重要的控制方法。

主动控制和被动控制是实现目标控制必须采取的控制方法,对项目管理人员而言,主动控制与被动控制的紧密结合是实现目标控制的有效方法。在控制过程中,采取多种措施,加大主动控制的比例,定期、连续地进行被动控制,并将两种方法有效结合,是实现目标控制的重要保障。

四、控制的主要内容

(一) 进度控制

房地产项目进度控制是指在项目目标实施的过程中,为使房地产建设的实际进度与计划进度要求相一致,按计划要求的时间施工开展的控制活动,是对房地产项目从编制项目建议书开始,经可行性研究、设计和施工,直至项目竣工验收、交付使用为止的全过程控制。房地产项目进度控制的目标是使房地产项目按照预定的时间完成,交付使用。

在房地产项目建设过程中,由于种种因素的影响,房地产项目的实际进度往往不能按计划进度实现,实际进度与计划进度存在一定的偏差。其产生的原因主要有参与房地产项目建设的人员素质和能力较低,材料供应不及时,机械设备数量不足,建设资金不能及时到位,施工技术水平低,不能熟练掌握和运用新技术、新材料、新工艺等。项目实施过程中,要达到房地产项目的进度控制目标,必须认真分析各种因素对房地产进度目标的影响程度,并对影响房地产项目进度的各种因素加以控制,采取切实有效的措施,减少或避免这些因素对房地产进度的影响,使房地产项目进展具有连续性和均衡性,以缩短建设工期。

组织协调是实现进度控制的有效措施，为有效控制房地产项目的进度，必须协调好参建各方的关系，处理参建各方工作中存在的问题，建立协调的工作关系，投入适当的人力、物力做好联络、联合、调和工作，搞好房地产项目的进度控制。

（二）质量控制

房地产项目质量控制是指在力求实现房地产项目目标的过程中，为满足项目质量要求所开展的管理活动。

影响房地产项目质量的因素主要有人、机械、材料、方法和环境五个方面。房地产项目的质量控制，是一个全面的、全过程的控制，项目管理人员应当采取有效措施对影响房地产质量的因素进行控制，以确保房地产建设质量。要从思想、业务等多方面综合考虑人的素质，保证参建人员以积极的态度投身到房地产建设中；要根据房地产项目的工艺、技术要求，合理选用机械，确定机械设备的类型和数量，建立健全各项管理制度，确保施工机械以良好的状态投入房地产建设中；要严把材料检查验收关，正确合理地使用原材料，检查、督促收、发、储、运等技术管理工作；要通过分析、研究、对比，在确认方法可行的前提下优化方案，选用符合房地产建设实际、设计合理、工艺先进、措施可行、缩短工期、降低能耗的方案。通过指导、督促、检查，为参建各方建立良好的技术、管理和工作环境，为实现质量控制目标提供良好的外部环境条件。

房地产项目质量控制工作的重点应放在调查研究外部环境和系统内部各种干扰质量的因素上，要做好风险分析和管理工作，预测各种可能出现的质量偏差，制定切实可行的预防措施。使主动控制措施与监督、检查、反馈等被动控制措施有机结合起来，发现问题及时解决，发生偏差及时纠正，使房地产项目质量始终处于项目管理人员的有效监督控制之下，确保房地产建设质量。

（三）投资控制

房地产项目投资控制是指在房地产项目实施过程中，在满足质量和进度要求的前提下，使项目实际投资不超出计划投资的控制手段。

房地产项目实施过程中，严格按照房地产建设合同进行房地产结算，严禁超计划结算。房地产项目的投资控制不是单一目标的控制，应与房地产项目的质量控制和进度控制同步进行，房地产建设质量不经验收合格，不予结算房地产价款。项目管理人员在对投资目标控制时，应考虑整个目标的协调、统一，反复协调房地产质量、进度和投资之间的关系，考虑采取投资控制措施对质量控制、进度控制产生的不利影响，使投资控制与质量控制、进度控制满足房地产建设的需要，在保证质量的前提下，加快施工进度，缩短工期，降低耗资，力求实现三大控制目标的最佳配合。

（四）风险管理

房地产项目风险管理是在房地产项目实施过程中运用一定的程序和方法应对或规避房地产风险。房地产项目风险管理是一个系统、动态的管理过程，包括风险识别、风险评价、风险防范与处理以及风险管理绩效评价四个实质性阶段，各环节紧密联系，其推行和开展按一定的程序周而复始、循环往复不断进行。

第二节　房地产项目进度控制

一、房地产项目进度控制概念

房地产进度控制是指以进度计划为依据，综合利用组织、技术、经济和合同措施，确保房地产项目工期目标得以实现。进度是房地产开发企业最为关心的目标之一，能否按时完成任务、及时交付直接影响到企业的商业信誉和公众形象。

二、房地产项目进度控制的重点

对于房地产开发单位来说，影响整个房地产项目进度的重点主要在前期准备阶段和后期经营销售阶段，所以特别要注意这两个阶段内可能影响建设进度的问题，避免在尚未具备房地产开发条件的地块上实施项目建设。

一是项目选址时要十分注意房地产必须的水、电、燃气、通信、有线电视、雨污水排放以及市政道路等"七通"要求的市政基础设施配套条件，对于目前暂不具备"七通"配套条件，即市政基础设施还未列入建设计划的地区，要尽可能不安排房地产项目建设，特别是对于那些连可供接驳的市政基础设施源头都不具备的地方，更加不要贸然确定开发房地产项目。

二是规划设计时要尽可能按照配套专业单位明确批复的允许配套的容量设计，不要擅自超过允许的配套容量。因为扩容既影响投资，又影响进度。

三是办理各类专业配套有关申请手续时，要熟悉业务，了解各类专业配套应办理哪些申请手续，如何办，到什么地方办，应具备哪些条件和提供哪些资料，以免走弯路，影响进度。对于整个房地产项目的建设进度，应该如何分配安排，建设单位必须要作出一个明确的计划安排，制定一个控制目标，以便各个阶段在加强进度管理中参照执行。

三、房地产项目进度控制目标的制定

房地产企业在项目决策定位阶段，就要通过编制项目建议书和可行性研究报告，结合当前房地产市场的需求状况以及本项目的设计规模和设计标准，提出一个项目建设总进度的安排，作为项目投资测算的依据，同时也是对编制分阶段进度控制目标提供必要的参照。当建设单位完成初步设计并决定正式立项，准备实施开发之前，建设单位应根据可行性研究报告确定的建设总进度的要求，结合具体设计内容和工程量，编制正式进度控制目标，这个目标应详细规定建设过程中各个环节的实施起始时间，为制定实施计划和加强进度管理提供依据。

四、施工、配套工程进度的控制

施工配套工程进度的控制是指对房地产工程从开工到竣工验收阶段的工期控制。这里包含了对土建安装工期和各专业配套工程工期以及总体配套工程的工期、绿化环境建设工程工期的控制。

(一) 房地产项目工程工期

房地产项目工程工期,是指一个房地产项目从开工到建成,完成配套建设并取得竣工交付许可证所用的全部时间。如某房地产小区某街坊标段房地产项目从2000年1月5日开工到2001年9月5日竣工交付,该房地产项目的工期为18个月,其中包含了施工工期、配套工期、总体环境建设工期以及搭接工期。

1. 施工工期

施工工期是指房地产单位工程(一般以招投标标段为单位)从正式开工动土,出具开工报告日起到完成设计要求的全部土建安装施工内容,并达到竣工验收标准所用的全部时间。施工工期的长短是施工单位施工组织管理水平和经济效益的重要标志,也是建设单位衡量控制整个房地产项目建设进度的重要内容。施工工期的确定应以有关专业管理部门制定的定额工期为依据,结合施工现场的实际情况以及建设单位在招标标书提出的指令性工期要求,并经招投标确定,或经甲乙双方协商确定,施工工期一旦写入施工合同,便成为合同工期。无论定额工期长短,施工单位必须按合同工期的要求完成全部合同内工程量的施工任务,这是施工单位取得合同规定的合法报酬的必要条件。合同工期也是建设单位控制施工工程进度的目标。

定额是由建设管理部门统一编制制定和管理的,2000年以前执行的是原国家城乡建设环境保护部于1985年颁布的《建筑安装工程工期定额》,2000年2月16日起全国统一执行原国家建设部颁布的《全国统一建筑安装工程工期定额》。由于我国幅员辽阔,各地气候条件差别较大,故将我国划分为三类地区,分别制定工期定额,如一类地区执行一类地区工期定额。又由于各地施工条件不同,各地又可以根据实际情况,在15%的调整幅度内,制定实施细则。房地产项目指令性工期,一般是在工期定额基础上再结合项目施工条件和项目总进度目标要求提出的,一般在规定的工期定额基础上适当缩短。施工单位在参加项目投标时应视建设单位提出的指令性工期为最高限期,在自报工期时,一般只能缩短,不能突破。合同工期是经投标后中标的自报工期,除特殊情况可经甲乙双方协商调整外,一般就不再调整。

2. 配套工期

配套工期是指房地产项目实施街坊内水、电、燃气、通信等配套设施施工,从第一个专业施工单位进场施工到最后一个专业施工单位施工完毕并经验收合格可投入使用为止的全部时间。配套工期由各专业单位的单项配套工程所用施工时间之和,扣除搭接工期后得出的。

3. 搭接工期

搭接工期是指各专业配套单位与土建施工单位以及各专业配套单位之间,前后两个单位进出场过程中,同时交叉实施施工的时间。如位于同一个位置的燃气和供电配套工程,当燃气配套施工进展到排管沟槽复土阶段,应于其后进场施工的供电工程便可进场施工了。前后两个专业施工单位,可同时交叉施工十几天,这样既不影响燃气的扫尾工程,也不影响供电的进场准备工作,这个交叉实施的时间就是搭接工期。搭接工期的利用，是建设单位在建设进度控制过程中，调整进度偏差的主要手段，是发挥主观能动性，有效压缩项目总工期的非常重要的办法。

4. 总体环境建设工期

总体环境建设工期是指实施房地产街坊内雨污水排放、道路工程和绿化环境建设以及安全保卫等配套设施建设所用的时间。由于这个阶段的建设内容，一般会有几个不同的分承包单位来实施，所以各自的工期也较难控制。特别像绿化建设，受季节气候的影响较大，安排不妥就会严重影响整个房地产总进度，所以必须引起项目经理的高度重视。

（二）施工工期（含配套等其他工程内容）的估算

施工工期的估算方法一般有以下三种形式。

1. 以工程施工过程需经历的日历天计算工期

以工程施工过程需经历的日历天计算工期，即某工程从哪年哪月哪日开工到哪年哪月哪日竣工达到验收交付标准，其中无论节假日或风雨下雪天等，均计入工期内。这种计算方式，包含较多难以预料的因素，对建设单位和施工单位来说都要求有较强的计划性和应变能力。同时这种方式也给房地产项目的进度安排上留有较大的可供利用的空间，只要安排得法，如利用休息天进行停人不停机的轮作法；雨雪天采用内外作业灵活安排施工等方法，就可以赶超进度。

2. 用实际施工作业的天数来计算施工工期

用实际施工作业的天数来计算施工工期，即是按单位工程之日起到竣工验收之日止累计的全部作业天数，包括加班加点的作业天数，但不包括公休和停工的天数。这种方法往往给人以假象，不能真实反映房地产工程实际过程所占的时间长短，对于建设单位来说，较难估算整个建设工期，到底什么时候能将建成房地产交后期经营销售，难以预定。对施工单位来说缺乏更好调动劳动积极性的主观能动作用。

3. 用有效施工天数计算的施工期

用有效施工天数计算的施工期，它是将工程开工到结束之间经历全部日历日，扣除节假日和因气候影响而停工的天数为计算依据确定的工期。这种方法的不利因素与第二种方法基本相同。

鉴于房地产项目本身的特点要求，以及当前房地产施工，多采取招投标后的包工包料方式，故房地产项目大多采用第一种日历工期计算工期的方式。即在招投标过程中，建设单位和承包施工的单位，均按照有关的定额工期所确定的日历日期为依据，然后根据建设单位的要求和施工单位条件，适当扣1个下浮的折扣，中标后作为合同工期。经甲乙双方认可正式列入合同文本，具体折扣的大小应视工程规模的大小、基地条件的优劣、工程技术的难易等因素而定，不尽一致，但不管条件如何，均不得高于定额工期。

如某房地产项目，由四幢小高层建筑组成，其中18层一幢带地下车库，11层三幢，建筑面积为32000平方米，按有关规定的定额工期，应是672天，然而建设单位在招标文件中,要求施工单位能提前完成,以赶上该地区在下一个年度房产展销会的销售,提出指令性工期为590天,后由某施工单位中标,其投标工期为560天。建设单位表示同意按中标单位自报的工期,作为双方确定的合同工期。

五、房地产项目进度控制的方法

在整个房地产项目实施过程中,所涉及的部门、单位和需要办理的有关手续纵横交叉,庞杂繁多;所参与实施的分承包单位又涉及多种专业、多种行业和多支队伍,而且相互交叉、互为牵制,因此,影响整个房地产项目建设进度的因素很多。在整个房地产过程中,除了前期和后期有许多影响房地产项目进度的因素外,这里着重谈一谈中期,即施工配套阶段,由房地产开发单位项目管理人员实施控制的过程中,有哪些影响进度控制的因素和如何针对这些因素采取哪些控制的手段和方法。

(一)施工配套阶段影响房地产项目进度的主要因素

施工配套阶段影响房地产项目进度的因素有来自施工配套实施单位的也有来自建设单位的和规划设计单位的,还有来自社会大环境配套不完善、不及时方面的。主要有以下几个方面:

(1)由于建设单位建设资金不到位,必须申办的许可手续不完善,该创造的施工条件不具备等是影响房地产项目进度的重要因素之一。

(2)由于设计单位没能及时完整提供全部或部分施工图或相关资料,影响施工单位按时开工或中断施工。

(3)施工单位的施工计划脱节,错误估计房地产工程项目的特点和客观现实条件,缺乏对项目实施中困难的估计,以及管理单位审批手续的延误等,造成工程进度滞后。施工单位在实施施工过程中,由于人力、物力和技术力量上安排失当或工序安排不妥,采取的某些技术措施失误,或材料设备供应不及时,对市场变化趋势了解不够,造成施工单位的实际施工进度与计划进度发生偏差。

(4)专业配套单位,没能按建设单位要求及时进场;或按时进场后,由于土建施工单位没能按要求做好配合工作,未能为配套施工创造必需的条件,造成配套施工不能如期完成,以致影响整个房地产项目的总进度。

(5)施工配套工程质量问题,造成工程不同程度的返工、返修,或返工返修不及时,以致影响工程竣工验收,交付使用。

(6)监理单位没有按规定及时组织分部分项的验收和办理有关手续,以致影响下道工序的及时跟进。

(7)建设单位提出的随意性修改和管理失误,导致工程返工或供料不及时提供造成进度失控。

(8)发生不可预见的突发事件,如台风、洪水、海啸、地震等天灾,战争、企业倒闭、重大安全事故等人祸,致使工程停顿或停工等。

凡此种种都必须在施工配套实施过程中,加以克服和防止。

(二）房地产项目控制进度的要点

针对上述各项影响房地产项目进度的因素，房地产项目管理人员必须采取对症下药的方法，加以控制。其主要方法是对房地产项目的实施过程进行全面规划，严格控制和合理协调，即编制确定科学、合理的房地产项目总进度目标和分阶段进度目标，并对照实施过程中的实际进度作比较分析，发现偏离，及时采取措施，加以纠正。同时，合情合理地协调各承包单位和配合单位之间的进度关系。具体的方法很多，下面介绍几种在实践中行之有效的办法。

1. 编制房地产项目综合开发方案

房地产项目综合开发方案是一个统管全局，具有科学性、合理性和可操作性的作战方案，又可称为房地产项目进度管理的总计划。

在编制整个施工配套工程进度管理计划之前，必须先弄清楚施工配套工程内容、各工种之间的关系和各施工工程前后的顺序以及相互间的关系。在此基础上，把所有施工配套建设内容，按先后程序列出来，然后再按项目总目标的进度要求，把各专业施工单位所需要的工期、进出场的时间和他们之间的搭接工期以及各单位工程的工艺流程的进度，按顺序编排好，编制成横道图，如图9-1。

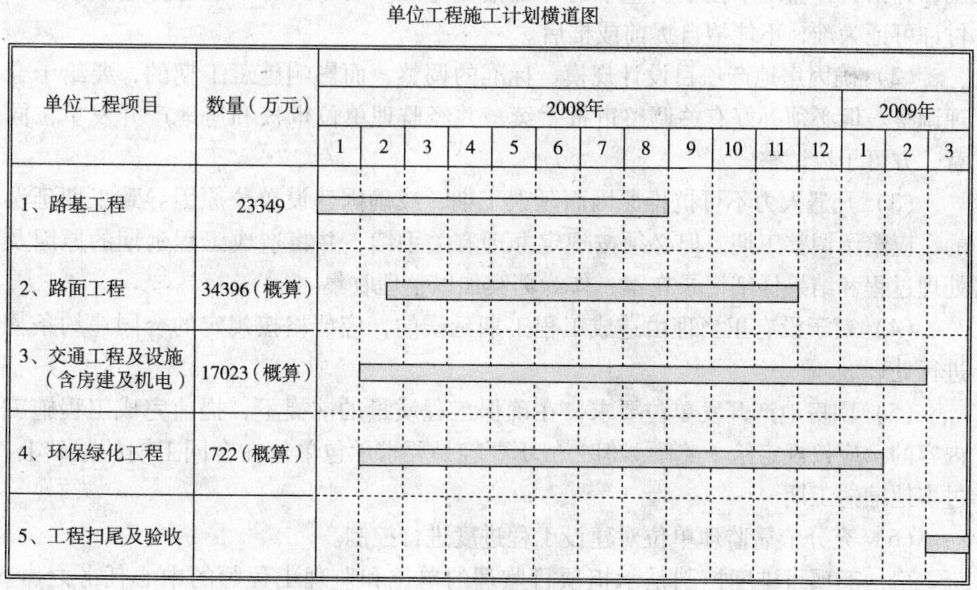

单位工程施工计划横道图

单位工程项目	数量（万元）	2008年												2009年		
		1	2	3	4	5	6	7	8	9	10	11	12	1	2	3
1、路基工程	23349															
2、路面工程	34396（概算）															
3、交通工程及设施（含房建及机电）	17023（概算）															
4、环保绿化工程	722（概算）															
5、工程扫尾及验收																

图9-1 工程项目横道图

这种横道图，可以非常直观地把专业施工单位的总工期和分阶段工期以及相互间的搭接关系表示出来，它可以作为项目管理人员控制建设进度的依据。在应用中一般把实际进度用另一种颜色的横条线表示出来，以便对照及时发现实际进度与计划进度偏差，纠正偏差。

此外，还应编写一份综合开发总说明书，阐述本房地产项目的概况和特点，总进度控制目标的编制原则和依据，各配套施工单位之间的关系，可能出现的矛盾和问题,以及解决这些矛盾和问题的措施和办法。另外还要配制若干单项计划统计表,如年、季、月度计划表,工程进度平衡表,材料设备采购供应时间表等,共同组成房地产项目综合开发方案。

2. 要求各施工配套单位提供进度计划

房地产项目进度控制,离不开各实施施工的分承包单位的密切配套,房地产项目管理人员应将房地产项目的总进度要求提供给各施工实施单位,并要求他们根据合同工期要求,具体编制施工进度计划,把工程项目从开始实施到竣工交付为止的各环节和分部分项工程的进度安排,所需的日历时间,明确无误地以表格的形式或网络图的形式表明,并连同各环节控制进度的措施,定期报给监理单位,经监理单位审核并作必要的调整,对可能出现的问题提出处理意见后,提供给房地产开发单位,以便作为综合开发方案的附件,实施进度控制。

3. 奖罚分明,规范进度管理

要真正实现房地产项目的进度目标控制,还必须做到管理的公平、公正、合法、规范。特别要注意做到:

(1) 明确工期起止日期。施工配套工程的开工日,应以施工单位正式动土施工,并出具经监理单位审核签字的开工报告为准。竣工交付以取得房地产竣工交付许可证为准,不能擅自提前或推后。

(2) 确因房地产项目设计规模、标准的调整,而影响施工工期的,要给予合理调整。但必须办好有关调整审批手续,并经监理单位审核和房地产开发单位同意,方可予以调整。

(3) 凡遇人力不可抗拒原因而延误工期,或确因建设单位原因导致工期延误的,应给予调整工期。但必须按规定办理有关手续,并将造成工程延期的原因及处理过程和结果详细记录在案,作为档案加以整理收集。

(4) 对于没有正当理由造成工程工期延误的,应严格按规定的合同违约条款进行处理。

(5) 因房地产开发单位要求,在确保工程质量的前提下,提前完成工程施工内容的,应按规定给予奖励。但一般不要轻易要求承包单位在合同工期的基础上,过多地缩短工期。

(6) 充分依靠监理单位对建设工程进度进行控制。

房地产项目进度控制是承担项目监理的单位和监理工程师的中心任务之一。房地产开发单位在通过招投标明确监理单位委托管理内容时,要将房地产项目的进度控制目标,向监理单位作出明确要求,由监理单位牵头建立进度协调工作和例会制度,定期对影响房地产进度的各种问题和矛盾进行分析和提出处理意见,并检查处理结果,对出现的进度偏差,有责任帮助提出纠偏措施和监督纠偏。在调整施工工期时,监理单位要负责进行审核,并签字认可。

(7) 加强信息工作,及时反馈各类影响进度的信息

房地产开发单位的项目管理人员,要有效控制整个房地产项目的进度,必须充分掌握各类来自各分承包单位的有关信息,了解设计、施工、配套、监理等各

分承包单位人员技术力量、资质、劳动效率、机械装备、工种配备、科研能力、资金状况和经济状况、施工管理能力等信息，以便编制进度控制目标时，作分析参考。同时要收集房地产市场状况和发展趋势、需求情况以及材料、设备供应价格、市场等，以供随时调整进度计划和进度要求作分析参考。另外还要加强对各分承包单位的各类统计报表和其他有关资料的收集、整理，并进行细致分析研究，从中寻找可能影响进度控制的因素和纠正进度偏差的办法。

（三）房地产项目的进度监测与调整

由于影响一个房地产项目的建设进度的因素多而复杂，因此项目进度计划在整个实施过程中会不可避免地出现实际进度与计划进度之间的偏差。关键在于对出现的偏差和造成偏差的原因以及纠正偏差的措施，是不是能及时发现并认真分析，提出切实可行的办法？作为项目管理人员必须提高对此的认识，同时采取有效的监测手段，通过对承包商执行进度的情况跟踪检查，发现问题，及时采取有效措施加以解决，从而合理调整进度控制目标。

1. 跟踪检查

房地产开发单位的项目管理人员在日常管理中，要建立一整套有效的进度监测机制。

（1）要依靠承包单位各自的进度控制系统、经常地、定期地取得第一手原始资料和统计报表，汇总各方面的情况发现问题。

（2）充分依靠监理单位建立的进度监测系统，获取经监理单位分析、提炼的各分承包单位的进度状况，以及处理进度问题的意见和处理过程及处理结果。

（3）房地产开发单位的项目管理人员要亲自到现场对出现的进度情况，产生偏差的原因和处理结果等作现场调查核实，并将现场的情况收集整理成资料。

2. 建立数据库

房地产开发单位项目管理人员在通过上述三个渠道，收集到的各类有关进度控制方面的数据，经过整理、统计的分析，去粗存精，去假存真。而后，将其输入电脑，按设定的方式和程序，建立进度控制数据库，并与计划进度控制目标进行比对，通过对比了解实际进度与计划进度之间究竟是拖后、超前还是相一致，以非常直观和明晰的方式，反映整个房地产项目的进度现状。在有条件的单位，还可以将数据库与建设单位的领导决策层以及各业务主管部门，甚至有关的监理、施工、配套单位，实施计算机联网，供领导决策层和各部门各单位资料共享，备查备用。

3. 进度的调整

在收集、整理来自各分承包单位实施工程进度状况的各类资料的基础上，进行分析产生进度偏差的原因，并会同监理单位、施工单位和配套单位共同到现场，进行调查核实，并对出现的进度偏差，可能对后续工程进度和工程总进度产生的影响及影响程度作出估计。而后要与监理单位一起，帮助施工单位，找出能够调整和压缩工期的步骤和时段，确定可调整进度的范围，设置进度关键控制点。同时应以关键控制点以及总工期允许变化的范围作为限制条件、对原进度计划进行调整，并将调整后的进度计划，重新进入进度控制系统，加以监测检查，确保房地产项目总进度目标的实现。

调整进度计划的具体方法，一是改变各分承包实施单位之间的先后顺序，调整进出场时间，适当增加搭接工期，即在总进度不变的情况下，增加多工种多专业同时施工交叉实施的时段。但这种进度调整方法，必定会出现不同专业、不同工种之间更多的矛盾和问题，会增加房地产开发单位项目管理人员的协调工作。二是调整发生进度偏差单位工程在进度计划中所占据的延续时间，采取适当增加投资资源（如为了缩短混凝土养护期可增加早强剂等），或采取技术措施压缩本单位工程的工期，以达到不影响后续工程工期和总工期的目的。

综上所述，房地产项目进度管理，直接关系到房地产投资效益的发挥以及社会、环境效益的发挥。对房地产进度进行有效控制，确保项目进度控制目标的实现，是房地产开发单位项目管理人员实施项目管理的必不可少的重要工作环节，必须引起高度重视。

第三节　房地产项目质量控制

一、质量控制的基本原理

1. 质量概念

质量是指一组固有特性满足要求的程度（ISO 9000：2000 质量管理体系标准）。质量主体是"实体"，实体可以是活动或过程，如监理单位受业主委托实施工程建设监理或承包商履行施工合同的过程；也可以是活动或过程结果的有形成品，如建成的厂房或无形产品，如监理规划等；也可以是某个组织体系或人，以及以上各项的组合。由此可见，质量的主体不仅包括产品，而且包括活动、过程、组织体系或人，以及它们的结合体。

所谓"满足要求"，当然指的是满足顾客要求。质量定义明确提出了质量与顾客要求的内在关系，也就是说，质量不仅应该符合质量标准，还应该使顾客满意。"顾客满意"在 ISO 9000：2000 中，已经成为一个固定的术语："顾客对其要求已被满足程度的感受"。今天，质量的目标已经不再仅仅是"达到质量标准规定的各项要求"，应该上升为"满足顾客要求"、"使顾客满意"的新内涵。

2. 质量的分类

国务院颁发的《质量振兴纲要》中，科学地对质量进行了分类，将质量划分为三种，即：产品质量、工程质量、服务质量。

所谓产品质量，是指各行各业生产的除建筑工程以外的各种产品的质量。它们受国家《产品质量管理条例》的管辖。我们平常接触到的大多数人工生产的物品，包括工程所用的建筑材料产品，都属于这个范畴。

工程质量，是独立于产品质量之外的，单独一种类型的质量。将工程质量单列一类，主要是由建筑工程的重要性和特殊性决定的。建筑工程，不仅投资规模巨大,生产周期较长,而且与每个人的生活、工作密切相关,与社会公众利益直接联系,对社会安定和国民经济发展有重要影响。此外,建筑工程还具有期货、需要个别设计和建造、难以移动和更换、使用寿命长等许多其他产品所没有的特点。

服务质量,是指向客户或购买者提供的一种非物质型的"软"质量。

3. 质量控制的概念

质量控制是指为达到质量要求所采取的作业技术和活动。

质量要求需要转化为可用定性或定量的规范表示的质量特性,以便于质量控制的执行和检查。

现代质量控制理论认为:一个有效的质量管理体系,应该有质量预控、质量过程控制和质量检验三个基本环节。在国外,也有人将第三个环节"质量检验"称作质量的合格控制。应该说,迄今为止,质量预控、过程控制和质量检验,是我们目前能找到的最好的质量控制方法。所有现代质量管理理论,ISO 9000 系列标准,以及各种管理规定、施工规范,基本都是按照这三个环节的思路进行质量控制与管理。

在房地产项目施工中,质量的预控通常是指对管理体系的建立与运行;企业资质与上岗资格、进场建筑材料质量、学习和执行强制性标准、施工组织设计,图纸会审和设计交底,技术交底、信息工作等的控制。为了确保工程安全,政府对工程质量的监督重点是对工程实体的监督和对参与工程建设各行为的监督。这种"行为",主要就是指质量预控的各种行为。

质量的过程控制,对房地产项目施工来说,是指对整个施工过程的控制。这是一个较长时间的、复杂的过程。因此,过程控制的时间周期就很长,具体内容也十分繁杂。对不同的建筑结构类型,对工程的不同部位,针对不同的具体要求,过程控制都有不同的具体内容和控制重点。过程控制是质量管理的"重头戏",房地产项目管理人员必须精通各个工序和分项工程的检查要点,熟悉规范、图纸与合同的要求。

质量检验,在建筑施工中,称之为"工程质量验收"。但是,房地产工程质量验收与一般工业产品的出厂质量检验大不相同,由许多中间验收组成。

国家颁发的强制性条文,实际上就是纳入了"质量预控"、"过程控制"和"质量验收"三块内容。着重反映在强制性条文的第八篇,如地基基础施工质量、混凝土结构施工质量、砌体结构施工质量、屋面防水施工质量等。工程质量要达到合格,仅仅执行《强制性条文》是不够的,必须执行全部有关的规范标准。如果要创建优良工程,则对质量要求更高,除了必须严格执行《强制性条文》外,还需要做到其他更多的对优良工程质量的要求。

4. 质量体系

为了实现质量方针、目标,提高质量管理的有效性,应建立健全质量体系。质量体系是指实施质量管理,由组织机构、职责、程序、过程和资源构成的有机整体。简言之,质量体系就是为了实施质量方针和目标而建立的综合体。

定义所表述的"组织机构、职责",是指影响产品质量的组织体制。一般包括,领导职责与质量管理职能,质量机构的设置,各机构的质量职能、职责以及它们之间的纵向与横向关系,质量工作网络与质量信息传递与反馈等。

中国质量管理协会在《质量管理名词术语》(1982)中对全面质量管理的内涵有如下表述:全面质量管理,是指"企业全体职工及有关部门同心协力,综合运用管理技术、专业技术和科学方法,经济地开发、研制、生产和销售用户满意的产品的管理活动"。显然,它与国际标准的说法在本质上是一致的。

全面质量管理,有时也称为"全面质量"、"全公司范围内的质量管理"、"全面质量控制"、"TQC"等。

二、房地产项目质量

(一)房地产工程质量的含义和特性

1. 房地产工程项目质量的内涵

房地产工程项目质量不仅包括活动或过程的结果,还包括活动或过程的本身,即还要包括生产产品的全过程。因此,工程项目的质量应包括工程建设各个阶段的决策质量、设计质量、施工质量、回访保修质量。

各阶段的质量内涵可以概括为表9-1。

各阶段的质量内涵　　　　　　　　　　　表9-1

工程质量形成的各阶段	工程项目在各阶段的内涵	合同环境下满足需要的主要规定
决策阶段	1. 可行性研究 2. 工程项目投资决策	国家的发展规划或业主的需求
设计阶段	1. 功能使用价值的满足程度 2. 工程设计的安全可靠性 3. 自然及社会环境的适应性 4. 工程概(预)算的经济性 5. 设计进度的时间性	工程建设勘察、设计合同及有关法律、法规
施工阶段	1. 功能、使用价值的实现程度 2. 工程的安全、可靠性 3. 自然及社会环境的适应性 4. 工程造价的控制状况 5. 施工进度的时间性	工程建设施工合同及有关法律、法规
保修阶段	保持或恢复原使用功能的能力	工程建设施工合同及有关法律、法规

房地产工程项目质量还包含工作质量。工作质量是指参与工程建设者,为了保证工程项目质量所从事工作的水平和完善程度。工作质量包括:社会工作质量,如社会调查、市场预测、质量回访和保修服务等;生产过程工作质量,如政治工作质量、管理工作质量、技术工作质量和后勤工作质量等。工作项目质量的好坏是决策、计划、勘察、设计、施工等单位各方面、各环节工作质量的综合反映,而不是单纯靠质量检验检查出来的。要保证工程项目的质量,就要求有关部门和

人员精心工作，对决定和影响工程质量的所有因素严加控制，即通过提高工作质量来保证和提高工程项目的质量。

2. 房地产项目质量的特点

房地产工程项目质量的特点是由工程项目的特点决定的。工程项目的特点：一是具有单项性。二是具有一次性和寿命的长期性。三是具有高投入性。四是具有生产管理方式的特殊性。五是具有风险性。正是由于上述工程项目的特点而形成了工程质量本身的特点，即：影响因素多；质量波动大；质量变异大；质量隐蔽性；终检局限大。所以，对工程质量更应重视事前控制、事中严格监督，防患于未然，将质量事故消灭于萌芽之中。

（二）影响质量的因素

房地产工程项目质量的形成是一个有序的系统过程。房地产项目从筹划、建设到竣工投入使用，经历了决策、设计、施工、验收等各个环节或阶段，其质量水平高低是各阶段、各环节工作质量的综合反映。

1. 在房地产工程形成过程中的质量影响因素

（1）房地产工程立项。

项目建议书、可行性研究是建设前期必须的程序，是房地产工程立项的依据。项目建议书和可行性报告，是决定房地产工程成败与否的首要条件，它关系到房地产工程建设资金保证、实效保证、资源保证，决定了房地产工程设计、施工能否按照国家规定的建设程序、标准来规范建设行为，也关系到房地产工程最终能否达到质量目标和被社会环境容纳。因此，建设前期工作是质量保证的重要环节，项目建议书必须实事求是地反映立项现状和资源落实情况，可行性分析必须严格的从技术、经济、环境角度进行科学的分析，并有严密的论证依据和审批确认手续。

（2）勘察。

房地产项目的地质勘察工作，是为建设场地的选择和工程的设计与施工提供地质强度依据。地质勘察是决定工程建设质量的重要环节。地质勘察工作的内容和深度，资料的可靠程度，将决定房地产工程设计方案能否正确考虑场地的地层构造、岩石和土的性质、不良地质现象及地下水等条件，是全面合理地进行房地产工程设计的关键，同时也是房地产工程施工方案确定的重要依据。

（3）设计。

房地产项目的设计工作，是工程项目在进行可行性研究并经过初步技术经济论证之后，根据房地产项目总体需求及地质勘察报告，对房地产的外形和内在实体进行筹划、研究、构思、设计和描绘，形成设计说明书和图纸等相关文件。设计的作用是在固定建筑场所上选择工程实体，为施工提供充分的依据。

设计质量是决定工程建设质量的关键环节，房地产工程采用什么样的平面布置和空间形式，选用什么样的结构类型，使用什么样的材料、构配件及设备等，都直接关系到房地产主体结构的安全可靠，关系到建设投资的综合功能是否充分体现规划意图。在一定程度上，设计的严密性、合理性，根本上决定了房地产工程建设的成败,是主体结构和基础安全、环境保护、消防、防疫等措施得以实现的保证。

(4) 施工。

房地产工程施工是指按照设计图纸和相关文件,在建设场地上将设计意图付诸实现的测量、作业、检验,并提供质量保证的活动。施工的作用是将设计意图付诸实施,建成最终产品。任何优秀的勘察设计成果,只有通过施工才能变为现实。因此工程施工活动决定了设计意图能否体现,它直接关系到房地产工程主体结构的安全可靠、使用功能的保证,以及外表观感能否体现建筑设计的艺术水平。在一定程度上,工程施工是形成工程实体质量的决定性环节。

对工程施工环节的质量控制应是严格的动态控制,施工开始前对可能影响项目质量的事项进行分析和采取预防措施,在施工过程中要加强施工人员的素质,用合理先进的施工工艺,进行严格的工程质量检测、检验和验收,从而保证最终产品达到规定的质量标准和要求。

(5) 交付使用。

交付使用包括两个阶段:一是交付阶段,即指房地产工程完成设计意图,并经最终检验和试验达到合格标准或符合合同要求后,将房地产工程由施工单位移交建设单位的活动。这里交付的概念应包括房地产开发建设单位在房地产交付给用户前的管理活动。二是使用阶段,即指房地产已投入使用,在使用过程中特别在保修期间,建设者按规定回访、维修、保修,使用者遵守房地产合理使用的规定,使房地产在使用中得到良好的保护,延长其质量寿命。工程项目质量形成过程,详见图9-2。

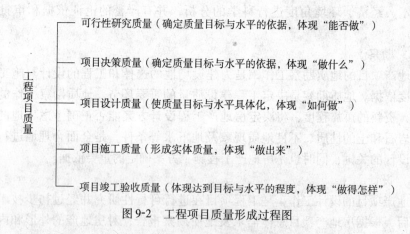

图9-2 工程项目质量形成过程图

2. 房地产项目作业要素对质量的影响

房地产项目实体的形成,离不开人员、材料、机械、工艺方法、环境等诸作业要素,这些对房地产质量都有直接影响。

(1) 人员素质。

参与工程建设各方面人员按其作用性质可划分为:

1) 决策层，参与工程建设的决策者；
2) 管理层，决策意图的执行者（包含各级职能部门，项目部的职能人员）；
3) 作业层，工程实施中各项作业的操作者，包括技术工人和辅助工人。

人员素质的概念是指参与建设活动的人群的决策能力、管理能力、作业能力、组织能力、公关能力、经营能力、控制能力及道德品质的总称。对不同层次人员有不同的素质要求。

人员素质直接影响房地产质量目标的成败。通常情况下，人员素质的高低是房地产质量好坏的决定性因素，决策层的素质更是关键，决策失误或指挥失误，对于房地产质量的危害更大。重庆彩虹桥倒塌事故，原因之一就是有关领导人员玩忽职守、渎职造成的。职能管理人员的能力素质高低直接影响到他们的工作质量，尤其是一些专业技术岗位必须具有高素质的技术管理知识和实际工作能力。

作业人员素质不仅应具有一定的技术水平，还应具有良好的心理状态和职业道德品质。常常见到的一种不良现象是在混凝土施工中，操作人员为图方便，在经一定级配拌合的混凝土中任意加水，造成质量缺陷，这就是素质缺陷的反映。

因此控制工程质量最重要的是从控制人员素质抓起，管理者和操作者都应该是有资格的行家，严禁不懂基本专业知识和操作技能的人员上岗。

(2) 工程材料。

工程材料泛指工程实体的各类建筑材料、构配件、半成品等，种类繁多，规格成千上万。各类工程材料是工程建设的物质条件，因而材料的质量是工程质量的基础。工程材料选用是否合理，产品是否合格，材质是否经过检验，保管使用是否得当等，都直接影响建设工程的结构牢度、刚度和强度，影响房地产外表及观感，影响房地产使用功能，影响房地产的使用寿命。

按目前规定，为确保工程质量，国家对建材质量的"责任制"规定原则如下：对于生产厂家，谁生产，谁负责，实施生产许可。对流通环节（领域）谁出售，谁负责，实施准用证和供应资格证。对于工程施工使用，谁采购，谁负责，实施现场检验和复试。

(3) 机具设备。

机具设备可分为两类，一是指组成工程实体及配套的工艺设备和各类机具，如电梯、泵机、通风设备等。它们的作用是与工程实体结合，保证工程形成完整的使用功能。二是施工机具设备，是指施工过程中使用的各类机具设备，包括大型垂直与横向移动建筑物件的运输设备、各类操作工具、各种施工安全设施、各类测量仪器、计量器具等。

(4) 工艺技术。

工艺技术是指施工现场在建设参与各方配合下，采用的施工方案、技术措施、工艺手段、施工方法。

一定的工艺技术水平，对质量有一定的影响。采用先进合理的工艺，技术依据规范的工法和作业指导书施工，必将对组成质量因素起良性推进作用。大力推进采用新技术、新工艺、新工法、以不断提高工艺技术水平，是保证工程质量稳定提高不可缺少的重要因素。

(5) 环境条件。

环境条件是指对工程质量特性起重要作用的环境因素，如工程地质、水文、气象等工程技术环境，施工现场作业面大小，劳动设施，光线和通信条件等作业环境，以及临近工程的地下管线，建（构）筑物等周边环境等。

环境条件往往对工程质量有一定的影响。如良好的安全作业环境，对材料和构配件，设备以良好的保护措施，有利于保证工程的文明施工和产品保护。恶劣的气候条件，将使保证工程质量增加许多困难。如在地下水位高的地区，在雨季进行基坑开挖，遇到连续暴雨或排水困难，会引起基坑塌方或地基受水浸泡影响承载力等；在未经干燥条件下进行沥青防水层施工，容易产生大面积空鼓；冬季寒冷地区工程措施不当，工程会受冻融而影响质量。因此，加强环境，辅以必要的措施，是控制环境对质量影响的重要保证。

3. 影响工程质量的其他因素

(1) 工期。

有建设工期、施工工期等。施工工期是指建设工程从正式开工至竣工交付的全过程所经历的时间，常用天数表示。

合理的工期反映了工程项目建设过程必要的程序及其规律性，为此，国家指定了各类工程的工期定额，实施工期管理，目的是通过制定合理的工期，使建设施工能合理安排施工进度科学管理，保证工程质量。

工期目标不合理，盲目压工期，抢速度，将打乱建筑施工正常的节奏，导致蛮干，使合理的工序搭接以及工程产品形成过程中必要的停止点，如混凝土、砂浆养护期，新回填土或砌砖体的沉降稳定期，涂料的凝固干燥期，各种通电、通水和气密性试验的试压期等必需时间被挤占。正常施工秩序受到干扰，必然影响工程质量。

(2) 工程造价。

在建设实施阶段通常把建筑安装费称之为工程造价，也有把实施招标工程的中标价称为合同造价。工程造价一般由工程成本、利润和税金组成。

价格是价值的体现。工程建设的造价、工期和质量三者之间存在相互的依存与制约关系，是矛盾的对立统一。在一定的技术方案和工期、质量的条件下，工程所需的人工、材料和机械费用等成本是相对固定的，因而降低造价费用的空间是有限的。任意压低造价，将造成建设各方盲目压缩必须的质量成本及质量投入，从而使工程质量得不到充分的物质保证，影响质量目标的实现。

工程建设必须尊重客观规律，在一定的技术前提下，一定的工期条件下，需要有一定的质量成本，该花钱的就应该花。通过优化管理，可以减少消耗，降低成本，但过低的成本是无法实现工程质量的。所以，严禁工程盲目压价，工程招标中严禁任意分包，层层转包，层层压价，应成为造价控制的要点。

(3) 市场准入。

市场准入是指各建设市场主体,包括发包方(业主),承包方(勘察、设计、施工及设备材料供应单位),中介方(工程咨询、监理单位、发包代理),只有具备符合规定的资质和条件,才能参与建设市场活动,建立承发包关系。这是建设市场管理的一项重要制度。

市场准入制度与工程质量有密切的关系。如业主招标发包工程应具备一定能力和条件,承包方参与投标要有相应的资质等级,设备材料供应要获取准用证,否则,就不准参与建设市场交易。市场准入不仅有利于建设市场有序管理,而且对参与市场建设各方从总体素质上予以控制,对保证工程质量有重要的影响。建设市场准入把关不严,存在无证设计,无证施工,出借证照,资质挂靠,越级和超越规定范围承包,逃避市场管理,搞私下交易等混乱情况,必然对建设工程质量构成严重威胁。不少工程发生重大质量事故往往同参与建设各方违反市场准入规定有关。因此严格市场准入管理,是保证工程质量不可忽视的重要环节。

三、房地产项目质量控制

工程项目质量要求主要表现为工程合同、设计文件、基础规范规定的质量标准。因此,房地产工程项目质量控制就是为了保证达到工程合同规定的质量标准而采取的一系列措施、手段和方法。

(一) 不同主体的工程项目质量控制

1. 业主方面的质量控制——工程建设监理的质量控制

业主方面的质量控制——工程建设监理的质量控制的特点是外部的、横向的控制。工程建设监理的质量控制,是指监理单位受业主委托,为保证工程合同规定的质量标准对工程进行的质量控制。其目的在于保证工程项目能够按照工程合同规定的质量要求达到业主的建设意图,取得良好的投资效益。其控制依据除国家制定的法律、法规外,主要是合同文件、设计图纸。在设计阶段及其前期的质量控制以审核可行性研究报告及设计文件、图纸为主,审核项目设计是否符合业主要求。在施工阶段驻现场实地监理,检查是否严格按图施工,并达到合同文件规定的质量标准。

2. 政府方面的质量控制——政府监督机构的质量控制

政府方面的质量控制——政府监督机构的质量控制的特点是外部的、纵向的控制。政府监督机构的质量控制是按城镇或专业部门建立有权威的工程质量监督机构,根据有关法规和技术标准,对本地区(本部门)的工程质量进行质量监督检查。其目的在于维护社会公共利益,保证技术性法规和标准贯彻执行。其控制依据主要是有关的法律文件和法定技术标准。在设计阶段及其前期的质量控制以审核设计纲要、选址报告、建设用地申请及设计图纸为主,施工阶段以不定期的检查为主,审核是否违反城市规划,是否符合有关技术法规和标准的规定,对环境影响的性质和程度大小,有无防止污染、公害的技术措施。因此,政府质量监督机构对工程进行质量等级的审定是单位工程评定的最后质量等级，是工程交付验收的依据。

3. 承包商方面的质量控制

承包商方面的质量控制的特点是内部的、自身的控制。

（二）房地产工程质量的检验方法

1. 审查质量保证资料

这是必须达到的要求，是保证工程安全或主要使用功能的重要检验项目，其内容一般包括主要材料、构件及配件、成品及半成品、设备的性能材质、技术参数性能等以及结构的强度、刚度和稳定性等检验数据。

2. 基本项目检验，也称目测

通过观察和小工具检测对结构完整性、使用功能、美观等总体效果进行评价。

3. 实测

用专业计量工具对规定有允许偏差范围的项目进行实测实量，以在允许偏差范围内符合要求的点比例，对照标准规定判断。

4. 工程质量检测

运用科学手段，对建设工程主体的内在质量和建设工程用材料质量进行检测，证实工程结构的强度、刚度、稳定性，所用材料各项物理、化学性能指标与规范标准的符合性，以及是否存在各种结构缺陷，作为工程质量评定的主要依据。

按目前国家现行标准规定，工程质量对照标准进行评价后，一般要评定其质量等级。按"备案制"的要求，现今只有"合格"一个质量等级。不合格等级不允许存在、不允许验收使用，必须进行整改，使其达到合格标准。

四、工程质量问题的分析和处理

房地产工程质量问题一般分为工程质量缺陷、工程质量通病、工程质量事故。

1. 工程质量缺陷

工程质量缺陷是指工程达不到技术标准允许的技术指标现象。

2. 工程质量通病

工程质量通病是指各类影响工程结构、使用功能和外形观感的常见性质量损伤，犹如"多发病"一样，而通称为质量通病。

目前房地产建筑安装工程最常见的质量通病主要有以下几类：

（1）混凝土蜂窝、麻面、露筋。

（2）阳台、雨篷根部开裂。

（3）砂浆、混凝土强度达不到保证。

（4）各类渗水、漏水。

（5）各类起壳、裂缝、空鼓。

（6）地面起砂开裂。

（7）门窗变形不密封。

(8) 管道堵塞。
(9) 油漆流坠、泛锈。
(10) 严重污染。

3. 工程质量事故

工程质量事故是指在工程建设过程中或交付使用后,对工程结构安全、使用功能和外形观感影响较大、损失较大的质量损伤。如房地产阳台、雨篷倾覆;大体积混凝土强度不足;管道、容器爆裂使气体或液体严重泄漏等。它的特点是:

(1) 经济损失达到较大的金额;
(2) 有时造成人员伤亡;
(3) 后果严重,影响结构安全;
(4) 无法降级使用,难以修复时,必须推倒重建。

五、工程质量事故的分类及处理职责

各门类、各专业工程,各地区、不同时期界定建设工程质量事故的标准尺度不一,通常按损失严重程度可分为一般质量事故、严重质量事故、重大质量事故。

(一) 一般质量事故

一般质量事故是指由于质量低劣达不到合格标准,需加固补强,且直接经济损失在5000元以上(含5000元)、5万元以下的事故。一般质量事故由相当于县级以上建设行政主管部门负责牵头进行处理。

(二) 严重质量事故

严重质量事故是指建筑物明显倾斜、偏移;结构主要部位发生超过规范规定的裂缝,强度不足,超过设计规定的不均匀沉降,影响结构安全和使用寿命;工程建筑物外形尺寸已造成永久性缺陷,且直接经济损失在5万元以上、10万元以下的质量事故。严重质量事故由县级以上建设行政主管部门牵头组织处理。

(三) 重大质量事故

具备下列条件之一时,即为重大质量事故:

(1) 工程倒塌或报废;
(2) 由于质量事故,造成人员伤亡数量超过规定;
(3) 直接经济损失10万元以上。

按住房和城乡建设部规定,重大质量事故根据造成损失大小、死伤人员多少分为四个等级。如死亡30人以上,直接经济损失300万元人民币以上为一级重大事故。

重大质量事故的处理程序为,凡三、四级重大事故由事故发生地的市县级建设行政主管部门牵头,提出处理意见,报当地人民政府批准;一、二级重大事故由省、自治区、直辖市建设行政主管部门牵头,提出处理意见,报请当地人民政府批准。凡事故发生单位属于国务院部委的,由国务院有关主管部门或其授权部门会同当地建设行政主管部门提出处理意见，报请当地人民政府批准。

六、工程质量事故的处理

（一）重大质量事故处理程序（图9-3）

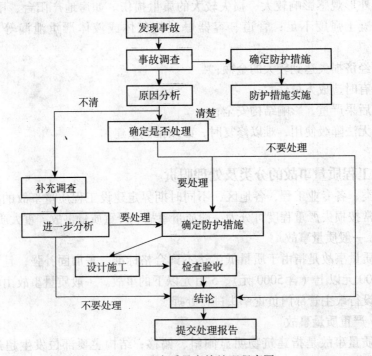

图 9-3 重大质量事故处理程序图

1. 现场保护

重大质量事故发生后，应严格保护事故现场，采取措施抢救人员和财产，防止事故扩大。因抢救人员、疏导交通原因，需要移动现场物件时，应当作出标志，绘制现场简图，并做出书面记录，妥善保存现场重要痕迹、物证，并尽可能采取拍照或录像等实录方式反映现场原状。

2. 事故报告

凡发生三级以上重大质量事故，事故发生单位必须在 2 小时以内口头或电话逐级上报省级及直辖市政府建设主管部门，并在 48 小时内书面补报《建设工程质量事故报告》，由省级及直辖市政府建设主管部门报建设部并负责处理。重大质量事故书面报告应当包括以下内容：①事故发生的时间、地点、工程项目、企业名称；②事故发生的简要经过、伤亡人数和直接经济损失额的初步估计；③事故发生原因的初步判断。④事故发生后采取的措施及事故控制情况。

3. 成立事故调查组

重大质量事故的调查由事故发生地的地区、县级以上建设行政主管部门或国务院有关主管部门组织成立调查组负责进行。调查组由地区、县级以上建设行政主管部门、事故发生单位的主管部门和劳动等到有关部门的人员组成，并应邀请人民检察机关派员参加。必要时，调查组可以聘请有关方面的专家协助进行技术鉴定、事故分析和财产损失的评估工作。重大质量事故调查组的职责是：①组织技术鉴定；②查明事故发生的原因、过程、人员伤亡及财产损失情况；③查明事故的性质、责任单位和主要责任者；④提出事故处理意见及防止类似事故再次发生所应采取措施的建议；⑤提出对事故责任者的处理建议；⑥写出事故调查报告。

4. 事故结论

政府主管部门应认真审查重大质量事故的调查报告和处理意见，如可行的，应即批准后督促执行。

5. 事故技术处理

对发生重大质量事故的工程，必须按行政主管部门批准的事故处理方案从技术上、经济上、行政上认真处理。

6. 事故处理报告

重大质量事故处理完毕后，事故发生单位应尽快写出详细的事故处理报告，按程序逐级上报并最终结案。

7. 处罚

事故发生后隐瞒不报、谎报、故意拖延报告期限的，故意破坏现场的，阻碍调查工作正常进行的，无正当理由拒绝调查组查询或者拒绝提供与事故有关情况、资料的，以及提供伪证的，由其所在单位或上级主管部门按有关规定给予行政处分；构成犯罪的，由司法机关依法追究刑事责任。

对造成重大质量事故的责任者，由其所在单位或上级主管部门给予行政处分；构成犯罪的，由司法机关依法追究刑事责任。

对造成重大质量事故承担直接责任的建设单位、勘察设计单位、施工单位、构配件生产单位及其他单位，由其上级主管部门或当地建设行政主管部门，根据调查组的建议，令其限期改善工程建设技术安全措施，并依据有关法规予以处罚。

8. 事故处理档案

凡重大质量事故处理后，其档案必须全面细致地收集、装订、编页，并经技术主管和行政主管审核签署后归档。

（二）工程质量问题的鉴定

当工程质量遇到下述情况时，需要进行技术鉴定：

（1）工程外形遇到严重破坏，但对其结构内在质量难以判断；

（2）工程建设过程中有关结构主体的建筑材料及配件、半成品、设备、构件质量保证资料严重缺乏，无法证明结构的安全可靠；

（3）有各类线索等反映工程基础和施工过程有偷工减料行为；

（4）对工程结构质量是否达到合格有争议；

（5）建设参与各方对工程质量问题和事故有争议。

鉴定通常需要委托政府批准的有资质的专业检测机构进行。当各方仍有异议时，主管部门可邀请高层次的技术专家组成的专家委员会根据检测机构的鉴定结果进行认证。

七、建设单位及其上级主管部门的质量责任

（一）建设单位的质量责任

为了规范建设单位的市场行为，国家以及地方制定了一系列法规，较详细地规定了建设单位的权利和义务，在质量责任方面归纳起来主要有以下七个方面：

（1）坚持先勘察、后设计、再施工的原则，工程开工前，负责办理有关工程施工许可和工程建设监督手续，不得用欺骗手段或提供虚假资料报建、报监。

（2）根据工程特点，配备相应的质量管理人员，对没有相应管理力量，或国家规定强制实行监理的工程项目，必须委托有相应资质的单位进行管理或监理。委托监理单位的，应签订监理合同，明确双方责任和义务。

（3）根据工程特点和技术要求，按有关规定选择相应资格等级的勘察、设计单位和施工单位，在合同中必须有质量条款，明确质量责任。凡政府和公有制企、事业单位投资的工程项目的施工，除某些不适应招标的特殊工程外，均应实行招投标，依法定程序和方法，择优选定中标者，并接受有关行政主管部门、工商部门和监督部门的监督。可以将建设工程的勘察、设计、施工、设备采购一并发包给一个工程总承包单位，也可以将其中一项或多项发包给一个工程总承包单位，但不得将应当由一个承包单位完成的建设工程项目肢解成若干部分发包给几个承包单位；不得指定分包单位；不得收取质量保证金；不得任意降低标准；不得要求承包单位以垫支或带资为条件进行发包；工期要合理，不一味压缩，不搞献礼工程。

（4）按照工程承包合同规定供应的原材料、构配件和设备等产品的质量，必须符合国家现行有关法规技术标准的要求。不得强令施工单位使用或购买不合格的原材料、构配件和设备。

（5）组织设计和施工单位认真进行设计交底和图纸会审。工程施工中，按照国家现行有关工程建设法规、技术标准及合同规定，对工程质量进行检查。不得以任何理由，强制设计、施工单位违反法规和工程质量、安全标准的规定。

（6）工程竣工后，及时组织设计单位及有关方面，会同施工单位进行检查验收，确认符合竣工标准和合同规定要求后，办理工程移交手续，包括相应的工程档案资料。未经验收或验收不合格的，不得交付使用。房屋建设开发公司出售的房屋，应符合使用要求，并提供有关使用、保养和维护说明，因其自身原因造成的质量问题，在规定的期限内负责组织保修。

(7) 对由其选择的勘察、设计或施工单位和负责供应的原材料、构配件或设备等原因发生的质量问题承担相应责任。

建设单位不按规定选择勘察、设计、施工单位，不办理工程质量报建、报监手续，提供的原材料、构配件和设备不符合现行技术标准要求，工程不经竣工验收就使用的，将受到罚款、警告、停止施工、吊销施工许可证、责令调整或重组项目管理班子，依法赔偿施工单位或房屋购买人的损失，重新组织验收等处罚。

(二) 建设单位上级主管部门的质量责任

必须严格执行建设程序，按国家规定履行报批手续。严格把好建设前期工作质量关，在房地产项目前期准备阶段，必须按国家规定的内容和深度，编制项目建议书，组织筹建机构或配备精干的管理和技术人员，组织委托或招标进行可行性研究报告的编报，并经由相应资质的咨询机构和专家评估论证。在建设工程实施阶段，组建房地产项目管理班子，参与勘察、设计、施工招标，检查监督在建工程施工管理，掌握工程质量情况，参与房地产项目的竣工验收。

第四节 房地产项目投资控制

房地产项目投资控制是指在房地产项目实施过程中，在满足质量和进度要求的前提下，使项目实际投资不超过计划投资的控制手段。

基本建设是个系统工程，环节很多，投资控制涉及方方面面。要控制好投资，必须做到全方位、全过程的控制，关键是正确决策，优化设计，搞好招标，科学管理，加强审计这五个环节。

一、正确决策是控制项目投资的前提

正确决策，在对项目建设作出科学的决断前提下，优选出最佳投资行动方案，达到资源的合理配置。这样才能合理地估计和计算工程造价，实施最优投资方案，有效地控制项目投资。要达到项目投资的合理性，事先就要对房地产项目进行可行性研究，以保证项目决策的正确性，避免决策失误，提高投资效益。项目投资的确定与控制贯穿于项目建设全过程，但在前期阶段各项技术经济的决策，对项目投资有重大影响。特别是建设标准的确定、建设地点的选择、工艺的评选、设备的选用等，直接关系到项目投资的高低。据有关资料统计，在项目建设各大阶段中，投资决策阶段影响项目投资的程度最高，可达到80%~90%。投资决策过程，是一个由浅入深、不断深化的过程，依次分为若干工作阶段，不同阶段决策的深度不同，投资估算的精确度也不同，项目投资的控制效果也不同。房地产项目周期中不同实施阶段对投资程度的影响，见图9-4所示。

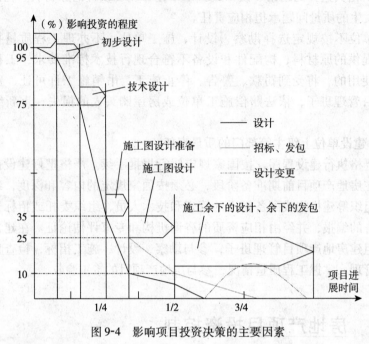

图 9-4 影响项目投资决策的主要因素

二、设计是投资控制的重点

设计影响投资的程度在70%左右。最有效的方法是设计招标和限额设计两种。进行设计招投标有利于设计方案的选择和竞争,促使设计单位改进管理,采用先进技术,有利于缩短工期、降低工程造价、提高投资效益,有利于控制项目投资。所谓限额设计就是按照批准的可行性研究报告及投资估算控制初步设计,按照批准的初步设计总概算控制技术设计和施工图设计,同时各专业在保证达到使用功能的前提下,按分配的投资限额控制设计,严格控制不合理变更,保证总投资限额不被突破。限额设计促使设计人员自觉地增强了经济观念,由"画了算"变为"算着画",既提高工程功能,又降低项目投资。

三、招标是控制投资的重要手段

实行工程建设从设计、设备供应、施工、监理等全过程招标,关键是要切实杜绝招标过程中的不正之风与不正当行为。杜绝不正当竞争,建立健康有序的建筑市场是十分重要的。另一方面,标底编制也应准确。目前有些标底与工程实际相差较大,缺乏合理性,这是因为编制时间紧,工作粗糙,或编制人员素质低,工程量计算不准确,定额与材料价格选用不合理等,还有招标单位人为压价,造成标底失真。工程招投标应体现"统一量、指导价、竞争费"这一基本指导原则,不能任意压低工程直接费。

四、管理是房地产项目投资控制的重要环节

房地产项目的管理是贯穿项目从筹建至竣工验收的全过程,包括人、财、物的全方位管理。目前在项目开发上存在两种倾向:一是部分开发商、承包商,一味追求高额利润,偷工减料,造成低劣或报废产品使得各种质量事故层出不穷。二是建设过程中管理不善,施工组织不科学,造成窝工、返工及人、财、物的浪费,非建设性的费用支出过大,造成投资严重失控。建筑业的各项改革,如实行总承包方式,采用 FIDIC 合同条款,采用 ISO-9000 系列质量保证和质量管理体系,推行工程建设监理等,都体现了科学管理的重要性,所以业主与承包商在建设过程中应把科学管理放在首位。

五、加强房地产项目的审查与审计是控制投资的重要措施

从项目一开始就应加强审查、审计力度,对资金的使用实行全过程动态跟踪,做好项目前期、中期和后期三环节控制,这是解决"三超"顽疾的有效方法。房地产项目"三超"原因是多方面的,如在项目初期阶段,设计未到规定深度、工作粗糙,造成项目实施中工程量增加或扩大投资规模或挪作他用;编制估概算时机械地套用指标或掌握不当,对定额、费用选择不合理,设备、材料价格定位不准,还有"长官意志,业主要求"的影响等,都是造成投资失真的重要因素。因此,在项目的初期阶段,应严格审查设计方案、设备选型、投资估算、概算、投资效益;在项目中期,跟踪审查设备、材料订货、工程预算、工程进度款拨付;项目的后期,重点审查工程的结算与决策。总之,投资商应审查估、概算的准确性,工程预、结算的真实性,开支的合理性。工程预结算的审查是控制投资提高投资效益的重要阶段,同时,工程项目的余款额只有在审查后才能确认。据各审查单位介绍,不少送审的项目,都程度不同地存在着高估冒算的现象,有的竟高达 40% 以上。为确保编审质量,除了编审人员需正确掌握并运用必要的程序和方法之外,更为关键的是要提高业务技术素质和职业道德,即应懂工程技术、懂经济、懂管理,知识广博,有丰富的实践经验;坚持实事求是、公正、公平、合理,依法办事,不徇私舞弊,维护工程建设各方的合法权益。只有这样,工程预(结)算的审查,才能取得良好的实际效果,为投资商(国家、集体或个人)把好房地产项目投资控制的最后"防线"。

第五节 房地产项目风险管理

一、房地产项目风险管理概述

房地产项目风险管理内容是指房地产开发过程中一切应对或规避房地产风险的操作过程的程序或方法。房地产项目风险管理是一个系统、动态的管理过程,

包括风险识别、风险评价、风险防范与处理以及风险管理绩效评价四个实质性阶段，各环节紧密联系，其推行和开展按一定的程序周而复始、循环往复不断进行。

二、房地产项目风险产生的原因

房地产是一个特殊的行业，它具有以下特点：投资额大、建设周期长、资金周转慢、变现能力差，涉及的社会、经济和环境因素多，其投资过程是一种预测未知将来需求而进行产品生产的过程。这些特点决定了房地产业是一种典型的高风险投机行业。其次，由于房地产的地区差异、项目差异，涉及的内容不单单是技术问题，还有很多其他方面的问题，因此，国家很难像针对建筑工程那样去制定房地产项目风险管理的统一规范和规程。这一切都决定了房地产行业的高风险性。

三、房地产项目风险管理

（一）风险分析

风险分析一般要经过三个步骤。一是风险辨识阶段，找出风险因素，研究风险因素会造成的后果；二是风险估计阶段，根据已有资料和经验对各风险因素可能发生的概率及对项目的影响程度做出估计；三是风险的评价阶段，采用适当的方法对各种风险因素的影响进行评价，即确定风险的概率分布。

（二）风险预防

在风险发生前，为了消除或减少可能导致损失的各种风险因素，而采取的各种措施称之为风险预防。风险预防贯穿于房地产开发经营的各个阶段。

在投资决策的阶段，房地产开发企业风险预防的主要任务包括：

（1）建立高水平、多学科的开发人员队伍。
（2）建立健全风险预警系统。
（3）贯彻执行风险管理责任制度。

在土地获取阶段，开发商应该重视以下几个问题：履行开发商的社会责任，积极主动的与各地方政府管理部门和土地所有者搞好关系，妥善处理取得土地使用权、拆迁和安置补偿工作中遇到的棘手问题。增强合同意识，认真签订各种相关合同，尽量避免合同歧义。

项目建设阶段风险预防的主要措施有：高度重视项目建设中的安全问题，在现场控制中，减少风险源，防止风险扩散，特别是强化现场质量监控，防止出现质量缺陷和建筑工程质量。及时协调、妥善处理建设过程中的设计、施工、监理、材料设备供应之间的矛盾，使项目的建设顺利的进行。

在房地产开发租售管理阶段，为了预防风险，应当特别重视租售合同条款的明确、详尽，并聘请律师或法律工作者审核。

（三）风险转移

可以采取工程保险或工程担保的方式来转移风险。

(四) 风险管理

合理界定项目覆盖的范围，在企业发展规划和战略的总体要求下，用科学的方法和态度进行项目决策，确定项目目标，避免出现决策失误风险；编制《项目管理规划》，用《项目管理规划》指导项目的建设和管理；理顺组织结构，明确岗位职责，建立项目的反馈沟通职能，为风险管理提供组织保障。

(五) 风险抑制

风险抑制是在风险发生时或风险发生后采取的各种降低损失程度或缩小损失发生范围的措施，目的是使风险发生时损失最小，风险发生后有挽救措施。

房地产是一种投资大、周期长、内部结构复杂、涉及因素众多的复杂开发系统，影响该系统的风险因素众多，影响关系错综复杂。同时，不同风险因素引起后果的严重程度迥异，项目能否取得预期结果具有很大的不确定性，因此，在项目风险管理中，应进行科学的、系统的风险分析、风险预防、风险转移、风险管理、风险抑制，将风险损失降低到最低程度，确保房地产项目取得良好的社会和经济效益。

复习思考题

1. 何谓房地产项目的建设工期？它与投资和质量之间的关系怎样？
2. 为什么说房地产项目施工配套实施阶段的进度控制是房地产开发单位项目管理人员实施项目管理的重要内容之一？
3. 什么是建设工程定额工期、指令性工期和合同工期？它们之间是什么关系？
4. 影响房地产项目进度的主要因素有哪些？
5. 如何编制房地产项目综合开发方案？综合开发方案对控制项目进度有什么作用？
6. 房地产开发单位项目管理人员实施进度管理应建立怎样的进度监测系统？
7. 房地产开发单位项目管理人员应通过什么渠道收集整理有关进度控制的信息？
8. 如何调整房地产进度偏差？
9. 如何正确理解质量的含义和分类？
10. 简述质量形成的规律？
11. 现代质量观的主要观点有哪些？
12. 请通过实例论说质量管理工作程序及特点。
13. 如何通过贯标认证来建立本企业的质量体系？

第十章

房地产项目合同管理

房地产项目合同管理是在房地产项目实施过程中,房地产项目参与各方通过对各类房地产项目承包合同的管理,以保证建设工期、工程质量和工程造价目标实现的一项重要工作。本章主要就房地产项目合同管理的基本概念及管理要求作简单地阐述。

第一节 房地产项目合同管理概述

一、房地产项目合同概述

(一)房地产项目合同的概念和特征

1. 房地产项目合同的概念

房地产项目合同主要是由勘察、设计、监理、施工等合同组成。其中:勘察、设计、施工合同按照我国《合同法》的规定,属于建设工程合同的范畴。所谓建设工程合同是承包人进行工程建设,发包人支付价款的合同。建设工程合同是一种诺成合同,也是一种双务、有偿合同。从合同理论上说,建设工程合同是广义的承揽合同的一种。也是承揽人(承包人)按照定作人(发包人)的要求完成工作(房地产项目),交付工作成果(竣工工程),定作人给付报酬的合同。但由于建设工程合同在经济活动、社会生活中的重要作用,以及在国家管理、合同标的等方面均有别于一般的承揽合同,我国一直将建设工程合同列为单独的一类重要合同。考虑到建设工程合同是从承揽合同中分离出来的,因此《合同法》规定:建设工程合同中没有规定的,适用承揽合同的有关规定。

2. 房地产项目合同的特征

作为以形成固定资产为目的的房地产项目，其参与各方之间签订的合同具有它自己的特征。主要表现为：

（1）合同主体的严格性。

对于房地产项目合同的主体，国家有着严格的规定。根据国家的规定，签订房地产项目合同的主体必须是法人或其他经济组织。在这其中作为承包单位，还必须具有国家规定的资质条件。无营业执照或无承包资质的单位不能作为房地产项目合同的主体。同时，资质等级低的单位不能越级承包房地产项目。

（2）合同标的的特殊性。

房地产项目合同的标的与其他合同相比较，有着其特殊性，即房地产项目合同的标的是房地产项目（不动产）。因为建筑产品有很大的一个特点是与其他项目所不同，那就是其基础部分与大地相连，不能移动。这不但决定了每个房地产项目合同的标的都是特殊的，相互间具有不可替代性。还决定了承包人工作的流动性。建筑物所在地就是勘察、设计、施工生产场地，施工队伍、施工机械必须围绕建筑产品不断移动。另外，建筑产品的类别庞杂，种类繁多，其外观、结构、使用目的、使用人都各不相同，这就要求每一个建筑产品都需单独设计和施工（即使可重复利用标准设计或重复使用图纸，也应采取必要的修改设计才能施工），即建筑产品是单体性生产，这也决定了房地产项目合同标的的特殊性。

（3）合同履行期限的长期性。

由于房地产项目的结构复杂、体积大、建筑材料类型多、工作量大，实施周期较长，且国家又在建筑产品的质量保修期中规定了较长的期限，因此决定了房地产项目合同履行期限的长期性。而且，房地产项目合同的订立和履行一般都需要较长的准备期，在合同的履行过程中，还可能因为不可抗力、工程变更、材料供应不及时等原因导致合同期限顺延。所有这些情况，决定了房地产项目合同的履行期限具有长期性。

（4）计划和程序的严格性。

在我国，国家对建设程序有着严格的规定，同时对房地产项目的实施有着严格的计划。只有纳入国家（或地方）年度建设计划的房地产项目项目方能开工，而建设的项目则必须遵循建设程序。

（二）房地产项目合同管理的目的和方法

1. 房地产项目合同管理的目的

房地产项目合同管理的目的主要有以下几点：

（1）发展和完善社会主义建筑市场经济；

（2）建立现代建筑企业制度；

（3）规范建筑市场主体、市场价格和市场交易；

（4）加强合同管理，提高房地产项目合同的履约率；

(5) 加强房地产项目合同管理，努力开拓国际建筑市场。

2. 房地产项目合同管理的方法

房地产项目合同管理的方法包括：

(1) 健全房地产项目合同管理法规，依法管理；

(2) 建立和发展有形建筑市场；

(3) 建立房地产项目合同管理的评估制度；

(4) 推行合同管理目标制；

(5) 合同管理机关严肃执法。

（三）房地产项目合同的分类

房地产项目合同根据其不同的特点可以有不同的分类。

1. 从承发包的不同范围和数量来划分

房地产项目合同根据承发包的不同范围和数量可划分为：房地产项目总承包合同、房地产项目承包合同、分包合同。

(1) 房地产项目总承包合同。

所谓房地产项目总承包合同，即房地产项目的发包人在房地产项目的实施之初（项目可行性研究报告完成前或后）将房地产项目的全过程实施委托给一个有承包商而签订的合同，一般又称为"交钥匙工程"。根据规定，总承包单位必须具有总承包的资质。

(2) 房地产项目承包合同。

所谓房地产项目承包合同，即房地产项目的发包人将房地产项目的实施过程中的勘察、设计、施工任务分别委托给具有相应资质的勘察、设计、施工承包商而签订的合同。通常，房地产项目承包合同包括专业承包合同。

(3) 房地产项目分包合同。

房地产项目分包合同，是房地产项目的总承包人根据总承包合同的规定和发包人的同意，将其总承包工程中的一小部分发包给有资质的专业承包商所签订的合同。

房地产项目承包合同的结构模式如图 10-1 所示。

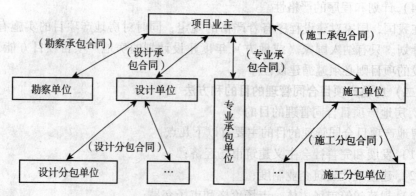

图 10-1 房地产项目承包合同的结构模式

2. 从完成的内容来划分

根据房地产项目的开发程序，房地产项目的合同可分为土地使用权出（转）让合同、项目决策咨询合同、勘察合同、设计合同、监理合同、施工合同等。其中根据《中华人民共和国合同法》的规定，房地产项目的勘察合同、房地产项目设计合同、房地产项目施工合同又可以称为建设工程合同，属《合同法》中所称的法定分类。

二、房地产项目合同的订立

合同的订立是订立合同的当事人为完成合同的标的，明确双方权利、义务关系的意思表示过程。

（一）合同订立的原则

按照《中华人民共和国合同法》的规定，在我国订立合同应符合以下原则：平等原则；自愿原则；公平原则；诚实信用原则；遵守法律和符合社会公共利益的原则。

（二）合同订立的形式

合同的形式是指在合同订立的过程中所采用的合同形式。按照《中华人民共和国合同法》的规定，合同的形式主要有：书面合同（绝大多数的合同都采用该种形式，特别对于房地产项目合同而言，根据《合同法》的规定，房地产项目合同必须采用书面形式）；口头合同（一般在即时结清时用）；其他。

（三）合同订立的内容

合同订立的主要内容由当事人自己约定，一般在合同中应包括以下条款：当事人的名称或者姓名和住所；标的；数量；质量；价款或报酬；履行期限、地点和方式；违约责任；解决争议的方式。

为确保合同双方的合法利益，有时政府主管部门会针对一些问题较多、条款复杂的合同制订合同的示范文本，如《施工合同示范文本》等。

（四）合同订立的程序

合同的订立将经过要约、承诺两大步骤。

1. 要约

要约是合同订立的一方向另一方提出的订立合同的意思表示。要约在到达受要约人时生效。根据《合同法》的规定，在要约到达受要约人前，要约可以撤回；在受要约人发出承诺前，要约可以撤销。受要约人在收到要约后，如对要约的内容进行修改，应视为新要约。

2. 承诺

承诺是受要约人同意要约的意思表示。承诺通知到达要约人时生效，承诺生效时合同成立。在承诺到达要约人前，可以撤回；但不可以撤销。

按照房地产项目招投标的特点，房地产项目招标应为要约邀请，投标为要约，中标通知书为承诺。

第二节 房地产项目勘察、设计、监理合同管理

一、房地产项目总承包合同管理

(一) 房地产项目总承包合同概述

房地产项目总承包合同,是指由房地产开发单位和总承包单位签订的,为完成从工程立项到交付使用全过程承包而明确双方权利、义务关系的协议。

一个完整的总承包合同,应包括可行性研究、勘察设计、设备采购、施工管理、试车考核(或交付使用)等内容。

由于总承包方式有利于减少业主在项目管理方面的投入、进一步降低投资成本、充分体现社会分工的专业化和项目建设的社会化,因此国家大力提倡和鼓励业主采用总承包的发包方式。

(二) 总承包合同管理

1. 总承包合同管理的主体

总承包合同的主体一是房地产项目业主,另一是总承包商。根据我国对总承包商的资质管理规定,作为总承包商的可以是设计单位,也可以是工程总承包企业,但不管是哪一种,除了应具有国家规定的总承包资质外,还应具有健全的管理组织体系、先进的项目管理理念、水平、丰富的专业工程管理经验和较高的管理工作效率。

2. 总承包合同管理的要点

由于房地产项目总承包涉及整个房地产项目实施的全过程,因此在总承包合同的管理中其重点应是总承包商对合同的管理。总承包商作为整个房地产项目的组织者和协调者,除了按合同的要求做好自己所承担的那部分房地产项目任务外,还应根据总承包合同的要求对于分包工程的分包商进行管理。在通常情况下,能否搞好房地产项目的分包是总承包合同顺利履行的关键所在。为保证总承包合同的顺利履行,总承包商在总承包合同管理中应注重以下几点:建立工程合同体系,完善合同管理制度;做好分包招标工作,转移总包合同风险;明确合同控制目标,严格执行合同条款;认真解读合同文本,及时发现索赔机会。

此外,在总承包合同体系中,房地产项目业主与总承包商的关系是合同关系,总承包商和各分包商是合同关系,而房地产项目业主与各分包商间不存在合同关系,所以,各分包商应按分包合同的规定对其分包的工程向总承包商负责,总承包商对项目的整体向房地产项目业主负责。

二、房地产项目勘察设计合同

(一) 房地产项目勘察设计合同的概念

房地产项目勘察、设计合同是委托人与承包人为完成一定的勘察、设计任务,明确双方权利、义务关系的协议。作为勘察设计合同的发包方一般是房地产项目业主或房地产项目总承包单位。

作为勘察设计合同的承包方应该是持有国家认可的勘察设计证书的勘察设计单位，且资质等级必须与作为合同标的的发包项目相符。如越级承包，则签订的合同为无效合同。

在勘察设计合同管理中，要遵循国家的法律规范。这些法规主要有：国务院《房地产项目勘察设计管理条例》和住房和城乡建设部《房地产项目勘察设计合同管理办法》。

（二）房地产项目勘察设计合同的主要内容

为规范勘察设计合同当事人的行为，保护当事人的合法权益，住房和城乡建设部、国家工商行政管理局联合编制了《建设工程勘察合同（示范文本）》（GF—2000—0203）和《建设工程设计合同（示范文本）》（GF—2000—0209）。上述勘察、设计合同（示范文本）对以下内容进行了规定：

（1）发包人应提交有关基础资料的期限，并要对其所提供的资料的准确性可靠性负责；

（2）勘察设计单位提交勘察、设计文件（包括概预算）的期限；

（3）发包人对承包人成果（勘察或设计）的质量要求；

（4）支付勘察、设计费用的额度和时间；

（5）双方的其他权利和义务；

（6）违约责任。

（三）房地产项目勘察设计合同管理

房地产项目勘察设计合同管理分为政府管理和当事人管理两大类。其目的是为了加强国家对工程勘察设计市场的管理，规范建筑市场行为，明确签订合同双方当事人的技术经济责任，保护当事人的合法权益。

1. 房地产项目勘察设计合同的政府管理

建设行政主管部门和工商行政管理部门代表国家对房地产项目勘察设计合同实施管理与监督。并在以下方面行使其职能：建立工程合同体系，完善合同管理制度；贯彻国家和地方有关法律、法规和规章；制定和推荐使用房地产项目勘察设计合同文本；审查和鉴证房地产项目勘察设计合同，监督合同履行，调解合同争议，依法查处违法行为；指导勘察设计单位的合同管理工作，培训勘察设计单位的合同管理人员，总结交流经验，表彰先进的合同管理单位。

2. 发包方对房地产项目勘察设计合同的管理

发包方对房地产项目勘察设计合同的管理是保证顺利履行合同的关键，它有利于确保合同目标的实现、防止违约行为的发生、及时处理索赔的事项。发包方对房地产项目勘察设计合同的管理既可以依靠自己的技术力量，也可以依靠专业的项目管理公司或监理公司的专业技术人员进行。发包方在进行勘察设计合同管理时应注意以下几点：

（1）按规定收取费用的勘察设计合同生效后，发包人应向承包人给付定金。合同履行后，定金抵作勘察、设计费。设计任务的定金为估算的设计费的20%，勘察合同的定金为估算额的20%。当委托人无正当理由不履行合同时，无权要求返回已支付的定金；当承包人无正当理由不履行合同时，发包人可要求双倍返回定金；

（2）在合同履行中，发包人应及时向承包人提交相关基础资料，并保证其准确无误；

（3）在承包人完成勘察设计后，应在合同规定的时间内支付勘察设计费；

（4）要维护勘察设计单位的工作成果，不得擅自修改，更不得转让给第三方重复使用。

3. 承包方对房地产项目勘察设计合同的管理。

作为专业的勘察设计单位，在当今法制社会里唯有利用合同方能保障自己的合法权益。因此在勘察设计合同的管理中应着重注意以下几点：

（1）建立专门的合同管理机构，健全合同管理体系，完善合同管理档案，培训合同管理人员，以保证合同的顺利实施；

（2）重视合同订立，反复审核合同条款，尽量采用国家规定的合同示范文本；

（3）加强勘察设计任务实施过程中的合同管理，认真履行合同规定的各项义务，及时提交勘察设计成果，避免不必要的违约事情的发生。

（4）应在合同明确勘察、设计单位在项目施工阶段，到现场的延伸服务义务。

由于勘察设计成果将直接影响房地产项目的实施，因此要求勘察设计单位应保证其成果的质量，如果因勘察设计质量的低劣或错误而造成工程重大质量事故或经济损失，勘察设计应承担赔偿责任。一般，勘察设计以所获取的勘察设计费为其赔偿责任的最高限额。

三、房地产项目监理合同管理

（一）房地产项目监理合同的概述

1. 房地产项目监理合同概念

房地产项目监理合同是房地产项目的开发商和监理单位为明确双方的权利和义务所签订的合同。根据我国合同法的规定，房地产项目监理合同是一种委托服务合同。

房地产项目监理可以是对房地产的全过程进行监理，也可以分阶段进行设计、施工监理等。在我国目前实践中大多为施工监理。

2. 房地产项目监理合同的特征

房地产项目监理合同具有以下特征：

（1）委托人必须是有房地产项目的法人或其他组织或个人，受托人必须是有相应资质的监理单位；

（2）合同订立必须符合建设程序；

（3）合同标的是服务。

（二）房地产项目监理合同的主体

房地产项目监理的主体是房地产项目合同确定的权利的享有者和义务的承担者，它可以是业主或建设单位，也可以是房地产项目监理单位。根据我国合同法的规定,房地产项目监理合同的当事人的法律地位是平等的。双方的关系是委托和被委托的关系。

根据住房和城乡建设部的有关规定,房地产项目监理合同的当事人之一的房地产项目监理单位,在承接监理业务时,必须具有国家规定的房地产项目监理资质。所谓房地产项目监理单位,就是指那些按照规定取得房地产项目监理资质,具有法人资格的监理公司、监理事务所和兼有监理经营业务的工程设备、科学研究、设计及房地产咨询的单位。我国的房地产项目监理单位的资质分为甲级、乙级和丙级。甲级监理单位可以跨省、直辖市、自治区及跨部门(如交通、水利等)监理一等及以下等级工程;乙级监理单位只能监理本省、直辖市、自治区及本部门二等及以下等级工程;丙级只能监理本省、直辖市、自治区及本部门三等工程。同时,从事房地产项目监理工作的监理人员必须具有国家或地方颁发的监理人员上岗证书,其中房地产项目监理单位派驻工地的总监理工程师必须具有国家注册监理工程师的执业资格。

(三)房地产项目监理合同示范文本

为规范监理合同当事人的行为,保护当事人的合法权益,住房和城乡建设部、国家工商行政管理局联合编制了《建设工程监理合同(示范文本)》(GF—2000—0202)。该文本由协议书、标准条件和特殊条件三部分组成。

协议书虽篇幅不大,但是整个监理合同的总纲,它规定了监理合同的一些原则、合同的组成文件,意味着业主和监理单位对双方商定的监理业务、监理内容的承认和确认。

标准条件适合于各类工程项目监理业务的委托,是监理合同的主要部分。其内容包括:词语定义、适用语言法规、业主的义务、监理单位的权利、业主的权利、监理单位责任、业主责任、合同生效、变更和终止、监理酬金、风险处理等。

特殊条件是各类工程项目根据各自项目的特点和所处的自然、社会环境,由业主和监理单位协商一致后填写的。双方如果认为有必要,还可以在其中增加约定的补充条款和修正条款。要注意,特殊条件的条款必须与标准条件的条款相对应,即两者应使用一样的编号。特殊条件不能单独使用,它必须与标准条件结合在一起才能使用。

由于国家对房地产项目监理的收费标准有着明确的规定,所以,房地产项目监理合同中其合同标的应根据国家的规定进行核定,决不允许降低收费标准,或采用阴阳合同欺骗国家。

第三节 房地产项目施工合同管理

一、房地产项目施工合同概述

(一)施工合同的基本概念

施工合同又称为建筑安装工程承包合同,它是发包人和承包人为完成特定房地产项目项目的建筑、安装任务，明确双方权利和义务关系的协议。

施工合同是房地产项目合同的一种，同样是双务合同，亦应遵循合同订立的基本原则。

施工合同的主体是发包方和承包方，作为发包方的可以是房地产项目业主或房地产项目总承包商；作为承包方的应该是具有相应资质的施工企业。

由于施工合同是房地产的主要合同，是房地产质量控制、进度控制、费用控制的主要依据，因此，在建设领域加强对施工合同管理具有十分重要的意义。国家立法机关、国务院、国家建设行政管理部门都十分重视施工合同的规范工作，《中华人民共和国合同法》、《中华人民共和国建筑法》及住房和城乡建设部《建设工程施工合同管理办法》等法律、法规、部门规章是目前我国房地产施工合同管理的依据。

（二）施工合同的主要特征

与其他合同相比较，施工合同除了具有房地产项目合同的一般特征以外，还具有以下特点。

1. 合同履行期限长

施工是整个房地产项目实施的关键阶段，该阶段相对房地产项目的其他阶段而言，施工周期最长，因此，其合同的履行期限也最长。再加上按照国务院颁布的建筑工程质量管理条例，施工单位应对自己所施工的工程进行质量保修，且质量保修期将较原来的规定予以增加，从而导致了施工合同周期的进一步增加。

2. 合同涉及金额大

施工阶段是整个房地产项目实施中费用花费最大的一个阶段。由于房地产项目的投资金额巨大，而大部分金额将在施工阶段花费。因此，施工合同涉及的金额非常巨大。

3. 施工要求难度高

施工阶段的要求随着我国建筑产品朝着"高、大、难、深"的方向发展，所以导致了施工的要求越来越高。

4. 左右相邻关系杂

建筑工程施工中由于其工作的性质，导致了在施工中，业主和承包商要与各种单位打交道，如：政府主管部门、街道社区、采购供应、质量检测等，从而使得左右相邻关系非常之杂。

由于施工合同的上述特点，为避免合同履行过程中所发生的纠纷，维护合同双方当事人的合法权益，一般采用国家推荐的合同示范文本。

二、施工合同示范文本简介

《建设工程施工合同文本》（下面简称《施工合同文本》）是指在房地产项目施工承发包过程中采用的一种标准化的格式合同，由住房和城乡建设部和国家工商行政管理局共同编制。目前采用的文本是1999年12月24日印发，编号为GF—1999—0201。《施工合同文本》以我国现有的关于房地产施工的法律、法规为依据，结合我国建筑业的具体实践，并借鉴国际上广泛采用的 FIDIC 土木工程施工合同条件而制订。《施工合同文本》由协议书、通用条款和专用条款三部分组成，并附有三个附件：附件一为"承包人承揽工程项目一览表"，附件二为"发包人供应材料设备一览表"，附件三为"工程质量保修书"。

（一）《施工合同文本》之"协议书"

"协议书"在《施工合同文本》中具有总纲的地位，文字不多，但效力最大，其内容包括：工程概况、工程承包范围、合同工期、质量标准、合同金额、合同的组成文件以及合同双方的承诺等。

（二）《施工合同文本》之"通用条款"

"通用条款"是针对房地产项目施工中一些具有共性的问题所编写的合同条款，它适用于常见的施工工程。GF—1999—0201《施工合同文本》中的"通用条款"共有十一部分47条。

（三）《施工合同文本》之"专用条款"

"专用条款"则是根据各施工工程的特点，经双方协商一致而订，是对"通用条款"的修正和补充，一般以空格表示。如双方需要对"通用条款"的那一条进行修正或补充，则在"专用条款"的空格上用相同的"通用条款"编号进行修改或补充。当两者不矛盾时为补充，当两者矛盾时则为修改。

（四）《施工合同文本》之"附件"

《施工合同文本》的三个附件则是对施工合同当事人的权利、义务的进一步明确。

1. 附件一（"承包人承揽工程项目一览表"）

"承包人承揽工程项目一览表"规定了承包人的义务范围，凡在该表中所罗列的工程项目均为承包人应尽的义务范围，超出该表所罗列的工程项目而发包人又要求承包人做的工程，承包人有权向发包人提出索赔。

2. 附件二（"发包人供应材料设备一览表"）

"发包人供应材料设备一览表"规定了发包人为完成工程项目而提供的材料、设备的种类和数量，列入表内的材料、设备由发包人提供，没列入表内的材料设备，承包人可自行采购。

3. 附件三（"工程质量保修书"）

"工程质量保修书"是承包人对自己所承包建设的工程向发包人所作的质量承诺。

三、施工合同文件的组成及解释顺序

（一）施工合同文件的组成

根据 GF—1999—0201《施工合同文本》中的约定，除承发包双方在专用条款中另行约定外，以下文件构成了整个的施工合同：

(1) 施工合同协议书；

(2) 中标通知书；

(3) 投标书及其附件；
(4) 施工合同专用条款；
(5) 施工合同通用条款；
(6) 标准、规范及有关技术文件；
(7) 图纸；
(8) 工程量清单；
(9) 工程报价单或预算书。

(二) 施工合同文件的解释顺序

在施工过程中，承发包双方有关工程的洽商、变更等书面协议或文件均为施工合同的组成部分。由于组成施工合同的文件种类较多，难免有不一致之处，因此 GF—1999—0201《施工合同文本》中约定，按上述各文件的排列顺序进行解释，序号排列在前的文件优先于序号排列在后的文件。

四、施工合同类型与选择的因素

(一) 施工合同分类

根据国际上施工工程合同分类的惯例，施工合同通常以付款方式进行分类。按照这种施工合同的分类规则，施工合同可分为总价合同、单价合同和成本加酬金合同。

1. 总价合同

总价合同是指以施工图纸及规范为基础，在约定的风险范围内承发包双方就施工项目协商确定一工程总价，由承包人一笔包死的合同类型。这种合同类型能够使建设单位在评标时易于确定报价最低的承包商、易于进行支付计算。但这类合同仅适用于工程量不太大且能精确计算、工期较短、技术不太复杂、风险不大的项目。因而采用这种合同类型要求建设单位必须准备详细而全面的设计图纸（一般要求施工详图）和各项说明，使承包人能准确计算工程量。

2. 单价合同

单价合同是承包人在投标时，按招标文件就各分部分项工程所列出的工程量表确定各分部分项工程费用的类型。

这类合同的适用范围比较宽，其风险可以得到合理的分摊，并且能鼓励承包人通过提高工效等手段从成本节约中提高利润。这类合同能够成立的关键在于双方对单价和工程量计算方法的确认。在合同履行中需要注意的问题则是双方对实际工程量计量的确认。

3. 成本加酬金合同

成本加酬金合同是指由发包人向承包人支付工程项目的实际成本，并按事先约定的某一种方式支付酬金的合同类型。该合同价款包括成本和酬金两部分，一般应在专用条款中写明成本的构成和酬金的计算方法。在这类合同中，业主需承担项目实际发生的一切费用，因此也就承担了项目的全部风险。而承包人由于无风险，其报酬往往也较低。这类合同的缺点是业主对工程总造价不易控制，承包人也往往不注意降低项目成本。这类合同主要适用于以下项目：

（1）需要立即开展工作的项目，如震后的救灾工作；

（2）新型的工程项目，或对项目工程内容及技术经济指标未确定的项目；

（3）项目风险很大的项目。

此合同类型一般在房地产项目中较少运用。

各类合同的种类、特点以及风险的承担者如表 10-1 所示。

各类合同的种类、特点以及风险的承担者　　　　　　　表 10-1

合同种类	特点	风险承担者
总价合同	合同价格固定，一般不可调价	承包商
单价合同	以工程量清单为准	双方合理分摊
成本加酬金合同	酬金计算方法事先协商确定	业主

（二）施工合同类型的选择因素

按照上述方式进行的施工合同的分类，究竟在具体合同的签订时选择哪一种，应由承发包双方根据工程的特点和各自的具体情况自己商定，一般可从以下几种因素进行考虑。确定施工合同类型的选择因素如表 10-2 所示。

施工合同类型选择因素表　　　　　　　表 10-2

选择因素	总价合同	单价合同	成本加酬金合同
工程规模	小	都可	大
施工工期	短	都可	长
投标竞争情况	多	都可	少
工程复杂程度	简单	都可	复杂
单项工程明确程度	明确	不够明确	明确
施工前准备时间	长	较长	短
工程外部环境	好	一般	差

五、施工合同的管理

在施工合同的履行过程中，由于存在各种风险因子，可能发生许多意想不到的事情，因此加强施工合同的管理，是减少施工工程成本损失、加快施工工期、提高施工质量的有效举措。

在实施合同管理时，首先应熟悉合同、研究合同。用美国一位项目管理学家的话来说，"研究工程合同应像教徒研究圣经那样"。其次，应明确合同实施过程中承发包双方的权利和义务，特别应注意在发生不可抗力、分包、地下文物和不明障碍物等情况时承发包双方的权利和义务。最后，应注意严格遵守合同，防止各类违约事情的发生。

(一) 不可抗力发生时承发包双方应承担的责任

不可抗力将导致工期的延误和费用的增加,其责任的承担表 10-3 所示。

不可抗力发生时责任的承担表　　　　　　　　　　　　　　表 10-3

不可抗力造成的事由	责任承担者
工程本身伤害、第三方人员和财产损失及运至工地用于施工的材料和设备	发包方
停工期,应工程师要求留在施工场地的必要的管理人员和保卫人员的费用	发包方
承包人机械设备损坏及停工损失	承包方
工程所需清理、修复费用	发包方
各自人员伤亡由发包方、承包方各自承担	
延误的工期相应顺延	

在施工合同的履行过程中,一定要注意不可抗力具体种类的界定,一般要求在合同的专用条款中写明不可抗力的界定条件。同时应注意,因合同一方延迟履行合同后发生不可抗力的,不能免除其相应的责任。

(二) 工程分包中承发包双方的权利和义务

施工项目的"高、大、难、深"决定了单靠一个公司很难独立完成整个工程项目的施工,专业分包在所难免。在工程分包中,要注意尊重发包方的权利,通常,未经发包人同意,承包人不得将承包工程的任何部分分包。

同时,承包人必须自行完成施工项目的主要部分,只有其非主要部分或专业性较强的工程方可分包。分包单位根据国家的规定也应具备相应的资质及等级。分包合同一经签订,承包人对分包合同负有管理之责。工程的分包不但不能解除承包人在施工合同中的任何责任和义务,而且对于分包单位因违约、疏忽、安全事故而给工程或发包人造成的损失负有连带责任。

如果承包人不履行承包合同规定的职责,将所承包的工程一并转给其他施工单位,只收取管理费,而对工程不承担任何经济、技术及管理责任,则称之为工程转包。根据我国法律的规定,工程转包属于违法行为。常见的转包行为有:承包人将承包的工程全部包给其他施工单位,从中提取回扣;承包人将工程的主要部分或群体工程中半数以上的单位工程包给其他施工单位;分包单位将承包的工程再次分包给其他单位。

(三) 发现文物和地下障碍物时承发包双方的权利和义务

1. 发现文物

发现文物,承包人应立即保护好现场,并于 4 小时内以书面形式通知工程师,工程师应于收到书面通知 24 小时内报告当地文物管理部门,发包人承担由此发生的费用,延误工期顺延。

2. 发现影响施工的地下障碍物

发现影响施工的地下障碍物,承包人应于 8 小时内以书面形式通知工程师,同时提出处置方案，工程师应于收到处置方案 24 小时内予以认可或提出修改方案。发包人承担由此发生的费用，延误工期顺延。

（四）施工合同的违约责任

在施工合同的履行中，如因其中一方的违约，没能履行合同，则将会给工程带来不同程度的损失，也将给合同的另一方带来损害，从而违约方应承担违约责任。

1. 发包人的违约责任

发包人的违约责任主要表现在：

（1）协议须明确延期支付的时间和从发包人代表计量签字后第 15 天起计算应付款的贷款利息；

（2）发包人收到竣工决算报告及结算资料后 28 天内不支付工程竣工结算价款，承包人可以与发包人协议将该工程折价。

2. 承包人的违约责任

承包人的违约责任主要是：承包人不能按合同工期竣工，工程质量达不到约定的质量标准，或由于承包人原因致使合同无法履行，应承担违约责任，赔偿因其违约造成的损失。双方应当在专用条款内约定计算方法或支付违约金的数额和计算方法。

第四节　房地产项目索赔

一、索赔的概念及其处理原则

（一）索赔的概念与作用

索赔是指在合同履行过程中，对于并非自己的过错，而是应由对方承担责任的情况造成的实际损失向对方提出经济补偿和（或）时间补偿的要求。索赔是工程承包中经常发生的正常现象。由于施工现场条件、气候条件的变化，施工进度、物价的变化，以及合同条款、规范、标准文件和施工图纸的变更、差异、延误等因素的影响，使得工程承包中不可避免地出现索赔。《中华人民共和国民法通则》第 111 条规定，当事人一方不履行合同文件义务或履行合同义务不符合约定条件的，另一方有权要求履行或采取补救措施，并有权要求赔偿损失。这即是索赔的法律依据。

索赔的性质属于经济补偿行为，而不是惩罚。索赔的损失结果与被索赔人的行为并不一定存在法律上的因果关系。索赔工作是承发包双方之间经常发生的管理业务，是双方合作的方式，而不是对立。经过实践证明，索赔的健康开展对于培养和发展社会主义建设市场，促进建筑业的发展，提高房地产的效益，起着非常重要的作用：①有利于促进双方加强内部管理，严格履行合同；②有助于双方提高管理素质，加强合同管理，维护市场正常秩序；③有助于双方更快地熟悉国际惯例，熟练掌握索赔和处理索赔的方法与技巧；④有利于对外开放和对外工程承包的开展；⑤有助于政府转变职能，使双方依据合同和实际情况实事求是地协商工程造价和工期，从而使政府从繁琐的调整概算和协调双方关系等微观管理工作中解脱出来；⑥有助于工程造价的合理确定，可以把原来打入工程造价中的一些不可预见费用，改为实际发生的损失支付，便于降低工程造价，使工程造价更为实事求是。

（二）索赔的处理原则

（1）索赔必须以合同为依据。

（2）必须注意资料的积累。积累一切可能涉及索赔论证的资料，同施工企业、建设单位研究的技术问题、进度问题和其他重大问题的会议应当做好文字记录，并争取会议参加者签字，作为正式文档资料。同时还应建立业务往来的文件编号档案等业务记录制度，做到处理索赔时以事实和数据为依据。

（3）及时、合理地处理索赔。索赔发生后，必须依据合同的准则及时地对索赔进行处理。

（4）加强索赔的前瞻性，有效避免过多索赔事件的发生。在工程的实施过程中，要将预料到的可能发生的问题及时告诉承包商，避免由于工程返工所造成的工程成本上升，这样也可以减轻承包商的压力，减少其通过索赔途径弥补工程成本上升所造成的利润损失。另外，在项目实施过程中，应对可能引起的索赔有所预测，及时采取补救措施，避免过多索赔事件的发生。

二、索赔的分类

常见的索赔分类有方法以下三种。

1. 按索赔目的分类

按索赔目的分，可分为工期索赔和费用索赔：工期索赔就是要求业主延长施工时间，使原规定的工程竣工日期顺延，从而避免了违约罚金的发生；费用索赔就是要求业主补偿费用损失，进而调整合同价款。

2. 按索赔依据分类

按索赔依据分，可分为合同规定的索赔、非合同规定的索赔以及道义索赔（额外支付）。

3. 按索赔对象分类

按索赔对象分，可分为索赔和反索赔：索赔是指承包商向业主提出的索赔；反索赔主要是指业主向承包商提出的索赔。

三、索赔的基本程序及其规定

（一）索赔的基本程序

在工程项目施工阶段，每出现一个索赔都应按照国家有关规定、国际惯例和工程项目合同条件的规定，认真及时地协商解决，一般索赔程序如图10-2所示。

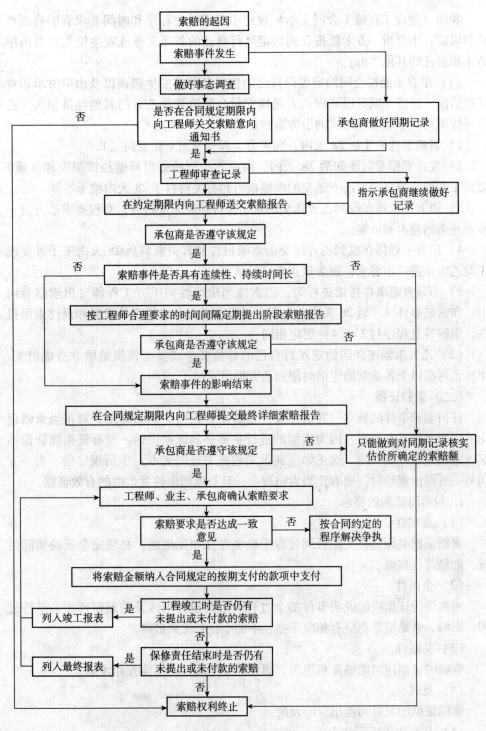

图 10-2 索赔程序

我国《建设工程施工合同文本》规定中对索赔的程序和时间要求有明确而严格的限定，主要指一方未能按合同约定履行自己的各项义务或发生错误以及由甲方承担责任的其他事由：

（1）甲方未能按合同约定履行自己的各项义务或发生错误以及由甲方承担责任的情况，造成工期延误或向乙方延期支付合同价款及乙方的其他经济损失，乙方可按下列程序以书面形式向甲方索赔：

1）索赔事件发生后 28 天内，向甲方工程师发出索赔意向通知；

2）发出索赔意向通知后 28 天内，向甲方工程师提出补偿经济损失和（或）延长工期的索赔意向，乙方送交的索赔报告和有关资料于 28 天内给予答复

3）甲方工程师在收到乙方送交的索赔报告和有关资料后，有权要求乙方进一步补充索赔理由和证据；

4）甲方工程师在收到乙方送交的索赔报告和有关资料后 28 天内未予答复或未对乙方作进一步要求，视为该索赔已经认可；

5）当该索赔事件持续进行时，乙方应当阶段性向甲方工程师发出索赔意向书，在索赔事件终了后 28 天内，向甲方工程师送交索赔的有关资料和最终索赔报告。索赔答复程序与3）、4）规定相同。

（2）乙方未能按合同约定履行自己的各项义务或发生错误给甲方造成损失，甲方也可按以上各条款确定的时限向乙方提出索赔。

（二）索赔证据

任何索赔事件的确立，其前提条件是必须有正当的索赔理由。对正当索赔理由的说明必须具有证据，因为索赔的进行主要是靠证据说话。没有证据或证据不足，索赔是难以成功的。这正如《建设工程施工合同文本》中所规定的，当一方向另一方提出索赔时，要有正当索赔理由，且有索赔事件发生时的有效证据。

1. 对索赔证据的要求

（1）真实性。

索赔证据必须是在实施合同过程中确实存在和发生的，必须完全反映实际情况，能经得住推敲。

（2）全面性。

所提供的证据应能说明事件的全过程。索赔报告中涉及的索赔理由、事件过程、影响、索赔值等都应有相应证据，不能零乱和支离破碎。

（3）关联性。

索赔的证据应当能够互相说明，相互具有关联性，不能互相矛盾。

（4）及时性。

索赔证据的取得和提出应当及时。

（5）具有法律证明效力。

一般要求证据必须是书面文件，有关记录、协议、纪要必须是双方签署的；工程中重大事件、特殊情况的记录、统计必须由工程师签证认可。

2. 索赔证据的种类

（1）招标文件、工程合同及附件、业主认可的施工组织设计、工程图纸、技术规范等。

（2）工程各项有关设计交底记录、变更图纸、变更施工指令等。

（3）工程各项经业主或监理工程师确认的签证。

（4）工程各项往来信件、指令、信函、通知、答复等。

（5）工程各项会议纪要。

（6）施工计划及现场实施情况记录。

（7）施工日报及工长工作日志、备忘录。

（8）工程送电、送水、道路开通、封闭的日期及数量记录。

（9）工程停电、停水和干扰事件影响的日期及恢复施工的日期。

（10）工程预付款、进度款拨付的数额及日期记录。

（11）工程图纸、图纸变更、交底记录的送达份数及日期记录。

（12）工程有关施工部位的照片及录像等。

（13）工程现场气候记录。有关天气的温度、风力、雨雪等。

（14）工程验收报告及各项技术鉴定报告等。

（15）工程材料采购、订货、运输、进场、验收、使用等方面的凭据。

（16）工程会计核算资料。

（17）国家、省、市有关影响工程造价、工期的文件、规定等。

（三）索赔文件

索赔文件是承包商向业主索赔的正式书面材料，也是业主审议承包商索赔请求的主要依据。索赔文件通常包括三个部分：

1. 索赔信（索赔通知）

索赔信是一封承包商致业主或其代表的简短的信函，是提纲挈领的材料，它把其他材料贯通起来，应包括以下内容：

（1）说明索赔事件；

（2）简单列举索赔理由。

2. 索赔报告

索赔报告是索赔材料的正文，其结构一般包含三个主要部分。首先是报告的标题，应言简意赅地概括索赔的核心内容；其次是事实与理由，这部分应该叙述客观事实，合理引用合同规定，建立事实与损失之间的因果关系，说明索赔的合理合法性；最后是损失计算与要求赔偿金额及工期，这部分只需列举各项明细数字及汇总数据即可，见图10-3。

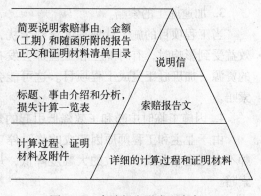

图10-3 索赔报告形式和内容

四、我国施工索赔的主要内容与特点

（一）不利的自然条件与人为障碍引起的索赔

不利的自然条件是指施工中遭遇到的实际自然条件比招标文件中所描述的更为困难和恶劣，这些不利的自然条件和人为障碍增加了施工的难度，导致了承包商必须花费更多的时间和费用，在这种情况中，承包商可以提出索赔要求。

（1）地质条件变化引起的索赔。

（2）工程中人为障碍引起的索赔。

在施工过程中，如果承包商遇到了地下构筑物或文物，只要是图纸上并未说明的，而且与业主工程师共同确定的处理方案导致了工程费用的增加，承包商即可提出索赔。

（二）工期延长和延误的索赔

1. 关于延长工期的索赔

造成的原因通常是：①业主未能按时提交可进行施工的现场；②有记录可查的特殊反常的恶劣天气；③工程师在规定的时间内未能提供所需的图纸或指示；④有关放线的资料不准确；⑤现场发现化石、古钱币或文物；⑥工程变更或工程量增加引起施工程序的变动；⑦业主和工程师要求暂停工程；⑧不可抗力引起的工程损坏和修复；⑨业主违约；⑩工程师对合格工程要求拆除或剥露部分工程予以检查，造成工程进度被打乱，影响后续工程的开展；⑪工程现场中其他承包商的干扰；⑫合同文件中某些内容的错误或互相矛盾。

以上这些原因要求延长工期，只要承包商提出合理的证据，一般可以获得工程师及业主的同意，有的还可索赔费用损失。

2. 关于延误造成的费用索赔

需特别注意两点：一是凡纯属业主和工程师方面的原因造成的工期的拖延，不仅应给承包商适当延长工期，还应给予相应的费用补偿；二是凡属于不可抗力原因（既不是业主原因、也并非承包商原因）造成拖期，如特殊反常的天气、工人罢工、政府间经济制裁等，承包商可得到延长工期，但得不到费用补偿。

3. 加速施工的索赔

当工程项目的施工计划进度受到干扰，导致项目不能按时竣工，业主的经济效益受到影响时，有时业主和工程师会发布加速施工指令，要求承包商投入更多的资源、加班赶工完成工程项目。这可能会导致工程成本的增加，引起承包商的索赔。

4. 因施工临时中断和工效降低引起的索赔

由于业主和工程师原因造成的临时停工或施工中断，特别是根据业主和工程师不合理指令造成了工效的大幅度降低，从而导致费用支出增加，承包商可提出索赔。

5. 业主不正当地终止工程而引起的索赔

由于业主不正当终止工程，承包商有权要求补偿损失，其数额是承包商在被终止工程上的人工、材料、机械设备的全部支出，以及各项管理费用、保险费、贷款利息、保函费用的支出（减去已结算的工程款），并有权要求赔偿其盈利损失。

6. 业主风险和特殊风险引起的索赔

由于业主承担的风险而导致承包商的费用损失增大时，承包商可据此提出索赔。如果由于特殊风险而导致合同终止，承包商除可以获得应付的一切工程款和损失费用外，还可以获得施工机械设备的撤离费用和人员遣返费用等。

7. 物价上涨引起的索赔

8. 拖欠支付工程款引起的索赔

这是争执最多也较为常见的索赔，一般合同中都有支付工程款的时间限制及延期付款计息的利率要求。

9. 法规、货币及汇率变化引起的索赔

（1）法规变化引起的索赔。在投标截止日期前的28天以后，由于业主所在国或地区的任何法规、法令、政令或其他法律、规章发生了变更，导致了承包商成本增加，对承包商由此增加的开支，业主应予补偿。

（2）货币及汇率变化引起的索赔。在投标截止日期前的28天以后，工程施工所在国政府或其授权机构对支付合同价格的一种或几种货币实行货币限制或货币汇兑限制，业主应补偿承包商因此而受到的损失。

10. 因合同条文模糊不清甚至错误引起的索赔

在合同签订中，对合同条款审查不认真，有的措辞不够严密，各处含义不一致，也可能导致索赔的发生。例如，日本大成公司承揽的鲁布革水电站隧洞开挖工程在施工过程中，因中方合同条款拟定文字疏忽，石方量计算合同条款有的地方用"to the line"（到开挖设计轮廓线），有的地方又用"from the line"（从开挖设计轮廓线），按前者可以理解"自然方"计量，按后者则解释为按开挖后的"松方"计量，虽然只一字之差，但对一长达9千米的隧洞开挖来说，两种计量法总工程量相差5%~10%（相当于2.5~5万立方米），作为承包方的日本大成公司抓住合同文字漏洞，使索赔成功。

五、业主反索赔的内容与特点

业主反索赔是指业主向承包商提出的索赔，由于承包商不履行或不完全履行约定的义务，或是由于承包商的行为使业主受到损失时，业主为了维护自己的利益，向承包商提出的索赔。在国际上，业主反索赔可以包括两方面，这正如名著《施工索赔》（J. J. Adrian 著）一书中论述业主反索赔时所说的："对承包商提出的损失索赔要求，业主采取的立场有两种可能的处理途径：第一，就（承包商）施工质量存在的问题和拖延工期，业主可以要求承包商承担修理工程缺陷的费用。第二，业主也可以对承包商提出的损失索赔要求进行审批，即按照双方认可的生产率和会计原则等事项，对索赔要求进行分析，这样能够很快地减少索赔款的数额。对业主方面来说，成为一个比较合理的和可以接受的款额。"

由此可见,业主对承包商的反索赔包括两个方面:其一是以承包商提出的索赔要求进行分析、评审和修正,否定其不合理的要求,接受其合理的要求;其二是以承包商在履约中的其他缺陷责任,如部分工程质量达不到要求,或拖期建成,独立地提出损失补偿要求。作为房地产开发商,应该善于利用反索赔来减少施工过程中的索赔损失。

下面介绍我国施工过程中业主反索赔的主要内容与特点。

(一)对承包商履约中违约责任进行索赔

1. 工期延误反索赔

在工程项目的施工过程中,由于多方面的原因,往往使竣工日期拖后,影响到业主对该工程的利用,给业主带来经济损失,按国际惯例,业主有权对承包商进行索赔,即由承包商支付延期竣工违约金。承包商支付这项违约金的前提是:这一工期延误责任属于承包商方面。土木工程施工合同中的误期违约金,通常是由业主在招标文件中确定的。业主在确定违约金的费率时,一般要考虑的因素有:①业主盈利损失;②由于工程延长而引起的贷款利息增加;③工程拖期带来的附加监理费;④由于本工程拖期竣工不能使用,租用其他建筑物时的租赁费。

2. 施工缺陷反索赔

当承包商的施工质量不符合施工技术规程的要求,或在保修期未满以前未完成应该负责修补的工程时,业主有权向承包商追究责任。如果承包商未在规定的时限内完成修补工作,业主有权雇佣他人来完成工作,发生的费用由承包商负担。

3. 对超额利润的索赔

如果工程量增加很多(超过有效合同价的15%),使承包商预期的收入增大,因工程量增加承包商并不增加任何固定成本,合同价应由双方讨论调整,收回部分超额利润。

4. 对意外事故的索赔

由于工伤事故给业主方人员和第三方人员造成的人身或财产损失的索赔,以及承包商运送建筑材料及施工机械设备时损坏了公路、桥梁或隧洞,道桥管理部门提出的索赔等。

(二)对承包商所提出的索赔要求进行评审、反驳与修正

首先要审定承包商的这项索赔要求有无合同依据,即有没有该项索赔权。审定过程中要全面参阅合同文件中的所有有关合同条款,客观评价、实事求是、慎重以待。主要依据以下几方面:

1. 此项索赔是否具有合同依据

凡是工程项目合同文件中有明文规定的索赔事项,承包商均有索赔权,即有权得到合理的费用补偿或工期延长;否则,业主可以拒绝这项索赔要求。

2. 索赔理由是否充分

索赔报告中引用索赔理由不充分,论证索赔权漏洞较多,缺乏说服力。在这种情况下,业主和工程师可以否决该项索赔要求。

3. 索赔事项的发生是否为承包商的责任

凡是属于承包商方面原因造成的索赔事项，业主都应予以反驳拒绝，采取反索赔措施。凡是属于双方都有一定责任的情况，则要分清谁是主要责任者，或按各方责任的后果，确定承担责任的比例。

4. 索赔损失是否人为扩大

在索赔事项初发时，承包商是否采取了控制措施。根据国际惯例，凡是遇到偶然事故影响工程施工时，承包商有责任采取力所能及的措施，防止事态扩大，尽力挽回损失。如确有事实证明承包商在当时未采取任何措施，业主可拒绝承包商要求的损失补偿。

5. 此项索赔是否属于承包商的风险范畴

在工程承包合同中，业主和承包商都承担着风险，甚至承包商的风险更大些。凡属于承包商合同风险的内容，如一般性天旱或多雨，一定范围内的物价上涨等，业主一般不会接受这些索赔要求。

6. 索赔程序是否正确

承包商没有在合同规定的时限内（一般为发生索赔事件后的28天内）向业主和工程师报送索赔意向通知。

（三）认真核定索赔款额

在肯定承包商具有索赔权利的前提下，业主和工程师要对承包商提出的索赔报告进行详细审核，确定哪些不能列入索赔款额，哪些款额偏高，哪些在计算上有错误和重复。通过这些检查，削减承包商提出的索赔款额，使其更加可靠和准确。

复习思考题

1. 试述房地产项目合同的特征。
2. 试述房地产项目合同管理的目的和方法。
3. 试述合同订立的原则。
4. 试述合同订立的程序。
5. 试述房地产项目勘察设计合同的主要内容。
6. 试述索赔的分类。
7. 试述施工招标的意义。
8. 试比较公开招标和邀请招标的优缺点。
9. 试述承包商参与施工承包的条件。
10. 试述房地产项目合同的概念和特征。
11. 何为房地产项目合同的法定分类？
12. 试述总承包合同管理的要点。
13. 试述施工索赔的概念及作用。

第十一章

房地产配套建设

建设现代化城市房地产项目，不仅仅是建设住宅楼，还必须配套建设居民日常生活所需要的各类商业、教育、文化等设施，水、电、燃气和雨、污水管网系统，道路交通设施，以及绿地、环卫设施等，以满足人们的居住生活、学习、休闲、出行等方面的需要。因此，房地产配套建设对房地产建设持续、健康发展具有举足轻重的影响。本章主要介绍房地产配套建设的一些基本知识和建设管理流程。

第一节 房地产项目市政、公用配套

一、房地产项目市政、公用配套设施的内容和设置要求

（一）房地产项目市政、公用配套设施分类

常见的房地产市政、公用配套设施由图11-1所示。

（二）房地产项目市政、公用配套构成及用量标准

房地产项目的市政、公用配套由雨水、污水系统（管网及站点），市政道路系统，给水系统，电力系统，燃气系统，通信、智能化系统，电视广播等7大系统构成。

1. 城市给水系统的构成及用量标准

城市给水系统是城市基础设施的重要组成部分，城市给水系统的发展水平是城市现代化程度的重要标志，也是城市可持续发展的重要保障。2000年上海市自来水综合供水能力达1017万立方米/日，年供水总量24.12亿立方米。2000年各

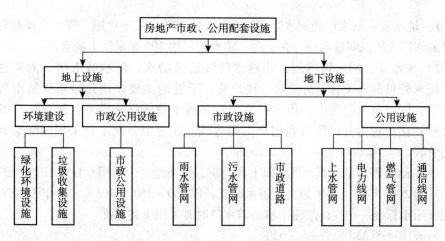

图 11-1 房地产市政、公用配套设施

工业企业的自备水源供水能力 560 万立方米/日，年供水量约 8.2 亿立方米，其中生活用水量约 0.5 亿立方米。

城市给水系统的构成如下：

（1）取水工程：包括选择水源和取水地点，建造适宜的取水构筑物，其主要任务是保证城市取得足够水量和质量良好的原水。

（2）净水工程：建造给水处理构筑物，对天然水质进行处理，满足生活饮用水水质标准或工业生产用水水质标准要求。

（3）输配水工程：将足够的水量输送和分配到各用水地点，并保证其水质及水压要求。规划敷排输水管道和配水管网并建造水塔或水库机站等调节构筑物。

城市地面水源给水系统结构示意如图 11-2 所示。

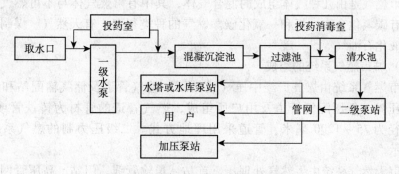

图 11-2 城市地面水源给水系统结构

（4）给水管的分类及功能。城市给水管网系统由引水管道、水厂、水库机站、输水干管（500 毫米以上）、配水支管（300 毫米以下）及用户所组成，其管材主要采用铸铁管、钢管、预应力钢筋混凝土管等。管径自 75～2000 毫米不等，通常采用埋地敷设方式。城市给水管按其功能作用可分为输水管、配水管。

1）输水管：从水厂到配水管网的管线，因沿线一般不接用户管，主要起传输水量的作用，所以叫输水管。在上海，输水管采用500毫米以上的管径。

2）配水管：配水管网就是将输水管线送来的水，配给城市用户的管道系统。配水管可分为干管、分配管、接户管。干管的主要作用是输水到城市各用水地区，同时也为沿线用户供水；分配管是将干管输送来的水，配给接户管和消火栓；接户管为分配管接到用户去的管线。在上海，配水管采用300毫米以下的管径。

（5）给水需用量估算标准。以上海为例，上海地区生活用水目前以230公升/人·日为2000年居民用水最大日用水标准，以300～350公升/人·日作为2020年最大日用水标准。在核计新建工程的需水量时常采用下述标准：

一般房地产230公升/人·日；

高级公寓500公升/人·日；

商业25公升/建筑平方米；

办公15公升/建筑平方米；

工业20公升/建筑平方米。

2. 城市燃气系统的组成及用量标准

城市燃气系统的组成及用量标准由各地自行制定。以上海为例，上海是我国最早使用燃气的城市，1865年10月英商建成上海首家燃气厂。经过130多年的发展，尤其是改革开放以来，上海城市燃气事业得到了突飞猛进的发展，并作为市府实事工程，给予高度重视。经过多年发展，目前已形成人工燃气、天然气、液化石油气多种气源构成的燃气供应系统，至2000年底，全市人工煤气综合供气能力为1046.3万立方米/日，市区居民家庭气化率达到98%。

（1）城市燃气的生产与分类。

城市燃气是由几种气体组成的混合气体，其中有可燃气体与不可燃气体。可燃气体有碳氢化合物、氢和一氧化碳。燃气的种类很多，有天然气、煤制气、油制气、液化石油气等。

（2）城市燃气系统的组成。

城市燃气系统由煤气厂经中压（或高压）输气管道及储气输配站和中压支管、调压站、低压配气管道及用户所组成，燃气管道的管材为铸铁管或钢管。通常管径为75～1200毫米，管道采用埋地方式。二级压力制的燃气系统如图11-3所示。

城市天然气系统由天然气处理厂、首站、长输管线、门站、高压管网、天然气储配站、事故气源备用站、高中压调压器、中压管网，最后经过楼幢调压器或箱式调压器将天然气供应给用户。天然气输配气管道为钢管。

1）气源，即城市人工制气厂或天然气门站。制气厂又可分为三种基本类型：煤炭干馏制气厂；煤炭气化制气厂；重油裂解制气厂。制气厂工程一般包括气源工程及净化工程。净化工程的任务是使粗气杂质含量降低到符合标准的净化气。

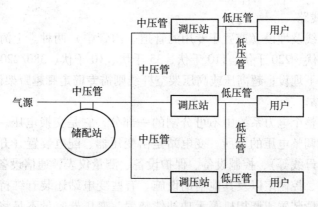

图 11-3 二级压力制的燃气系统

2）城市人工燃气的管道输配系统是由气源到用户之间的一系列燃气输送和分配设施所组成，其中包括高压、中压、低压的输配管网；储气输配站、调压站以及为输配系统运行服务的设施（如生产检测、供气调度、线路及设备维修、用户服务以及行政和生产管理机构等）。

3）燃气用户由居民家庭用气、各类公共建筑的营业、事业、团体等单位的用气以及工业用气等组成。

（3）燃气用量标准。5~6 立方米/户·日；地区配套公建需用燃气量以 10% 居民用气量估算。

3. 城市电力系统的组成及用量标准

城市电力系统的组成及用量标准由各地电网确定。

（1）电力系统的组成。

电力系统由电厂、输配电网络、用户所组成。其中电网是由线路和变电站组成，是电源和用户之间的联系纽带，电力系统如图 11-4 所示。

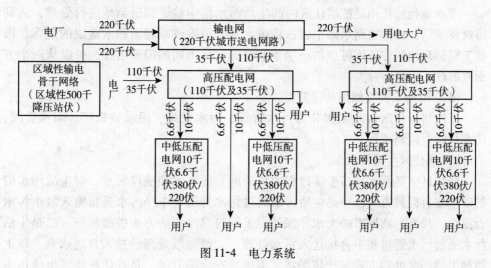

图 11-4 电力系统

1）电力线路。

分架空杆线及埋设（或置于专用的管道、沟管中）两种。上海地区现有电压等级为500千伏、220千伏、110千伏、35千伏、10千伏、380/220伏。通常电力电缆应在道路下埋设；超高压或高压架空杆线则需专辟走廊越野架设。

2）变电站。

变电站是整个电力系统中不可分割的一部分，它是交换电压、分配电力、控制电力流向和调整电压的场所。变电站是由变压器、配电装置（开关设备、互感器、避雷器、母线等）、控制设备、保护设备、测量仪表、通信设备等组成。此外还有屋外构架、控制室以及其他辅助设施。有些变电站还装有维持电压质量的电容器、静止补偿装置或调相机等无功补偿装置。变压器容量不足将会造成有电送不出的现象。变电站的合理布局与站址选择对电网的经济效益具有重要意义。

（2）电力需用量。

电力需用量一般可按居民4千瓦/户（要考虑同时系数）、办公80瓦/平方米、宾馆80~120瓦/平方米的标准匡算。

4. 通信系统的组成及用量标准

（1）组成。

通信系统有本地电讯网、长途通信网所组成的民用电讯线路、三军战备网络和水运、铁路、电力等部门的专业通信网络。通信网络系统由一个或多个电话交换局所组织的中继线路、用户线路及收发信端的话机所构成，其线路是用以传输音频、高频或光频信号的。通信线路分架空及埋设两种。埋设的又可分真埋电缆及电话导管内的铝、铅包电缆等多种。

（2）通信用量标准。

居民12~15主线/户；办公60平方米/主线；商业100平方米/主线。

5. 市政工程系统

市政工程的作用是把居住区内的生活污水集中输送到适当地进行处理，达到排放要求后，再排放到水体中去；将雨水及时消除或减轻因积水造成的危害。市政工程是现代居住区不可少的一项重要设施。从不同的需要出发，可以从两个方面对市政工程进行分类。

（1）市政工程按使用功能分类。

可以将居住区市政工程分为污水管道、污水泵站、污水处理厂、雨水管网、雨水泵站、道路工程。

1）居住区生活污水。

居住区生活污水是指生活过程中排放的粪便污水和洗涤污水。对生活污水的处理主要有四种方式：一是生活污水通过污水管道集中经污水泵站输入城市污水合流管，排入远离城市的大水体深处，采用自然净化的方法扩散稀释。二是生活污水通过污水管道集中直接送入污水处理厂，经二级处理后排入自然水系。以上两种生活污水处理方式是比较经济、卫生、安全的方法，是现代居住区生活污水最主要的处理方式。三是将生活污水集中纳于化粪池，经投放好氧菌、三道格栅过滤等简易处理，排入自然水系，沉淀污泥每隔半年左右由环卫车抽吸清运一次。这种方式简单、成本较低，但污染物去除率不高，较难稳定地达到排放标准。目前这种方式在现代城市居住区中已被禁止使用。四是生活污水基本不经处理，集纳于蓄粪池中，由环卫车定时抽吸清运到别处处理。这种方式主要在旧城区使用，现已被限制使用。

2）居住区的雨水处理。

目前主要有两种方式：一种是排出法。即通过雨水管道集中，经雨水泵站排入河湖。这是目前包括中国在内的世界大多数城市居住区雨水处理的主要方式。另一种是收集循环利用法。即通过雨水管道汇集雨水于蓄水池，略加沉淀、过滤，经泵站输入送水管进入家庭作为二级冲洗用水。这种对雨水的收集循环利用方法，对于节约淡水资源，促进生态平衡具有重要意义，是现代居住区雨水处理的发展方向。目前这种方式只在少数发达国家城市房地产项目中使用，在中国城市房地产项目中还很少见到。

3）居住区道路。

居住区道路主要满足居民日常生活方面的出行和清运垃圾、粪便、递送邮件等市政、公用、公共服务设施的货运车辆通行，以及救护、消防、搬家等车辆的通行。居住区道路一般可分为三级或四级：

宅前小路，主要供人行走，一般宽为2米左右。

居住生活单元级道路，一般以通行非机动车和人行为主，并满足救护、消防、运货及搬运家具等车辆通行要求，路面宽度一般为4～6米。

居住小区级道路，主要是将居住小区各部分联系起来，车行道宽度一般为7米。

居住区级道路，用以解决居住区的内外联系，车行道宽度一般需9米，红线宽度不小于16米。居住区级道路是各类管线地下敷设的主要场所，应力求先敷设好各类管线再做道路工程，避免重复开挖。

居住区内部道路主要为本居住区服务。为保证居住区内居民的安全和安宁，不应有过境交通车辆穿越居住区。同时，不宜有过多的车道出口通向城市交通干道，出口间距应不小于150～200米。道路走向要便于职工上下班。房地产与最近的公共交通站之间的距离不宜大于500米。道路设置应充分利用和结合地形，如尽可能结合自然分水线和汇水线，以利雨水排除。在南方多河地区，道路宜与河流平行或垂直布置，以减少桥梁和涵洞的投资。在丘陵地区则应注意减少土石方工程量，以节约投资。

按使用功能进行分类，为市政工程分项立项投资建设和管理提供了依据。

(2) 市政工程按服务范围分类。

可分为居住区内市政工程和居住区外大市政工程。

居住区内市政工程是指规划红线内污水管道、污水泵站、雨水管道、雨水泵站、道路等。居住区外大市政工程是指红线外的污水总管、污水处理厂、污水泵站、雨水管道、雨水泵站和城市干道等。

按照规划红线内外分类，便于划清市政工程投资费用承担责任，一般来说，红线内市政工程投资由房地产成本列支，而红线外大市政工程服务于生活和工业、商业、农业等各行各业，应由政府财政投资建设。

(3) 市政工程配置指标的确定。

居住区的生活污水量一般可采取与生活用水量相同的定额确定。上海由于新建房地产都有室内供水、排水的卫生设备和沐浴设施，加上洗衣机相当普及，因此，每人每日平均污水排放量在 200~250 升。

雨水量一般可根据各地区历年来降雨强度、汇水面积、经流系数计算而得。

二、市政公用配套建设有关手续的办理

作为房地产项目的配套，应在建设项目的同时，办理有关市政公用配套建设的手续。各地都有自己的规定，在此以上海为例，对手续的办理过程作一说明。

(一) 给水部分

1. 申请供水专业配套的条件

(1) 必须持有上海市自来水浦东、市南、闵行、市北有限公司《接水前期业务办理记录卡》，俗称用水征询，在项目规划设计阶段办理。办理用水征询所需的资料：①项目批文；②书面征询报告；③综合管线图；④地形图；⑤总平面图。

(2)《接水前期业务办理记录卡》的批复意见有以下三种：①直接批复同意接水；②此项目需做供水技术方案；③此项目需做"小区工程可行性研究报告"（针对成规模小区的规划）。

(3) 办理正式申请用水的资料（在项目开工以后，预计房地产项目竣工前的 6~8 个月办理）：①申请用水报告；②接水前期业务办理记录卡；③项目批文；④消防给水批文；⑤门牌号的批文；⑥新型墙体材料协议书；⑦房地产建设配套费凭证（或小区包干批文、免征证明）；⑧扩初设计中给水排水、消防给水章节（复印件）；⑨市政管线图、地形图 1：500 各 2 份；⑩住宅（小区）总平面图及给水排水总平面图 1：500 各 2 份；⑪各单体给水排水施工图；⑫蓄水池、泵房施工图。

2. 给水公司审批新建房地产供水排管工程程序

以上流程指小区街坊内排管、接水、装表工程，开发建设单位在具备小区红线以外有给水管线条件的基础上，方能实施小区街坊内给水配套。而小区红线以外市政道路上的给水排管工程，应提前按计划（给水公司的内部施工计划、市道监办掘路计划、市房地产局市政设施建设计划等）实施。

3. 建设单位的配合要求

(1) 务必在房地产项目建设开工以前向给水公司办理用水征询手续。

(2) 在给水排水总平面图、各单体水给排水施工图、蓄水池、泵房施工图出图以前，开发商要组织建筑设计单位与给水公司碰头商议，征询意见，优化设计方案，以免造成不必要的损失。

(3) 务必在动拆迁以前向给水公司办理拆表手续。

（4）目前给水各公司已基本实行"一门式"服务及电脑接水业务查询，建设单位可根据给水业务工作流程和期限，及时办理有关报请手续。

4. 用水设施产权分界与维护管理

（1）供、用水设施产权分界点是：供水人设计安装的计费总水表和消防专用监视水表处。以户表计费的为进入建筑物前阀门处。

（2）产权分界点（含计费水表）水源侧的管道和附属设施由供水人负责维护管理。产权分界点另侧的管道及设施由用水人负责维护管理，或者有偿委托供水人维护管理。

（二）供电部分

1. 办理征询供电条件

凡属基建项目，在上报可行性报告前应向所在地区供电所（局）书面征询供电条件，作为上级部门审批基建项目的依据之一。供电所（局）在30天内书面予以答复初步意见，有效期限为一年，项目逾期尚未成立，需重新办理征询。

办理征询供电条件时，用户应提出书面申请，申请报告应列出户名、地址、联系人、联系电话、邮政编码，简要写明主要用电设备、特殊用电要求、预计用电容量、发展容量、预计用电时间等。用户还应提供立项意向有关文件（复印件）及1：1000地形图，一式两份。

2. 办理房地产用电申请手续时应具备的资料（申请的条件）

房地产项目批准后，用户应向供电所（局）营业室办理正式用电申请手续，填写《用户用电申请单》，并附上级部门批准项目的有关文件（复印件）及1：500或1：1000总体平面图一式两份，标明建设变电所的位置，地下综合管线图一式两份，对高层建筑及建筑群体的用户，要说明其用途、分布、性质（出售、出租及最小单元）。同时，需提供：①申请报告（注明建筑面积及计划竣工日期）；②上级批文（主要是市区计划、规划批文）；③房地产配套费证明；④公安门牌（公安局出具的证明并在地形图上标明也可）；⑤地形图、总平面图；⑥电气图、建筑图。

3. 办理街坊变电站建设申请手续时应具备的资料（申请的条件）

（1）申请报告；

（2）两份总平面图并注明户名、地址，标明建筑面积。

4. 其他注意事项

（1）各建设单位动迁时应与供电企业及时联系，确保在拆表销户时，能将电业线路、设备拆除干净（主要是接户线、电表设备等）；

（2）建设单位应与供电企业配合好，对拆表销户用户的全部电费结清；

（3）工房建成后，建设单位移交物业时，应与其签订协议，确保电业设备的正常运行（电表）。

（三）燃气部分

凡新建房地产的开发单位，如房地产周边有道路管网条件的（或已有燃气规划的）均可到燃气公司业务部门办理燃气申请。若暂无规划，亦可先委托申请做前期燃气规划。

（四）通信部分

1. 通信配套受理单位

由于固定电话通信网络的管理、使用、维护具有整体性的特点，为了保护房产开发建设单位合法权益，为了使上海市通信设施及时服务于社会，上海市电话局专设房地产通信配套办公室，统一受理上海市新建房地产项目的通信配套工作，实施一门式一条龙服务制度，在房屋交付使用之前完成通信配套工程，并保证在业主入住后提出安装电话要求的一周内装上电话，而且确保工程施工质量，做好通信资产的终身维护。

2. 房地产通信配套申请条件

凡在上海市新建房地产的开发单位，均可申请通讯配套，填写配套申请单并提交：①申请报告；②上级主管部门项目批文；③地形图、总平面图；④已缴房地产建设配套费凭证或经市房地产局批准的包干和免证凭证。

3. 通信配套电信受理运作程序

前期接受技术咨询，并提供经济实用的通信配套方案；中期进行现场勘察、设计、合理调度通信资源。

第二节　房地产项目公共建筑配套

房地产项目公共建筑配套设施是居住区建设的重要组成部分，一方面，公建配置的水平与居民的日常生活息息相关；另一方面，公建配置又受到居民生活水平、国民经济发展水平、社会文明程度的影响。它的发展和变化过程与社会、经济的变革密切相关，是社会与经济发展的一个重要缩影。公建设施建设需要投资，因此，公建配置必须按照实际需求进行设置，考虑社会经济效益。

一、房地产项目公建配套建设的内容和设置标准

（一）房地产项目公建配套设施内容

房地产项目公建配套设施是指按规划要求配建用于为房地产建设基地服务的公共设施，主要包括：①教育系统的中、小学，幼儿园，托儿所；②交通系统的公交站点、邮政所等；③建设系统的物业用房、管养段、煤气营业所、环卫分所（道班房）、公共厕所及小区公园前期取得土地使用权；④地区系统的街道办事处、派出所以及居委会；⑤社区服务的托老所、活动中心等；⑥商委系统的街坊级部分商业网点；⑦小区及居住区级的商业用房、体育场（馆）、图书馆、敬老院、民政福利用房、文化娱乐中心等。

（二）房地产项目公建配套建设的设置标准、配置方式与投资来源

1. 房地产项目公建配套建设的设置标准

新建城市居住区公建配套是按照千人指标进行配建和管理的。其中，商业服

务网点由于市场化，其配置一般以市场需求为准绳，规划管理仅作面积指标上的低限要求。旧城区房地产改造项目或郊区城镇的居住区公共服务设施，除由于人口增多，或教育设施和组团级公益设施作严格要求外，其他配置则利用已有设施，在总体上予以平衡。

2. 投资来源与配景方式

目前，居住区公建配套费用基本上都纳入房地产成本，但投资方式具体有两种：一是开发商按规定交配套费，除经营性项目由开发商按规划要求直接投资建设外，其他公建项目由主管部门立项统一安排建造。二是开发商经批准不交配套费，所有公建项目都由开发商直接投资，包干建设。

3. 布局情况

居住区公共设施一般沿着居住区的主要交通线两侧布置，无论是组团级、居住小区级或是居住区级，较多的布置于出入口附近。这样的布置与居民的出入线路相吻合，符合居住区公共设施的布置的便民原则，同时也有利于充分发挥其效用，但也会给居住区的道路交通带来一定的问题，尤其是一些公共设施会产生或聚集较多的人流，例如影剧院、综合商厦等，有的布置在公交车站点附近，一到周末就会出现人流拥挤、影响交通的情况。

从公共设施与房地产的关系来看，公共服务设施既有直接设于房地产底层的，也有独立建造的。但由于城市用地比较紧张，部分开发商采用在房地产底层设置公共服务设施，其中，部分公共服务设施布置在房地产项目的主干道或沿街房地产的底层。如浦东三林苑小区，房地产的底层全部架空，作为公共设施用房；园南小区大部分主要公共服务设施大都是设置在沿街房地产的底层。

从布局的密集程度上看，整体上比较分散，其中又以小百货店最为分散，基本上不存在商业中心，未形成商业的规模效益，不利于居住文化的形成；从功能配置上看，公共设施的项目虽较之以前有所增加，但是基本上仍集中在物质需求方面，精神文化以及社交方面的公共设施比较少，功能配置尚需进一步完善，有利于提高居民的整体素质和居住区的和谐与凝聚力。

4. 使用情况

居住区公建配套的使用者涉及政府机关和各有关职能部门，其中，街道办事处用房为无偿交给街道办事处使用，中小学、幼儿园、托儿所用房无偿交给教育局。商业网点用房以前是无偿交给商业委员会，市场化后，商业网点用房产权按照"谁投资、谁经营、谁收益"的原则，由投资人拥有，投资人可以自己经营商业网点，也可以转让他人开办商业。

伴随市场化产生的物业管理公司是自主经营、自负盈亏、自我发展、自我约束的经营实体，其物业管理用房的来源比较复杂。由以前房管所改制而形成的物业管理公司，其管理用房一般都是开发商无偿转交的，物业管理公司拥有产权。而市场经济发展后出现的真正意义上的物业管理用房一般遵从"谁投资、谁经营、谁收益"的原则，物业管理公司自己投资修建或向开发商租赁，物业管理公司不再无偿接受房屋产权，如万科城市花园的物业管理用房就是物业公司向开发商租赁的，没有物业管理用房的产权。

居委会虽然是群众性组织，但是它和居民的日常生活密切相关，因此，目前其用房仍实行开发商无偿转交的方式进行，居委会拥有使用权。

（三）居住区公共设施配置存在的问题及原因

1. 项目设置缺乏弹性、适用性差

该问题的表现之一是项目配置未考虑周边环境的影响。各个居住区所处的微观环境千差万别，不同的周边环境对居住区的影响也各不相同。地处旧城区内的居住区，由于所处环境的配套设施比较齐全，周边服务设施相当便利，在配备公共设施时应当相对少一点。而有些居住小区，特别是在城郊新开发地区，在建设初期还是一片荒郊野地，没有任何服务设施位于该区域内的居住小区，配套设施就应该齐全一些，综合楼、商业用房的面积可以超过规定的要求。

表现之二是一些项目需求出现分化。居民选择商品住房时，根据个人偏好、支付能力对房地产面积、户型、区位、环境、公共服务设施和价格等因素进行综合平衡，以追求居住效用最大化。由于居住环境具有不可分割的特征，使特定的居住区总是吸引特定的人群聚集。因此不同区位、不同价位的居住区其"居民需求"总是存在这样或那样的差异。

表现之三是按人口均匀配置公建设施的方法显得不很适用。以学校（包括托、幼）为例，土地有偿使用使得不同标准的居住区在城市中的分布发生空间分化。如城市中心单身"白领"相对集中，靠近边缘地青年"蓝领"聚居等，同样数量的居住人口对学校的需求并不相同；同时，民办教育进入教育领域使学校的分布发生了变化，教学质量高的学校会吸引众多择校就读的学生，已有居住小区开通了俗称"校巴"的专线公共汽车，受到广泛欢迎。反过来，"校巴"的营运客观上提高了学校的可达性，一定程度上又加快打破了学生就近入学的惯例。因此，公建配置需求均匀分布的原则受到了极大的冲击。原先按照人口均匀配置公建设施的方法需要根据变化的实际情况进行变通或者寻找新的公建配置的标准。

要求微观环境各不相同的居住区按同一种规定配套建设，这种做法对开发商而言，压抑了他们按照市场需求合理设置的积极性；从整个城市看，在公共服务设施已经充足的地方重复设置，而在有些公共服务设施完全空白的地方又配建不足，没有实现资源的有效配置。社会经济的高速发展，使居民对公建配置要求的变化速度也越来越快，这就要求不论在项目的设置上，还是定额标准都应具备一定的弹性，为今后的公建配套留有发展空间。

2. 配置标准老化

虽然住房和城乡建设部两次修改了居住区公建设施配置标准，但仍然无法跟上实际变化速度，充分满足实际的需求。产生上述问题的根本原因在于大部分居住区公建设施已经逐渐走向市场，而起源于计划经济体制的居住区公建设施配置指导体系本身尚未完成相应的角色转换，还停留在计划经济的思维模式下。以居住区公建配置千人指标为例，在计算公建用地指标时，需按照开发面积除以人均

面积得到规划人口，再以规划人口为依据，根据规定中的各公建项目的千人指标，确定需要的公建用地面积及建筑面积。运用千人指标时，涉及一个重要的数据就是人均面积及户均面积，随着经济的发展和时代的进步，人均及户均面积已经发生变化。过去户均面积是60平方米左右，而现在新开发的商品房户均面积一般有90平方米左右。这样，同样的建筑面积，住户的数量就减少了将近1/3。以前人们喜欢几代同堂，一套房子里通常住着5~6人，但现在是以三口之家居多，有些甚至是两口之家。户数减少了，人口总数也减少了，当然，按千人指标配置的公建也应相应变化，为此，需要重新对千人指标的构成进行调查，合理确定市场经济条件下户均面积的大小。还可按照户型确定不同户型的人均面积，在此基础上再确定居住区公建设施服务的居民数量，使千人指标反映的情况更加贴切实际。

二、加强对居住区公建设施配套建设的管理

房地产建设主管部门应当对居住区公建配套设施建设实行全过程管理。在实施开发前，房地产开发商应根据房地产项目的实际情况编制居住区的配套设施的建设的可行性报告，同房地产的建设计划同时报批；在承建时，配套设施的建设要配合房地产的建设；房地产报竣工同时，必须有相应的配套设施报竣工，并进行验收。验收的项目以指令性项目为主。对已入住的居住区，应建立公建配套设施的年检制度，主要考核公建设施满足居民生活的程度。

第三节 居住区绿化环境建设

房地产项目绿化环境建设是在居住区范围内，以植物群落为主的合理搭配，绿化栽植形式的科学组合，充分展现植物群体、绿化与建筑、小品、环境的协调和美好，提高居住区整体价值。居住区绿化能充分发挥植物在防尘、遮阳、隔声、降温、防灾等方面的综合功能，达到改善住区小气候的目的，创造人与自然和谐共存，贴近自然的自然环境。

一、实施居住区绿化建设的目的

设计和建设高品位的绿化景观、良好的绿化生态对于提升房地产项目档次，改善房地产项目生态环境具有重要的意义，有利于将居住区环境建设成为"景观优美，品种多样，色彩丰富，人与自然共存"的生态型花园住区。

二、总体要求

居住区是人居环境最直接的空间，应充分体现"以人为本"，以创造舒适、安全、健康、宁静、平衡的生态环境为目标。总体要求是：
（1）力求自然活泼的风格，创造景观各异、丰富多彩的人工植物群落。

(2) 合理的地形设计。进行地形设计是为了丰富景观，为植物生长创造条件。什么地方应高，什么地方应低，要做到科学合理，要利用地形处理好地表排水，绿化区域少设或不设地下管道，减少投资养护费用，且有利于天然水源的保护。

(3) 从居住的特定功能出发，做到因地制宜，绿化不影响居室的通风、采光。房地产建筑周围绿地东南西北朝向不一，其光照、风力等存在差异，建筑前后的绿化地有宽有窄，在进行规划设计时都应区别对待，使之科学合理。

(4) 高层、小高层住区的绿化规划设计还必须充分注意鸟瞰效果，满足住在高楼上的居民俯视欣赏园林构图的色彩美、艺术美，给人以赏心悦目的享受。

(5) 充分运用我国传统园林设计手法，利用建筑、树木、地形、水体、道路等元素，设置对景、障景、借景、框景等不同景观，使景区内有丰富的空间变化，有幽雅的、舒适的绿色植物空间。

三、配植建议

(1) 居住区的绿化建设应坚持乔木为主的原则，同时考虑景观及秋冬光照的需要，应布置相应数量的落叶木。常绿乔木与落叶乔木比例不低于1：2，乔木与灌木比例原则为1：3~1：6。

(2) 为了居住区绿化有丰富的色彩景观和氛围，应考虑布置色叶植物、花灌木、香源植物、多年生花卉。

(3) 居住区绿化设计和建设应注意植物多样性，原则上：小区绿地面积3000平方米以下，植物不低于40种；小区绿地面积3000~113000平方米，植物不低于60种；小区绿地面积10000~20000平方米，植物不低于80种；小区绿地面积20000平方米以上，植物不低于100种。

(4) 居住区是居民日常生活休息的场所，应选择和种植有益于身体健康的保健植物。

(5) 住区的绿化环境设计与建设应注意配植鸟嗜植物、蜜源植物，吸引自然界的生物朋友蜂蝶鸟等，达到人与自然的和谐共存。

(6) 为了减少污染，居住区的化肥使用应逐步减少直至取消，建议改用生物固氮的方式。配植植物时应有目的地选择能与自然界固氮微生物共生形成根瘤的植物。

(7) 绿化对于小区环境品位提升具有重要作用，绿化设计和建设应遵循美观、多彩的原则。

四、配套建议

(1) 小区在进行基础设施和环境建设的同时，应因地制宜，尊重原有地形地貌，切实保护现有绿地及植物，特别是大规格的乔木。

(2) 种植工程前，应根据实际情况进行土壤改良工作，且覆土深度原则上不少于1.5米。

(3) 为了居住区的良好景观能透出院墙，与整个城市融为一体，建议在不影响安全和私密的前提下，采用透空围墙的做法。

(4) 为了提高居民"识绿"水平，普及绿化知识，新建居住区原则上都应设立植物名牌。

(5) 居住区的设计和建设应注意列城市的第六面——屋顶进行绿化美化，形成立体生态。

复习思考题

1. 新建房地产项目的市政、公用配套主要包括哪些内容？
2. 新建房地产项目污水处理排放通常有哪几种方式？
3. 新建房地产项目雨水处理排放通常有哪几种方式？
4. 房地产项目公建配套设施的组成？
5. 居住区绿化的总体要求是什么？

第十二章

房地产项目竣工验收和物业的交接

房地产项目竣工验收阶段是整个房地产项目工程中的最后一个程序，是检查房地产项目是否符合相关质量的要求，在房地产项目进行竣工验收后，就涉及与物业的交接，即该房地产项目就交由物业进行管理。前期物业管理服务是物业管理企业受开发商委托，对物业进行的管理服务，期限从房地产项目出售开始到业主委员会成立为止。这一期间，开发单位应配合物业管理企业进行管理。

这个环节对于入住者是至关重要的。本章主要就房地产项目竣工验收以及与物业的交接、物业管理进行阐述。

第一节 房地产项目竣工验收

一、房地产项目竣工验收概要

房地产项目竣工验收是房地产开发项目运营过程的最后一个程序，是全面考核建设工作、检查是否符合设计要求和工程质量的重要环节，同时也是确保房地产开发项目质量的关键。

《城市房地产管理法》第26条和2款规定：房地产开发项目竣工，经验收合格后，方可交付使用。

《城市房地产开发管理暂行办法》规定，房地产开发项目竣工后，房地产开发企业应当向主管部门提出综合验收申请，主管部门应当在收到申请后一个月内组织有关部门进行综合验收。综合验收不合格的，不准交付使用。综合验收应当包括以下内容：①规划要求是否落实；②配套建设的基础设施和公共服务设施是否建设完毕；③单项工程质量验收手续是否完备；④拆迁补偿安置方案是否落实；⑤物业管理是否落实；⑥其他。

《城市房地产管理法》第17条还规定：房地产开发项目的质量责任由房地产开发企业承担。房地产开发企业与设计、施工单位的质量责任关系，按照有关法律、法规的规定执行。

《房地产开发经营条例》第17条规定，房地产开发项目竣工，经验收合格后，方可交付使用；未经验收或者验收不合格的，不得交付使用。房地产开发项目竣工后，房地产开发企业应当向项目所在地的县级以上地方人民政府房地产开发主管部门提出竣工验收申请。房地产开发主管部门应当自收到竣工验收申请之日起30日内，对涉及公共安全的内容，组织工程质量监督、规划、消防、人防等有关部门或者单位进行验收。该《条例》还规定，房地产项目小区等群体房地产开发项目竣工，应当依照下列要求进行综合验收：①城市规划设计条件的落实情况；②城市规划要求配套的基础设施和公共设施的建设情况；③单项工程的工程质量验收情况；④拆迁安置方案的落实情况；⑤物业管理的落实情况。房地产项目小区等群体房地产开发项目实行分期开发的，可以分期验收。

二、竣工验收部门

项目总体竣工验收具体涉及的单位有：规划和国土资源局、住建委、技术质量监督局、房管局、环保局、安全监督部门、消防部门、气象部门、水、电部门、电信部门、邮政部门、地名等各有关单位。

三、房地产项目竣工验收

（一）竣工验收程序

1. 竣工验收程序

（1）工程完工，建设单位收到施工单位的工程质量竣工报告，勘察、设计单位的工程质量检查报告，监理单位的工程质量评估报告。对符合验收要求的工程，应组织勘察、设计、施工、监理等单位和其他有关方面的专家组成验收组、制定验收方案；

（2）建设单位应在工程竣工验收7日前，向建设工程质量监督机构申领《建设工程竣工验收备案表》和《建设工程竣工验收报告》，并同时将竣工验收时间、地点及验收组名单书面通知建设工程质量监督机构；

（3）建设工程质量监督机构应审查该工程竣工验收十项条件和资料是否符合要求，符合要求的发给建设单位《建设工程竣工验收备案表》和《建设工程竣工验收报告》；不符合要求的，通知建设单位整改，并重新确定竣工验收时间。

2. 组织竣工验收要求

房地产开发单位应按下列要求组织竣工验收：

（1）建设、勘察、设计、施工、监理单位分别汇报工程合同履约情况和在工程建设各个环节执行法律、法规和工程建设强制性标准的情况；

（2）验收组人员审阅建设、勘察、设计、施工、监理单位的工程档案资料；

（3）实地查验工程质量；

（4）对工程勘察、设计、施工、监理单位各管理环节和工程实物质量等方面作出全面评价，形成经验收组人员签署的工程竣工验收意见；

（5）参与工程竣工验收的建设、勘察、设计、施工、监理等各方不能形成一致意见时，应当协商提出解决的方法。待意见一致后，重新组织工程竣工验收；当不能协商解决时，由建设行政主管部门或者其委托的建设工程质量监督机构裁决。

（二）竣工验收报告

工程竣工验收合格后，建设单位应当及时提出工程竣工验收报告。工程竣工验收报告主要包括工程概况、报建日期、建设单位执行基本建设程序情况，对工程勘察、设计、施工、监理等方面的评价，工程竣工验收时间、程序、内容和组织形式、验收小组人员签署的工程竣工验收意见等内容。

工程竣工验收报告，应附有下列文件：

（1）施工许可证；

（2）施工图设计文件审查意见；

（3）施工单位提交的工程质量竣工报告，勘察、设计单位提供的工程质量核查报告，监理单位提供的工程质量评估报告；

（4）施工单位签署的工程质量保修书；

（5）规划行政主管部门认可文件；

（6）公安消防、环保等主管部门认可文件；

（7）建设工程竣工质量验收和使用功能试验资料；

（8）商品房地产项目的还应有建设单位签署的《房地产项目质量保证书》和《房地产项目使用说明书》。

（三）竣工验收监督要点

建设工程质量监督机构对建设单位组织的竣工验收实施重点监督，主要有下列内容：

（1）工程竣工标准是否符合规定；

（2）工程竣工验收的组织形式、验收程序、执行标准、验收内容是否正确；

（3）工程实物质量情况及质量保证资料有无重大缺陷；

（4）竣工验收人员签字及验收文件是否齐全，工程建设参与各方主要质量责任人签字手续是否齐全，质量终身责任制档案是否建立。

（四）工程质量监督报告

对符合竣工验收标准的工程，建设工程质量监督机构应当在工程竣工验收之日起5日内，向备案部门提交单位工程的质量监督报告。工程质量监督报告应包括下列内容：

（1）工程概况；

（2）工程报监和开工前的质量监督情况；

(3) 施工过程中重点监督部位及各次巡回抽查质量情况；
(4) 地基、基础、主体结构安全、质量检验抽查情况；
(5) 工程建设参与各方执行国家标准、质量行为及质量责任制履行情况；
(6) 工程竣工技术质量资料抽查意见；
(7) 工程质量情况及施工中所出质量问题整改情况；
(8) 对工程遗留质量缺陷的监督意见；
(9) 工程竣工验收监督意见；
(10) 监督单位、签发人、签发时间、监督人员。

四、房地产项目竣工验收备案

（一）竣工验收备案文件

建设单位应当自工程竣工验收合格之日起 15 日内，向工程所在地的县级以上地方人民政府建设行政主管部门的备案机关备案。

建设单位办理工程竣工验收备案应当提交下列文件：

(1) 工程竣工验收备案表；
(2) 工程竣工验收报告；

竣工验收报告应当包括工程报建日期，施工许可证号，施工图设计文件审查意见，勘察、设计、施工、工程监理等单位分别签署的质量合格文件及验收人员签署的竣工验收原始文件，市政基础设施的有关质量检测和功能性能试验材料以及备案机关认为需要提供的有关资料；

(3) 法律、行政法规规定应当由规划、公安、消防、环保等部门出具的认可文件或者准许使用文件；
(4) 施工单位签署的工程质量保修书；
(5) 法规、规章规定必须提供的其他文件。

商品房地产项目还应当提交《房地产项目质量保证书》和《房地产项目使用说明书》。

（二）竣工验收备案手续

备案部门收到建设单位报送的竣工验收备案文件和建设工程质量监督部门签发的《工程质量监督报告》后，验证文件齐全的，应当在《工程竣工验收备案表》上签署文件收讫。

《工程竣工验收备案表》一式两份，一份由建设单位保存，一份在备案部门存档。其中：地基、基础设施验收：向市质量监督总站申请，得到《地基、基础验收通知》；主体验收：向建交中心质量监督站申请，获得《工程主体地基、基础验收通知》；装修验收：向建交中心质量监督站申请，获得《工程装修验收通知书》；工程防雷验收：由市防雷检测中心出具验收报告；室内环境检测：由具有检测资格的专业机构出具检测报告；规划验收：市规划局出具《规划验收合格证》；环保、工程档案验收：由区环保局出具环保验收合格证书，由市城建档案管理处发《建设工程档案验收许可证》；消防、人防验收：由市公安消防局、人防院出具验收合格证（适用于高层）；电梯、二次供水设施及用水器具验收：由市供水管理处及市特种设备监督检验所验收，出具工程合格证；建设工程综合验收：甲方组织设计、监理、施工各方进行综合验收，市质量监督总站监督并出《质量监督报告》；供热验收：区供热办出具《新建房地产项目供热配套证明》、《供热配套验收审批表》；工程验收备案：向建交中心质量监督总站申请，做《建设工程竣工验收备案制表》，监督站出具竣工验收意见；大配套验收：各专业配套部门进行竣工验收，出具合格证，市配套办出具《新建商品房准许使用基础设施配套证明》；非经营性公建验收：区配套办验收，出具验收合格证；申领新建房地产项目商品房准许使用证：市住建委房发《新建房地产项目商品房准许交付使用证》；申领房屋产权证：市房管局发《房屋产权证》。

五、房地产项目工程竣工备案制度的实施

根据住房和城乡建设部《房屋建筑工程和市政基础设施工程竣工验收备案管理暂行办法》房地产项目工程竣工备案按照以下规定实施：

（一）主管部门

住房和城乡建设委员会（建设厅）是建设工程竣工验收备案主管部门，建筑业管理办公室负责本区域建设工程竣工验收备案管理工作。各区、县建设行政主管部门负责本区、县立项工程的竣工验收备案管理工作。建设工程质量监督总站和各区、县建设工程质量监督站，分别受市和区、县建设行政主管部门委托，具体实施建设工程竣工验收备案工作。

（二）实行时间

2001年1月1日以前开工、4月1日以后竣工的房地产项目工程实行此项备案制度。

（三）竣工验收主体

由建设单位组织实施。

（四）竣工验收条件

（1）完成工程设计和合同约定的各项内容，达到竣工标准；

（2）随工单位完成对工程质量自检，并提出工程竣工报告；

（3）勘察、设计单位确认施工单位的工程质量达到设计要求．并提出工程质量检查报告；

（4）监理单位对工程质量完成检查并确定合格，提出工程质量评估报告；

（5）有完整的竣工档案资料（分期分批建设的房地产项目，除最后一批外，可暂不作要求）；

（6）建设单位已按合同约定支付工程款，有证明；

（7）施工单位与建设单位签订了工程质量保修书；

（8）规划部门对工程是否符合规划设计要求进行了检查，出具认可文件（分期分批建设的房地产项目，除最后一批外，可暂不作要求）；

（9）公安消防、环保等部门出具许可文件（分期分批建设的房地产项目，除

最后一批外，可暂不作要求）；

(10) 要求整顿的质量问题全部整改完毕。

(五) 竣工验收程序

(1) 建设单位收到施工单位报告、勘察设计报告、监理单位报告后，组织施工单位、勘察设计单位、监理单位、其他单位的专家组成验收组，制定验收方案；

(2) 竣工验收7日前，向备案管理部门（质量监督站）申领建设工程竣工验收备案表、建设工程竣工验收报告，并书面通知质监站验收时间、验收地点、验收组名单；

(3) 备案管理部门（质量监督站）审查，符合要求的，发给两表；不符合要求的，通知整改，重新确定验收时间。

(六) 建设单位组织竣工验收方法

(1) 由参与各方汇报介绍工程合同履约情况和标准、规范执行情况；

(2) 验收组审阅档案资料；

(3) 验收组实地查验；

(4) 验收组形成验收意见。意见不一致时，协商解决；否则由建设行政主管部门或质监站裁决。

(七) 建设单位编写工程竣工验收报告

(1) 按照《建设工程竣工验收报告》（样本）填写；

(2) 应附下列文件：

1) 施工许可证；

2) 施工图设计文件审查意见；

3) 施工、勘察、设计、监理单位提供的质量报告；

4) 施工单位保修书；

5) 规划部门认可文件（分期分批建设的房地产项目，除最后一批外，可暂不作要求）；

6) 公安消防、环保等部门认可文件（分期分批建设的房地产项目，除最后一批外，可暂不作要求）；

7) 有关工程质量检测和使用功能试验资料；

8) 房地产项目质量保证书和房地产项目使用说明书。

(八) 备案

(1) 自竣工验收合格之日起15日内，向备案部门（质量监督站）备案。

(2) 提交备案文件：

1) 备案表；

2) 竣工验收报告；

3) 其他须提交的文件。

(3) 备案部门收到建设单位备案文件和质量监督报告后，在备案表上签署文件收讫。备案表一式两份，一份由建设单位保存，一份由备案部门存档。

(九) 工程质量监督机构责任

(1) 对建设单位组织竣工验收实施监督。监督重点是：

1) 竣工标准的掌握是否符合规定？
2) 验收组织形式、程序、执行标准、验收内容是否正确？
3) 工程质量和保证资料有无重大缺陷？
4) 验收文件是否齐全？质量责任制档案是否建立？

(2) 在建设单位竣工验收之日起5日内，提出（向备案部门）质量监督报告。

(十) 法律责任

有下列行为，按国务院《建设工程质量管理条例》和住房和城乡建设部《房屋建筑工程和市政基础设施工程竣工验收备案管理暂行办法》处罚：

(1) 发现建设单位在竣工验收过程中有违反有关规定的，在备案后15天内，备案部门可通知停止使用，重新组织验收。建设单位在未重新组织验收前，继续擅自交付使用的，责令停止使用，并处工程合同款2%~4%的罚款；造成居民损失的，由建设单位赔偿。

(2) 建设单位验收后15日内未办理备案手续的，责令限期改正，并处以20万~30万元罚款。

(3) 采用虚假证明办理备案手续的，工程竣工验收无效，备案机关责令停止使用，重新组织竣工验收，处20万~50万元罚款；构成犯罪的，依法追究刑事责任。

(4) 备案部门不办理备案手续的，责令改正，对直接责任人员给予行政处分。

第二节 房地产项目物业交接

一、竣工验收后物业交接的含义

(一) 房地产项目物业交接的概念

房地产项目的物业交接是指开发单位在房地产项目经竣工验收并交付使用许可后进行选聘物业管理公司，并签订委托管理服务合同，将物业交给物业管理企业进行管理服务的活动。

(二) 物业交接验收的依据和前提条件

(1) 物业交接验收的主要依据是，中华人民共和国行业标准（ZBP30001—90）即原建设部于1991年2月发布的于1991年7月1日起实施的《房屋接管验收标准》。另外，还有住房和城乡建设部和各地相关的地方性法规、规章等。

(2) 物业交接验收的前提条件：建筑施工正式完成，设施运行已经正常，竣工验收已经通过，取得新建房地产项目交付使用许可证，资料齐全并且准确无误。

二、组建物业管理公司的形式

（一）组建条件

1. 公司名称预先审核

公司有名称，犹如自然人有姓名一样。公司的名称一般由四部分组成：公司所在地、具体名称、经营类别、企业种类等。其具体名称可考虑原行业的特点、所管物业名称特点、地理位置、企业发起人名字等，如"东湖"、"万科"等。除叫物业管理公司外也有称物业管理有限公司、物业发展公司、物业公司等。根据国家工商行政管理局制定的《企业名称登记管理规定》，企业名称中不得含有下列内容和文字：

（1）有损于国家社会公共利益的；
（2）可能对公众造成欺骗或误解的；
（3）外国国家地区名称、国际组织名称；
（4）党政名称、党政军机关名称、群众组织名称、社会团体名称及部队番号；
（5）汉语拼音字母（外文名称中使用的除外）、数字；
（6）其他法律、行政法规规定禁止的。

对于使用"中国"、"中华"或者冠以"国际"等词的企业名称，只限于全国性的大公司、国务院或者授权机关批准的大型进出口企业和大型企业集团，国家工商行政管理局规定的其他企业。在企业名称中用"总"字的必须设三个以上分支机构。

根据公司登记管理有关规定，设立公司应当申请名称预先核准。成立公司，例如三资公司或者公司经营范围中有法律、行政法规规定必须审批的项目，应当在报送审批前办理公司名称预先核准，然后以核准的名称报送审批。设立外商投资的物业管理企业，在报经有关外经贸行政管理机关审批前必须将申请名称报工商行政管理部门预先核准。

设立有限责任公司或股份有限公司，应当由全体股东或全体发起人指定的代表或共同委托的代理人申请名称预先核准。申请时，必须提交：

（1）全体股东或发起人签署的申请书；
（2）股东或发起人的法人资格证明或者自然人的身份证明等。

工商行政管理机关应当自收到申请文件之日起 10 日内作出是否核准或驳回的决定。决定批准的，应当发给《企业名称预先核准通知书》。

公司名称是企业品牌的一部分，从开始起名的时候就要注意其合法性和效应性，一般要求简明、响亮，有寓意，有创意。

2. 公司住所

《民法通则》规定，法人以它的主要办事机构所在地为住所。物业管理公司的主要办事机构所在地为物业管理公司的住所。物业管理公司设立条件中的住所用房可以是自有产权房或租赁用房。在租赁用房作为住所时，必须办理合法的租赁凭证，房屋租赁的期限一般必须在 1 年以上。

3. 法定代表人

物业管理公司作为企业法人，经国家授权审批机关或主管部门审批和登记注册后，企业主要负责人是企业的法定代表人。全民和集体企业的主要负责人是经有关主管机关审查同意，当企业申请登记经核准后，主要负责人取得了法定代表人资格。法定代表人必须符合下列条件：

(1) 有完全民事行为能力；
(2) 有所在地正式户口或临时户口；
(3) 具有管理企业的能力和有关的专业知识；
(4) 有从事企业的生产经营管理能力；
(5) 产生的程序符合国家法律和企业章程的规定；
(6) 符合其他有关规定的条件。

物业管理公司选好法定代表人对企业的经营管理有着至关重要的作用。俗话说"千军易得，一将难求"，就是说决策人物的重要性。物业管理公司法定代表人应在合法前提下，在企业章程规定的职责内行使职权履行义务，代表企业参加民事活动，对物业管理全面负责，并接受公司全体成员监督，接受主管物业管理的政府部门的监督。

4. 注册资本

公司的人员、住所和注册资本是公司设立的三要素，其中注册资本是公司从事经营活动、享受和承担债权债务的物质基础。一般来说，注册资本的大小直接决定公司的负债能力和经营能力。世界各国对公司最低资本额都有具体严格的规定。我国有关法律对各类公司注册资本有下列规定：

生产性公司注册资金不得少于30万元人民币，咨询服务性公司的注册资金不得少于10万元人民币。物业管理公司，作为服务性企业，其注册资本不得少于10万元人民币。

《中华人民共和国公司法》对有限责任公司和股份有限公司的注册资本分别作出最低限额规定。从事技术开发、咨询、服务性的有限责任公司的注册资本人民币10万元。股份有限公司注册资本最低限额为人民币1000万元。

股东或发起人可以用货币出资，也可以用实物、工业产权、非专利技术、土地使用权作为出资。股东或发起人用非货币出资时，要对非货币作价评估，评估时要核实财产，不得高估或低估作价。股东以工业产权、非专利技术作价出资的金额不得超过有限责任公司注册资本的20%或股份有限公司注册资本的35%，国家对采用高新技术成果有特别规定的除外。

5. 公司章程

公司章程是明确企业宗旨、性质、资金状况、业务范围、经营规模、经营方向和组织形式、组织机构，以及利益分配原则、债权债务处理方式、内部管理制度等规范性的书面文件。其内容一般应包括：

(1) 公司的宗旨；
(2) 名称和住所；
(3) 经济性质；

（4）注册资金数额以及来源；
（5）经营范围和经营方式；
（6）公司组织机构及职权；
（7）法定代表人产生程序及职权范围；
（8）财务管理制度和利润分配方式；
（9）其他劳动用工制度；
（10）章程修改程序；
（11）终止程序；
（12）其他事项。

6. 公司人员

根据规定，申请成立全民、集体、联营、私营、三资等企业，必须有与生产经营规模和业务相适应的从业人员，其中专职人员不得少于8人。物业管理公司一般应具有8名以上的专业技术管理人员，其中中级职称以上的须不少于3人。

根据《公司法》设立物业管理有限责任公司规定，应当由2名以上50名以下股东共同出资；设立股份有限公司，除国有企业改建为股份有限公司的外，应当有5名以上发起人，且其中须有过半数的发起人在中国境内有住所。国家授权投资的机构或部门可以单独设立国有独资的有限责任公司。外国投资者包括外国的企业和其他经济组织或个人，可以独资设立外资性质的物业管理有限责任公司。

（二）设立登记

1. 三资物业管理企业的设立登记

三资物业管理企业在向工商行政管理部门申请登记之前，如前所述，首先要向工商行政部门申请名称登记，然后需经过对外经贸主管部门审查批准。对外经贸行政主管部门主要审查外资企业、中外合资企业、中外合作企业的经营目的、范围、资金和章程等文件。审查机关一般在3个月内作出批准或不批准的决定。

当三资物业管理企业接到对外经贸主管部门的批准书之后30天内，向工商行政管理部门申请营业登记。营业登记主要看是否具备了开业的条件。是否有符合规定的名称，是否有经批准的合同章程，是否有固定的经营场所、必要的设施，是否有规定的从业人员，是否有符合国家规定的注册资金，经营范围是否符合国家法律、法规和政策规定，是否有健全的财会制度等。

营业登记的主要事项有：名称、住所、经营范围、投资总额、注册资本、企业类别、董事长、副董事长、总经理、副总经理、经营期限、分支机构等。在登记时应向工商行政管理部门提交以下文件、证件：

（1）由董事长、副董事长签署的外商投资企业登记申请书；
（2）合同章程以及审批机关的批准文件和批准证书；
（3）项目建议书、可行性研究报告以及批准证书；
（4）投资者合法的开业证明；
（5）投资者的资信证明；
（6）董事会名单以及董事会成员、总经理、副总经理的委派（任职）文件和上述中方人员的身份证明；

（7）其他有关文件证明。

当三资物业管理企业取得营业执照后，将取得进入资质登记和资质备案阶段。

2. 内资物业管理企业的设立登记

内资全民所有制、集体所有制、联营、私营、股份制、股份合作制等物业管理企业，当具备前文所述的设立条件时，即可进行营业登记。登记的主要事项有：名称、地址、负责人、经营范围、经营方式、经济性质、隶属关系、资金数额等。

当登记核准取得营业执照后，进入资质登记和资质备案阶段。

（三）资质登记备案

根据有关规定，资质备案与核发资质等级证书同步进行。

物业管理企业，一般要在取得营业执照30日内按规定申办资质备案。

外商独资、中外合资、中外合作的物业管理企业的资质备案和资质等级向市房地局申报，由市房地局审批。

（四）物业管理企业的机构设置

1. 物业管理有限责任公司的组织机构

根据《公司法》，有限责任公司设立股东会、监事会和董事会。股东会是公司的权利机构。它决定公司的经营方针和投资计划，选举和更换董事，选举和更换由股东代表担任的监事，对发行公司债券等作出决议等。监事会由股东会选出的监事和公司职工民主选举产生的监事组成，这是公司监督机构。董事会是经营决策机构和业务执行机构，董事长为公司的法定代表人。有限责任公司经理，由董事会聘任或解聘。组织机构图如图12-1所示。

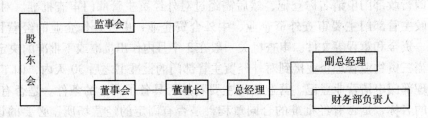

图12-1 有限责任公司组织机构框图

2. 物业管理股份有限公司的组织机构

股份有限公司和股份合作公司应定立章程，其内容前文已述。发起人、认股人举行创立大会，通过公司章程，选举董事会成员，选举监事会成员等。如图12-2所示。

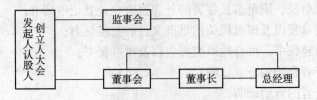

图12-2 股份有限公司组织机构框图

三、房地产项目开发单位选聘物业管理企业的方式

原建设部1994年发布的《城市新建房地产项目小区管理办法》明文规定："房地产开发企业在出售房地产项目小区房屋前，应当选聘物业管理公司承担房地产项目小区的管理，并与其签订物业管理合同"，"房地产项目小区在物业管理公司负责管理前，由房地产开发企业负责管理。"

（一）开发单位选聘物业管理企业的对象和方式

1. 开发单位选聘物业管理企业的对象

受聘用的物业管理企业可以是：①主营物业管理企业；②兼营物业管理的企业，其经营物业管理的是该企业下属分公司或管理部。

开发商自己下设的物业管理部门，须考虑该管理部门是否具有企业法人资格的物业管理公司，同时必须依法进行工商登记。开发商不得与下属非企业法人部门签订委托服务合同。

2. 开发单位选聘物业管理企业的方式

开发单位选聘物业管理企业的方式有：招标与协议。

所谓协议选聘物业管理企业，是指房地产项目开发单位直接邀请某些物业管理公司进行磋商，然后选定其中的一家并达成协议委托进行物业管理的选聘方式。这一方式在物业管理市场化程度不发达的情况下被广泛采用，其缺点是缺乏公开性和竞争性。

所谓招标选聘物业管理企业，是指房地产项目开发单位通过发布招标公告的方式邀请不特定的物业管理公司进行投标，然后采用评比、审定的方式选定其中的一家并签订合同委托进行其物业管理的选聘方式。这一方式相对协议方式而言具有较强的竞争性。

（二）房地产项目开发单位组织招标活动的过程

房地产项目开发单位组织招标活动的过程大致有以下几个步骤。

（1）房地产项目开发单位必须成立招标领导小组及招标工作小组，领导和组织实施招标活动。

（2）编制招标文件。

招标文件包括：招标书，以及招标公告或招标邀请书，投标须知等。其中最重要的是招标书，招标书必须说明物业的概况、委托管理事项和要求，双方主要权利和义务等。有条件的开发单位应制定定标底。

（3）决定招标的方式。

房地产项目开发单位可决定用公开招标或邀请招标的方式邀请物业管理公司前来投标，公开招标必须发布招标公告，邀请招标必须发出投标邀请书。

（4）房地产项目开发单位组织标前会议，组织勘看拟招标管理服务的楼宇，回答拟参加投标企业的各类问题。

（5）必须组织评标委员会，开展评标活动。

物业管理企业应在指定时间把密封的标书投入标箱。开发单位应组织由公司

人员、物业管理方面专家及房地产行业主管部门相关专家领导等，组成评标委员会。在预定时间召开评标会，当众拆封各物业管理企业的投标书。可以先组织答辩，然后进行评标。评标结果转报开发单位，由开发单位定标。

（6）发放中标通知书、签订合同。

定标后，房地产项目开发单位必须发出中标通知书，由中标的物业管理企业在规定时间前来签订委托管理服务合同。

四、委托管理服务合同内容

委托管理服务合同由房地产项目开发单位与选聘的物业管理企业在协商一致或招标文件规定的基础上，双方根据有关法律、法规、自愿、平等订立，其内容一般有八大部分。

（一）总则

（1）合同双方当事人，包括组织名称、法定代表人、注册地址、电话等。甲方为房地产项目开发单位，乙方为物业管理企业。

（2）物业基本情况，包括物业类型、坐落位置、四至范围、占地面积、建筑面积、公建设施等。

（3）物业管理企业（乙方）提供管理服务的受益人应为开发商业主和购房人业主及使用人，受益人均应承担相应的责任。

（二）委托管理事项

（1）房屋建筑公用部位维护和管理服务范围。

（2）公用设备，包括电梯、水泵、水池、水箱、污水箱等维护和管理服务。

（3）公共设施，包括道路、停车场等维养和管理服务。

（4）公共绿地的养护和管理。

（5）配套建筑设施的维养和管理服务，包括社区配套的商店、文化娱乐体育场所等。

（6）小区（大厦）内的车辆停放管理。

（7）保洁管理服务的范围。

（8）保安管理服务，包括安全监控、巡视、门岗执勤等。

（9）与管理服务相关的物业资料和业主资料管理。

（10）业主的自用部位、自用设备保修时，乙方必须接受并按规定合理收费。

（11）乙方应协助、督促业主遵守《房地产项目使用公约》和《房地产项目使用说明书》，对违反"两书"行为应进行劝阻、警告并采取督促改正等措施。

（12）其他委托事项。

（三）委托管理期限

由甲、乙双方根据有关法规规定商定。

（四）双方权利义务

1. 甲方权利义务

（1）代表和维护产权人、使用人的合法权益；

(2) 制定《业主公约》并监督业主和物业使用人遵守公约；

(3) 审定乙方制定的物业管理方案；

(4) 检查监督乙方管理工作的执行情况；

(5) 审议乙方年度管理计划、资金使用计划及决算报告；

(6) 在合同生效之日起若干日内向乙方提供一定平方的建筑面积作为管理用房（产权仍属甲方），由乙方无偿使用或按建筑面积每月每平方米若干元租用。

(7) 负责归集物业管理所需全部图纸、档案、资料，用于合同生效之日起向乙方提供；

(8) 当业主和物业使用人不按规定交纳物业管理费时，负责协助催交；

(9) 协调、处理合同生效前发生的管理遗留问题；

(10) 协助乙方做好物业管理工作和宣传教育、文化活动；

(11) 其他。

2. 乙方权利义务

(1) 根据有关法律、法规及本合同的约定，制定物业管理方案；

(2) 对业主和物业使用人违反法规、规章的行为，提请有关部门处理；

(3) 按合同的约定，对业主和物业使用人违反业主公约的行为进行处理；

(4) 选聘专营公司承担本物业的专项管理业务，但不得将物业的管理责任转让给第三方；

(5) 负责编制房屋、附属建筑物、设施、设备、绿化的年度维修养护计划，经双方商定后由乙方组织实施；

(6) 向业主和物业使用人书面告知物业使用的有关规定，当业主和物业使用人装修物业时，书面告知有关限制条件，并负责监督。

(7) 每六个月向全体业主和物业使用人公布一次维修养护费用收支使用情况。

(8) 对物业的公共设施不得擅自占用和改变使用功能，如需扩建或完善配套项目，须与甲方协商后报有关部门批准方可实施；

(9) 合同终止时，乙方必须向甲方移交全部管理用房及物业管理的全部档案资料；

(10) 其他。

(五) 物业管理服务要求标准

(六) 物业管理服务费用标准

(七) 违约责任

(1) 甲方违反本合同第四部分甲方的权利义务约定，使乙方未完成规定的管理目标、乙方有权要求甲方在一定限期内解决，逾期未解决的乙方有权终止合同；造成乙方经济损失的，甲方应给予乙经济赔偿；

(2) 乙方违反本合同第四部分的权利义务约定，不能达到管理服务要求的标准，甲方有权要求乙方限期整改，逾期未整改的，甲方有权终止合同；造成甲方经济损失的，乙方应给予甲方经济赔偿；

(3) 乙方违反本合同第六部分的约定，擅自提高收费标准的，甲方有权要求乙方清退，造成甲方经济损失的，乙方应给予甲方经济赔偿；

（4）甲乙双方任何一方无法律依据提前终止合同的违约方应赔偿对方违约金；造成对方经济损失的，应给予经济赔偿。

（八）附则

五、开发单位与物业管理企业交接物业的内容和程序

（一）新建房屋接管验收的内容

（1）新建房屋接管验收，建设单位应向物业管理企业提交相关资料，如产权资料、竣工图纸为主的技术资料，包括总平面、建筑、结构、设备、附属工程、隐蔽管线的全套图纸等。

（2）质量与使用功能的检验，包括对主体结构、楼宇的外立面、地面、水、电、燃气、消防设施及其他设备在使用功能和质量上进行目测、检测和实测。可用满负荷运载实验法、调试法、泼水法、灌水法、灌球法等方法进行物业使用功能验收。验收时，对水、电、燃气等各种表具读数要一式两份当场记录。

（二）原有房屋的接管验收内容

（1）原有房屋的接管验收也应提交相关资料，如产权资料（包括房屋平面图、房屋分隔平面图、房屋设施等技术资料）。

（2）质量与使用功能检验：①以危险房屋鉴定标准和国家有关规定作检验依据；②以外观检查建筑物整体的变异状态；③检查房屋结构、设备的完好与损坏程度；④检查房屋使用情况（包括建筑年代、用途变迁、拆改扩建、专修和设备情况），评估房屋现有价值、建立资料档案。

（三）交接验收符合标准

物业管理企业应在七日内签署验收合格证，并正式开始对物业进行管理服务。交付验收时如发现一般性质量问题，甲、乙双方可达成协议，由开发单位给予补偿，委托物业管理接管单位负责保修。房屋接管交付使用后，在保修期内如发生重大质量问题，应由质量检验部门进行鉴定，如属建设质量问题，由开发建设单位负责；如属业主使用不当造成的质量问题，则由业主负责；如属管理不善造成的质量问题，则由物业管理单位负责处理。

第三节　前期物业管理

一、前期物业管理的含义

前期物业管理是指房地产项目出售后至业主委员会成立前的物业管理。这是1997年7月1日实行的《上海市居住物业管理条例》对前期物业管理的界定。它是物业全过程管理的重要一环。

房地产项目开发单位在房地产项目开始出售后，必须做好以下工作：交付买

受人"两书",即"新建房地产项目质量保证书"、"房地产项目使用说明书";制定房地产项目使用公约,选聘物业管理企业,签订前期物业管理服务合同,并报区(县)房管部门备案。与买受人签订转让合同时,把前期管理服务合同、房地产项目使用公约、房地产项目使用说明书作为转让合同的附件,让买受人认可。

《上海市居住物业管理条例》规定符合下列条件之一,房地产项目开发单位就应会同所在区县房地产管理部门召开业主大会或业主代表大会,成立业主委员会:①公有房地产项目出售建筑面积达到30%以上;②新建商品房地产项目出售建筑面积达到50%以上;③房地产项目出售已满两年。

在业主委员会成立前,房地产开发企业与物业管理公司签订的委托合同,称为前期物业管理服务合同;而在业主委员会成立后所签订的合同称为物业管理服务合同。前者签订合同的主体是开发商与物业管理公司,后者是业主委员会与物业管理公司。

二、前期物业管理与物业管理早期介入的区别

"前期物业管理"与"物业管理早期介入"的区别主要有以下两点。

(1) 早期介入的物业管理公司不一定与房地产开发企业确定物业管理的委托关系,以咨询、顾问等服务形式提出建议和意见;而前期物业管理活动必须在与房地产开发企业确定了委托关系后方可进行,此时,物业管理公司已依约拥有该物业的管理服务权。

(2) 早期介入的物业管理公司是从物业管理者的思维角度,从是否有利于日后物业管理服务等具体细节上提出改进意见或建议,是否接受提出的意见或建议进行改进,还有待开发商决定。早期介入能否进行,介入的时机、介入的程度均取决于开发商,因而物业管理的早期介入仅有辅助功能;而在前期物业管理中,开发商全权委托物业管理公司进行物业管理服务,物业管理公司承担相应民事法律责任。

三、前期物业管理的主要内容

(一) 管理机构的设立与人员的培训

1. 物业管理机构形式

物业管理机构形式多样。

形式1,如图12-3。

形式2,如图12-4。

形式1,往往用于管理规模较小、种类较少的公司。

形式2,往往用于管理规模较大、种类较多的公司。由项目管理处全面负责小区(大厦)管理服务。

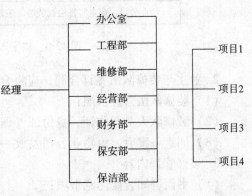

图12-3 物业管理机构形式1

2. 人员培训

物业管理的人员培训包括：上岗培训、技术岗位资格培训、知识讲座等。

（二）规章制度的制定

物业管理规章制度的内容如图 12-5 所示。

（三）楼宇入伙

楼宇入伙的主要步骤，如图 12-6 所示。

其中关键的是三步：①住房售出；②装修完工；③业主入伙。物业管理企业应及时掌握情况，加强管理。

（四）装修管理

1. 装修中的禁止行为

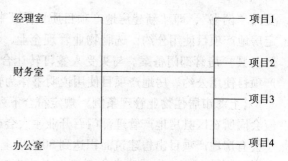

图 12-4 物业管理机构形式 2

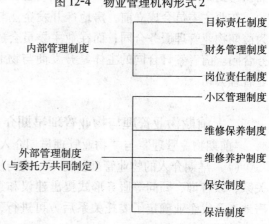

图 12-5 物业管理规章制度的内容

装修不得损坏房屋承重结构，破坏建筑物外墙原貌；不得擅自占用公共部位、移动或损坏公共设备和设施；不得排放有毒有害物质或造成噪声超标；不得随意乱扔建筑垃圾等。若因装修而导致他人或公用设施损坏，由责任人负责修复或赔偿。

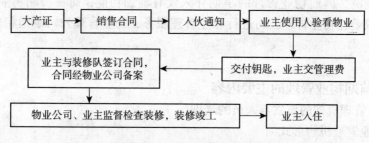

图 12-6 楼宇入伙的主要步骤

2. 业主与装修队伍签订合同，应将合同及下列资料提交物业公司备案

（1）装修队伍营业执照；

（2）装修队人员暂住证、身份证（留复印件）；

（3）同意备案后，由物业公司发放一定期限（如一个月）的小区出入证。

3. 装修管理内容

（1）书面告知装修注意事项；

（2）定期上门检查；

(3) 对违章装修进行劝阻，督促改正；

(4) 对拒不改正的，报告有关行政部门处理。

房地产项目开发单位应予以配合装修管理，在房地产项目出售时，不能为了促销，擅自承诺破墙开店、开门等损害物业的行为。

(五) 档案资料管理

档案资料分为物业资料及业主和使用人资料。档案管理，要抓好收集、整理、归档、利用四个环节。住户入住时，应收集整理今后管理服务所需的业主的相关资料。

复习思考题

1. 物业管理的早期介入有哪些方式？房地产项目开发时搞好物业管理的早期介入有什么作用？

2. 试述组建成立物业管理有限责任公司的条件和程序。

3. 开发单位选聘物业管理企业有哪些方式？应注意哪些问题？

4. 请写出委托管理服务合同中一些具体的管理服务的要求标准（如设备运行、公共环境等方面）。

5. 前期物业管理的主要内容有哪些？

第十三章

房地产项目营销

房地产也属于生产产品的行业，小房地产公司注重营销方式及手段，大房地产公司注重塑造品牌，各自价值观念不同，实际操作方式也不同；主要区别在于企业短期目标和长期目标的差异。而关键在于将企业推销出去的方式和方法，如何更好的宣传企业文化和价值观念及项目自身的内涵。房地产项目营销是房地产企业和房地产项目的载体表现方式，它是一个综合的概念。其中还包括市场调查和细分以及具体的营销策略。本章主要就上述内容进行阐述。

第一节 房地产项目营销概述

一、房地产项目营销的内涵

所谓房地产营销是房地产开发企业以企业经营方针、目标为指导，通过对企业内、外部经营环境、资源的分析，找出机会点，选择营销渠道和促销手段，经过创意将物业与服务推向目标市场，以达到占有市场、促进和引导房地产开发企业不断发展目的的经济行为。从某种意义上讲，房地产营销是在对市场的深刻理解的基础上的高智能的策划。它蕴涵在企业生产开发经营的全过程中，由市场调查、方案制定和建筑总体设计、价格定位、广告中介服务、售后服务以及信息反馈等组成。

二、房地产项目营销的内容

（一）房地产项目区域市场动态分析

做一个项目营销，首先要了解当地区域市场动态，分析当地区域文化，了解当地居民购买力，诸多因素相结合，提前做市场分析，熟悉当地的区别于全国的相关政策，为制定营销策略作好基础工作，制定符合当地市场的营销方式。世界上没有完全相同的营销方式。

（二）房地产项目主卖点荟萃

营销是企业文化宣传的手段，企业品牌塑造是由一个个项目的不断成功形成的，当市场占有率达到一定程度，就扩大了企业影响力，如何更好的将项目推销出去，让项目卖点得到客户的认同，进而形成强大的购买力，这就需要通过营销策划来实现。

（三）目标客户群定位分析

分析以往项目的客户群，结合现有项目的客户定位，关键从心理上推进客户购房的动力，找出最大目标客户群，哪些是重复购房户，哪些是最大来源购房户，哪部分客户可以再推荐其他客户，进行分类整理，总结以往项目的经验教训；制定适应的相关政策，保持项目最终推广成功的可能性。

（四）价格定位及策略、入市时机规划

每个开发项目产品可能有所不同，关于价格定位及策略应相应有所调整，关键之处：一是适应房地产公司的资金回流速度，二是考虑客户的承受程度；100%的客户都会希望自己当时有能力购房，并且所购房屋能够在购买后不断升值，不管是居住还是炒作都应实现投资最大化。作为项目开发商应根据客户心理，制定合理的价位，根据销售形势逐渐调整价格，适应不同阶段的变化，一般开盘时期价格稍低，然后逐渐提高，这就是人们通常说的"低开高走"；除非碰到企业经营困难或企业破产，否则不会出现"高开低走"的局面。入市时机主要看营销烘托造势的程度，确定具体时间确定是否入市，以实现利润最大化。但是也要观察市场导向，防止失去抢占市场占有率的大好时机，关键是平衡得失合理化。

（五）房地产广告媒体策略

选用何种媒体宣传自己的产品效果更好，资金最节约，何时以何种策略推出，在何时段推出哪种宣传方式，连续性的发展；推广费用计划：营销费用应合理分派，采用几种营销方式，哪种费用多少，在何阶段推出，如何将营销资金用的最合理，应有一个总体安排，依附于并配合项目总进程，作好服务工作。

（六）房地产公关活动策划和现场包装

现在好些有眼光的房地产开发商热衷于举办公关活动，这样媒体可以为其免费宣传，这种活动属于高级营销，而举办公关活动需要良好的策划，合理安排各项组织活动，配合项目及公司的发展战略，一般在项目前期过程中运作，起到烘托造势的作用，也是变相宣传企业品牌的一种良好手段。

（七）营销推广效果的监控、评估、修正

对营销推广效果随时监控，及时了解市场反映信息，作出如实正确的评估。在营销过程中应适时调整，看原来营销计划是否符合实际要求，如符合具体情况，则不予调整，如与原计划情况相偏离或外部出现新情况，则及时调整营销计划，使之回到原计划轨道上来。

房地产公司的营销有时候也分侧重点，是宣传推广哪个方面，是注重宣传企业文化，还是侧重项目的推广，项目前期、中期、后期的营销内容应各不相同，但应具有主题连贯性，分阶段分层次连续推出，这样能起到良好的效果。房地产公司的营销很重要，它贯穿项目的全过程。

三、房地产项目营销的意义

目前，从我国的经济体制看，市场经济体制尚不完善，企业的经营管理水平相对低下，市场对社会资源的配置作用还不够大，在优化产业结构、合理组织社会生产等方面，政府仍然起着较大的作用。政府对经济干预的目的，是为了提高投资效益，降低投资风险，减少资源浪费，从而实现经济和社会发展的目标，这个目标的实现就需借助市场营销的功能作用。同时，虽然目前房地产行业发展势头迅猛，但其中许多经营理念却跟不上行业发展的速度，显得相对滞后。在房地产营销方面，这个问题同样存在。在现代市场经济条件下，房地产企业之所以能够在竞争中取胜，就是因为其为市场提供顾客所需要的产品，也就是说，开发商必须了解市场，按照市场需求开发建设住宅产品，通过交换实现产品的价值，最终获取利润或占领市场，促进企业的不断发展，但目前许多开发商都缺乏以顾客为导向、以交换为中心的理念，推向市场的住宅产品都没有到达消费者手中，或者说没有转化为真正意义上的产品或商品。市场营销就是连接市场需要和住宅产品开发建设的中间环节，是开发商将潜在市场机会转化为现实市场机会，从而实现企业自我发展的有效手段，从某种意义上说，房地产营销是关系房地产开发经营成败的关键。

第二节 房地产市场调查和细分

一、房地产的市场调查

（一）房地产的市场调查概念

是指以房地产为特定对象的调查，以及相关市场信息系统的收集、整理、记录和分析。

（二）房地产市场调查分类

1. 单个楼盘的市场调查

（1）产品分析。

环境分析：区域的历史性、区域特性（商业中心、工业中心、学院社区等）、交通状况（公交、地铁、高架、轻轨、省市级公路等）、区域公共配套设施（公园、学校、医院、宾馆、集贸市场等）及人文环境等。

规划分析：土地大小、总建面积、产品类别与规划、建筑设计与外观以及房型、面积、格局配比、建筑用材、公共设施和施工进度等。这是市调的主体部分。

（2）价格分析。

包括产品的单价、总价、付款方式、层加价、朝向加价等。剖析价格运用策略也是市场最吸引人的地方。

（3）广告策略。

包括广告基调的推敲、主要诉求点的把握、媒体的选择、广告密度的安排和具体实施效果等。

（4）销售执行（最为关键的地方）。

1）具体的业务安排：销售点的选择、人员的配置、业务执行等。

2）销售结果：什么样的房型最好卖、什么样的总价最为市场所接受、吸引客户最主要的地方是什么、客户群有什么特征等。

3）销售执行是单个楼盘市场调查工作的全部内涵。

2. 整体区域市场调查

在单个楼盘基础上再着手区域范围的调查。

（1）区域分析。

对影响房地产市场的交通动线、区域特征、发展规划进行综合分析。与单个楼盘调查的区别是侧重整体的分析和宏观评估。

（2）区域产品。

了解区域范围内楼盘的总量、类别、位置分布、单价分布、总价结构、各类营销手法的市场反应和市场空白点的捕捉。关键在于研究区域内楼盘的共性、特性以及市场反映强弱的缘由。

（3）需求特征。

区域人口数量、密度、人口结构、家庭规模、购买力水平、客户的需求结构与特征、人口素质和习惯嗜好等。关键就是从客户的角度出发，了解和把握产品需求特征。

3. 宏观环境

单个楼盘的市场调查、整体区域市场调查是市场调查的主体但不是全部，只有对宏观环境的深刻理解才可能将房地产市场调查做得更活更深入。

（1）政治社会：指国家运作体制、政治安定状况、社会治安程度、房地产投资和城市化进程等方面情况。

（2）经济因素：包括国家的经济发展状况、财政收支与物价、人口数量与消费、居民收放与储蓄等各种因素。

（3）行政法规：包括土地制度、住房制度、税收政策、城市发展战略、城市规划和特殊政策等各项内容。

(4) 国际状况：国际经济、军事、政治等环境如何。

下面以一个某楼盘市调分析表作为例子加以说明。

案名： 项目名称

投资兴建：××房地产公司

企划销售：自销或××代理公司

建筑设计：××设计单位

销售率：售出的户数占可销的总户数的比例。

容积率：又称建筑面积密度，是建筑各层建筑面积总和与建筑基地面积的比值。多层的容积率大致为3，高层的容积率一般为4~5，超高层的大楼大于7，别墅的标准容积率为0.45。

得房率：套（单元）内建筑面积与套建筑面积的比率。

目前，标准的得房率为多层住宅92%，高层住宅87%，办公楼70%，商场60%，店面95%（独立开间）。

建筑密度：也称覆盖率，是建筑物底层占地面积与建筑基地面积比值。一般而言，建筑密度越小，建筑物的占地面积就越小，社区活动面积就越大，绿化、道路的范围就越广；建筑密度越大，地块面积所剩无几，绿化也往往为道路所侵占。

公开日期：开盘时间。

工程进度：目前工程状况。

建筑面积：房屋各层面积的总和，而每层建筑面积则是按建筑物勒脚以上外墙的水平截面面积计算的。

基地面积：政府规划管理部门正式划定的项目用地范围面积。

销售面积：正式确定的建筑总面积。

规划面积：可售户型中最小的到最大的单元面积。

主力面积：楼盘中所占户型比例最多的单元面积。

分析：

环境分析：

主要是楼盘周围的物质和非物质生活配置。

位置：指楼盘的具体坐落方位、地块的形状和大小、楼盘的主要展面朝向和相邻的其他房产状况如何等。

基地位置图：注明地块的形状和大小，一般用经过缩小比例的地图来表示的，标注时应注意图的比例与方位。

规划分析：

规划用途：公寓（住宅）、写字楼、商场、综合楼和别墅。

规划形态：指这一项目的具体建筑构成。如：两幢十八层带两层地下室的公寓楼，表示为"2-18F/2B 公寓"。

房型：×房×厅×卫×阳（书房、佣人房等）。

面积配比：各种面积范围的单元在某一楼盘的单元总数中各自所占比例的多少。

户数：有多少户。

格局配比：两房两厅、三房两厅等各种格局的单元在某一楼盘的单元总数中各自所占比例的多少。

价格分析：

主要是单价、总价、付款方式、每层差价及朝向差价等。

单价：

起售单价：从底楼朝南单元的单价为计算基准，并设定不同的层次和朝向系数，各个单元的单价由此计算而来。

最低起价：层次、朝向等条件最差的单元所标定的单价。

最高单价：层次、朝向等条件最好的单元所标定的单价。

平均单价：总销金额与总销售面积比。

主力单价：所占建筑面积比例最高的单元所标定的销售单价（是判断楼盘客户定位的关键）。

单价范围：最低单元单价到最高单元单价。

总价：

最低总价：面积最小，且层次、朝向等条件最差的单元所标定的总价。

最高总价：面积最大，且层次、朝向等条件最好的单元所标定的总价。

总价范围：最低销售总价和最高销售总价之间的摆幅范围。

主力总价：所建筑面积比例最高的单元所标定的销售总价。

可售总价：主力面积×平均单价。

总价配比：依总价范围不同，各个范围的总价及其所对应的单元数量在总销金额中所占的不同比率。

付款方式：

一次付款：购房者下定签约后，立刻将所有的购房款项一次性付给发展商。

建筑期付款：整个购房款被分成若干比例，购房者依楼宇的施工进度逐一支付的付款方式。

银行贷款：购房者在购房时，向银行提出担保的质押文件，经银行审核通过后，取得房屋总价的部分贷款，依抵押约定，按期按时向银行偿还贷款本息，并提供该房地产作为偿还贷款担保。

公司贷款：即延期付款，指购房者在缴纳一定比例的前期房款后，到交房入住或未交房入住时，在以后的若干年中按月份分期付清剩余款项。

去化分析：热销与滞销单元概况，包括楼层、朝向、户型、面积、价格。

客源分析：购买客源的地区、职业、年龄和家庭特征等。

购买动机：在地点、规划、价格、工期、房型及公司品牌等诸多因素中，依次能打动客户的因素，它们在其决定最终购买时所起作用的大致比重等。

利多利空：

利多：楼盘为市场所接纳，客户据此引发购买欲望的具体原因。

打动客户可接受因素比：付款：品质：工期：地点：价格：房型为（2.2：1.78：1.7：1.58：1.52：1）。

利空：楼盘为市场所抛弃，客户由此减弱，甚至丧失购买欲望的具体原因。

否定客户购买因素比：房型：工期：地点：价格：品质：付款为（101：70：46：40：36：1）。

建材设备：

外观、门、厅、大堂、窗、阳台、地面、顶棚、厨房、卫生间所用建筑材料。

智安配置：

智能化设置与安防设置，如监控中心、报警设施、可视对讲、远红外防盗、远程抄表、宽带网路等。

公用设施：

一指日常生活中最基本的配套设施，如：水、电、燃气、通信、车库、保安等；二指大楼或社区的住户专门的额外公用设施，如：室内俱乐部、室外运动场、小超市、小商务中心或其他半营业性的设施。

其他情况：

对楼盘调查情况进行综合分析、评价、总结，并加以归类表述。

技巧：

重点：取得被调查的信任，并根据自身的习惯，处理问题的办法，因人而异，结合实际情况，从而达到调查目的。

1）调查前准备包括以下内容。

①先进行电话咨询，并通过楼书了解该项目的基本状况。

②了解周边楼盘情况。

2）现场调查包括以下内容。

①适时提出下定付款及签订协议书的程序。

②告之已购该项目的朋友，介绍而来进行咨询（可用常用姓氏）。

③通过装束，改变自己，扮演不同的身份角色。

④调查表中的术语应少用，但可以穿插地使用一些。

⑤注重与对方的沟通，耐心细致（或态度上区别对待）。

⑥通常用2人以上的调查组合，消除年龄上的一些阻力。

⑦被双方察觉后，可告知对方确为地产公司进行市调，进而与之成为朋友。

上面的整个过程就是常见的房地产营销的市场调查。

二、房地产市场细分

按照房地产市场的内涵、外延及其特点，一般可以从以下几个方面进行分类。

从交换物的用途来分，可以分为生活资料房地产市场和生产资料房地产市场。前者指的是住宅，后者指的是作为生产经营活动物质基础的厂房、商业用房、办公用户、娱乐用房等。

按房地产市场的交换层次来分，可以分为一级市场、二级市场和三级市场三个层次。一级市场是指国家作为国有土地所有者，采取协议、招标、拍卖等方式将一定期限的国有土地使用权出让给用地者；二级市场是指取得国有土地使用权的房地产开发商按照土地使用权出让合同的规定将土地使用权进行转让、出租、抵押等经营活动，或是在受让的土地上建成建筑物后，将房地产出售或出租的交易活动，或是对房地产进行预售、抵押等活动而构成的市场；三级市场是在二级市场的基础上，由房地产经营者将取得的房地产或房地产所有者将自有房地产进行转让、租赁、抵押等活动而形成的市场，实际是存量房地产交易市场。一级市场是二级、三级市场形成的条件和基础，二级、三级市场又促进了整个房地产市场的活跃和繁荣。

从房地产的交换方式来分，主要可分为出售市场和出租市场。

按房地产市场中交换物的性质分，可以分为实体类房地产市场和服务类房地产市场。从国家对房地产市场的干预程度来分，可分为完全房地产市场和不完全房地产市场，前者是指政府不干预房地产交易活动，房地产实行商品化租赁和出售，这一市场上的消费者主要是高收入阶层的居民；后者是指有政府补贴的房地产市场。

第三节 房地产项目营销策略

房地产营销是房地产经营中的一个重要环节，针对目前房地产行业的现状，从房地产行业较为流行的营销思路按照营销学中的产品（Product）、价格（Price）、渠道（Place）、促销（Promotion）四个基本要素组合做出相关的分析入手，进行介绍。

由于房地产具有投资价值大、不可移动性及区位性等特点，其销售难度比一般商品要大得多。为了成功而有效地把房地产产品销售出去，必须根据营销目标及营销市场的特点，采取一系列营销策略。由于目前房地产行业的迅猛发展，一些新的营销理念和思路层出不穷。比较有代表性的是 1990 年由美国的劳特朋教授提出的 4C（即 Consumer 用户、Cost 费用、Convenience 便利、Communication 沟通）理论在房地产营销中的应用。它有悖于营销学中传统的 4P 策略，将消费者置于房地产营销的核心地位，无论是产品、价格、销售渠道还是促销，都以消费者的需求、意愿为首要因素和根本出发点。许多房地产营销人员都将其看作是房地产营销的战略转移，其实，4C 理论的理论根源与 4P 理论同出一宗，与其说是战略转移，还不如说是 4P 理论在实际操作中的发展与改良。

目前我国的房地产市场从总体趋势上看，已经进入以需求为导向的发展阶段，市场化程度正在逐步加深。在市场营销方面，无论是业内人士还是消费者都逐渐成熟，一个概念、一个点子已经难以打动人心。消费者开始注意产品的本身。购房者的经验越来越多，日趋理性；违规项目纠纷的问题及房价的问题使部分消费者更加谨慎。因此，房地产营销的产品策略、价格策略、营销渠道策略和促销策略都必须根据目前的市场情况进行合理的创新。

一、房地产营销产品策略（Product）

房地产营销产品策略是房地产营销首要因素，房地产企业必须营销市场所需要的产品，才能生存。房地产市场营销组合中房地产产品是最重要的内容。按营销学中产品的概念及内容，房地产产品可以分为三个层次：

1. 核心产品

它是购买者实际上要购买的主要服务，对购房者来说，他们需要的是家庭感和安全感、成就感。

2. 有形产品

它是指构成房地产产品的品牌、特点、式样、质量等。

3. 延伸产品

它是附加在有形产品上的各种各样的服务，如物业管理、保证公共设施的提供等。

由于购房者的家庭感、安全感是所有房地产开发商都能满足的，所以在核心产品上，各房地产商都处于同一起跑线；真正能够吸引消费者，即房地产产品营销能够产生独特作用的方面还在于有形产品和延伸产品上。在目前的市场情况下，房地产产品营销真正倚重且有所突破的也是这两个方面。

首先是房地产品牌营销。

目前的房地产产品营销已经由对单一的楼盘进行营销发展到对整个房地产企业的品牌营销的高度上。因为大家都已知道，在日益激烈的市场竞争中，品牌才是赢取持久竞争优势最强大、最持久的利器。在香港房地产市场上，长江实业、新世界集团、新鸿基集团等著名企业开发的房地产比其他企业所开发的同等条件的房地产要多 3.5% 的销售额，这就是品牌的威力。在同样的市场竞争环境下，"品牌"为什么就会比"产品"厉害？因为"品牌"是有独特形象的、有个性的、特别适合某一部分的、能带给人丰富而美好联想的、具有特定利益保障的、亲切有人性的。而"产品"通常就只能以一系列物理语言来描述，因而显得冷冰冰、没有感情、没有人性。人天生就是感情动物，除物质满足外，更需要丰富多彩的精神享受，而"品牌"有精神，"产品"则没有。

随着市场经济发育日渐成熟，商品的品牌形象已成为消费者认知的第一要素，房地产作为一种特殊商品也不例外。要在消费者心中树立起自己的品牌，房地产企业只有在房地产产品质量、服务、功能等诸多方面下工夫，对产品进行全方位的品质提升，才能真正在消费者心目中树立一个良好的品牌，从而建立起消费者的品牌忠诚度，为后续产品的开发销售提供条件。

其次是房地产产品的特色营销

现代社会崇尚个性发展，消费者特别是新时代成长起来的年轻一代，往往把个性能否得以发挥和张扬，作为衡量和选择商品的一个重要标准。目前已有一些精明的开发商发现了特色营销的重要性,把研究市场需求、强化使用功能、追求个性特色、营造人性空间的营销思想作为经营理念,不仅在小区布局、建筑外形、色彩、楼层、阳台、内部结构等产品策略方面力求突破雷同,突出居住者个性,而且在广告宣传、渠道选择、价格确定、促销方式等方面也独具风格,因而成为市场亮点。

再次是消费者居住环境的打造。

随着现代社会环境污染的日益严重和环保意识的逐渐兴起,消费者已愈来愈关心自己的居住环境和生活质量。购房者不再仅仅考虑地理位置是否优越、销售价格是否便宜,而更加关注拟购房屋的环境设计。他们不仅希望小区内绿草如茵,花团锦簇,有充足的阳光和清新的空气,而且要求住宅小区远离工厂,附近没有污染源。这就要求小区开发应以环境保护为营销理念,改变过去寸土寸金、见缝插针的开发模式,充分考虑小区的住宅空间、阳光照射、绿化间隔等,为消费者营造人与自然和谐共生的理想家园。现在有不少开发商提出的"搞房地产要先搞环境""卖房子也是卖环境",不能不说已涵盖了环保营销的经营理念。当然,如果开发商借环保搞促销,过分炒作概念,有两棵树,一块草坪就冠之以"环保小区"、"生态家园",任意夸大物业卖点,不仅会偏离环保营销的轨道,还会引发不少营销后遗症,最终危及自身。

最后是房地产产品文化营销。

当代社会文化对经济的影响力越来越大,建筑亦不例外。项目选址对历史文脉的承继、挖掘与发扬,对社区人群生态的保留与重构,往往给楼盘带来意想不到的效果。没有文化的物业不过是钢筋加水泥的壳子,现代生活给人的外在压力越来越大,人们需要的不是"钢筋水泥的丛林",他们更渴望居家之中的文化内涵。开发商如果发现了这一点,并加以演绎,就能出奇制胜。因此,开发商要注意在建筑风格上尽量体现文化内涵,通过富有特色的主题创意,提升住宅小区的文化价值,给人展现一种高品位的美好生活蓝图。另外,随着现代交通、电信的迅猛发展,人与人之间的距离越来越近,但心与心之间的距离越来越远,地球变成一个村庄,人心却越来越封闭。现在不少开发商煞费苦心,不仅在建筑风格上尽量体现文化内涵,而且注意通过高品味会所、藏书丰富的图书馆、温馨祥和的邻里中心来营造小区的文化气息,这不能不说是在文化营销方面作出的有益探索和成功尝试。

二、房地产营销价格策略(Price)

房地产的开发建设、买卖、租赁、抵押、土地使用权出让、转让等营销,都是商品经济活动,必须按照市场规律、经济原则实行等价交换。掌握房地产产品的定价方法,灵活运用各种定价的策略是开展房地产市场营销活动的主要手段。在这里将主要介绍房地产定价方法、定价比例和价格调整策略。

1. 房地产定价方法

一栋楼宇、小区的销售往往是一个时期的或跨年度的。而消费市场变化莫测,楼宇的定价要能被市场接受,需要一定的超前意识和科学预测,可以说定价一部分是艺术,另一部分是科学。影响价格的因素有很多,主要包括:成本、楼盘素质、顾客承受的价格、同类楼宇的竞争因素等。产品的可变成本是定价的下限,上限是顾客所愿意支付的价格。市场中消费者总想以适中的价格获得最高的价值,因此不应把价格和价值混为一谈。定价之后,运行中可以做适当的调整,但不能做大幅度的或否定性的调整,否则会带来非常恶劣的影响。从定价来讲,主要有几个方法:

(1) 市场比较法。

将勘估房地产与相应市场上类似房地产的交易案例直接比较,对形成的差异作适当调整或修正,以求取勘估房地产的公平市场价。

(2) 成本法。

以开发或建造估计对象房地产或类似房地产需要的各项必需费用之和为基础,再加上正常的利润和应纳税金得出估价对象房地产的价格。

(3) 收益法。

将预期的估价对象房地产未来各期(通常为年)的正常纯收益折算到估价时点上的现值,求其之和得出估价对象房地产的价格。

(4) 剩余法。

将估价房地产的预期开发后的价值,扣除其预期的正常开发费用、销售费用、销售税金及开发利润,根据剩余之数来确定估价对象房地产的价格。

当然,无论哪种定价方法,均应随行就市,最大限度地获取市场份额。在弄清方法之后,具体执行有低价、高价、内部价、一口价、优惠价等战略。开发商采用低价战略时,入市会比较轻松,容易进入,能较快地启动市场;而采用高价策略则标榜出物业的出类拔萃、身份象征、完善功能、优良环境等,可用高价吸引高消费者入市,但不是盲目漫天要价,要物有所值。

2. 定价比例

一般来说,先设定一个标准层,高层一般定在 1/2 高度,多层一般 3~4 层为最好。然后确定一个楼层系数,标准层以上一般每层加价比例为 0.8%,标准层以下每层下调 0.5%。在高层建筑中,7 层以下因其视野受限,一般应为低价区,顶层与低层的价格一般相差约 30%。

用户选择购房不仅受楼层的影响,房子所处两个主立面的景物和视野,如街景、江景、马路等亦是影响楼价的因素之一,即朝向系数。一般来说,江景、街景等给人以视觉上的享受,朝向系数大,为 8%~10% 左右,而临马路边因其噪声大,尘埃多,朝向系数亦低,为 3%~5% 之间,楼盘的南、北两个方位,如无景观差别,一般南面售价高于北面。有的楼盘,因其朝向系数不合理,好的楼层和好的朝向全部卖光,剩下的全部都是不好卖的,使楼盘出现滞销状态。

商铺的定价,由于一般顾客购物习惯在底层,因此底层商铺定价一般是住宅平均价的三倍以上。车位的每平方米定价一般相当于住宅的 50%。

3. 价格调整策略

房地产价格调整策略可以分为直接的价格调整、优惠折扣两方面内容。直接的价格调整就是房屋价格的直接上升或下降，它给客户的信息是最直观明了的。直接的价格调整主要有两种形式：①基价调整。基价调整就是对一栋楼的计算价格进行上调或下降。因为基价是制定所有单元的计算基础，所以，基价的调整便意味着所有单元的价格都一起参与调整。这样的调整，每套单元的调整方向和调整幅度都是一致的，是产品对市场总体趋势的统一应对；②差价系数的调整。每套单元因为产品的差异而制定不同的差价系数，每套单元的价格是由房屋基价加权所制定的差价系数而计算来的。但每套单元因为产品的差异性而为市场接纳程度的不同并不一直是和我们原先的估计是一致的。差价系数的调整就要求我们根据实际销售的具体情况，对原先所设定差价体系进行修正，将好卖单元的差价系数再调高一点，不好卖单元的差价系数再调低一点，以均匀各种类型单元的销售比例，反映出市场对不同产品需求的强弱。差价系数调整是开发商经常应用的主要调价手段之一。有时候一个楼盘的价格差价系数可以在一个月内调整近十几次，以适应销售情况的不断变化。

优惠折扣是指在限定的时间范围内，配合整体促销活动计划，通过赠送、折让等方式对客户的购买行为进行直接刺激的一种方法。优惠折扣通常会活跃销售气氛，进行销售调剂，但更多的时候是抛开价格体系的直接让利行为。优惠折扣和付款方式一样，有多种多样的形式，譬如一个星期内的现实折扣；买房送空调、送冰箱，或者送书房、送储藏室，购房抽奖活动等。优惠折扣要做得好，首先要让客户确实感受到是在让利，而不是一种花哨的促销噱头。同时，优惠折扣的让利应该切合客户的实际需要，是他们所能希望的方式，只有这样才便于促进销售。再者，不要与其他竞争者的优惠折扣相类似，优惠折扣在形式上的缤纷多彩为开发商标新立异提供了可能。

三、房地产营销渠道策略（Place）

目前我国房地产行业中，房地产营销渠道策略可以大致分为企业直接推销、委托代理推销以及近几年兴起的网络营销等。

1. 企业直接推销

企业直接推销是指房地产开发企业通过自己的营销人员直接推销其房地产产品的行为，也称为直销或自销。直接推销的优势在于它可以帮助房地产开发企业节省一笔数量可观的委托代理推销的费用（相当于售价的1.5%~3.0%），但推销经验的不足和推销网络的缺乏也是这种销售渠道的致命缺陷。由于我国房地产市场正处于起步阶段，房地产市场的运行机制尚不健全，必需的人才与管理经验还有待于积累发掘。所以目前它还是我国房地产销售的主要渠道，在房地产市场发展的将来，它依然会占据重要位置。

2. 委托代理推销

委托代理推销是指房地产开发企业委托房地产代理推销商来推销其房地产产

品的行为。所谓房地产代理推销商，是指接受房地产开发企业的委托，寻找消费者，介绍房地产，提供咨询，促成房地产成效的中间商。委托代理商可以分为企业代理商和个人代理商，前者是指由多人组成的具备法人资格的代理机构，后者是指中介代理的个人，即经纪人。

3. 网络营销

网络营销是信息时代和电子商务的发展的产物，目前它也运用到了房地产市场营销上，目前国内出现了一些以房地产为主要内容的网站，如搜房网、中房网等，它们为房地产企业和消费者提供了全新的信息沟通渠道；同时，许多房地产商也利用 Internet 网络资源，进行网络营销。通过互联网双向式交流，可以打破地域限制，进行远程信息传播，面广量大，其营销内容翔实生动、图文并茂，可以全方位地展示房地产品的外形和内部结构，同时还可以进行室内装饰和家具布置的模拟，为潜在购房者提供了诸多方便。随着电子商务的进一步发展，网络营销将成为房地产市场上一种具有相当潜力和发展空间的营销策略。

四、房地产营销促销策略（Promotion）

房地产促销策略，是指房地产开发商为了推动房地产租售而面向消费者或用户传递房地产产品信息的一系列宣传、说服活动。通过这些活动帮助消费者认识房地产产品的特点与功能，激发其消费欲望，促进其购买行为，以达到扩大销售的目的。房地产营销促销略主要可以分为广告促销、人员促销、公共关系、营业推广。

1. 广告

广告是向人们介绍商品信息，输送某种观念的一种公开的宣传形式。房地产广告的突出特点是广告期短、频率高、费用大。

房地产广告的诉求重点有：地段优势、产品优势、价格优势、交通便捷优势、学区优势、社区生活质量、开发公司的社会声誉等。

房地产广告可供选择的形式有以下几种类型：①印刷广告。利用印刷品进行房地产广告宣传相当普遍，这也是房地产产品进行营销的主要手段之一。报刊、杂志、有关专业书籍以及开发商或其代理商自行印刷的宣传材料等，都是房地产广告的有效载体；②视听广告。利用电视、电影、霓虹灯、广告牌以及电台、广播等传媒方式都是宣传房地产产品的有效视听广告；③现场广告。在施工现场竖立的现场广告牌以及工地四周围墙上的宣传广告，用以介绍开发项目情况；④信函广告。包括商品房目录和说明书等。

根据楼盘不同的类型、租售范围以及广告费用，开发商应当选择适当的广告类型和广告策略，从而达到最大的宣传效果。

2. 营业推广

营业推广是为了在一个较大的目标市场上，刺激需求，扩大销售，而采取的鼓励购买的各种措施。多用于一定时期、一定任务的短期特别推销。营业推广刺激需求的效果十分明显且费用较少。

开发商可以通过开展大规模的住房知识普及活动，向广大消费者介绍房屋建筑选择标准、住宅装修知识、住房贷款方法和程序以及商品房购置手续和政府相关税费，在增加消费者房地产知识的同时，也可以增加消费者对开发商的认同感。另外开发商还可以举行开盘或认购仪式、项目研讨会、新闻发布会、寻找明星代言人、举办文化与休闲活动、业主联谊会等，这些活动可以极大地提高房地产企业的知名度，从而使企业的销售业绩不断上升。目前在重庆等地每年都要举办的房地产交易会也是开发商展示自身实力的舞台，据统计，每次房交会上，各房地产开发商都会有一个不凡的成交量。

3. 人员促销

房地产人员促销是指房地产促销人员根据掌握到的客户信息，向目标市场消费者介绍开发商及其房地产的情况，促成买卖成交的活动。人员促销的优点在于：目标客户明确，促销力量集中，成交率高；与客户面谈，有利于联络与密切同客户的感情，有利于信息反馈，有利于了解同行业的开发建设和营销动向。

当然，人员促销方式对促销人员的素质要求比较高。促销人员一般必须具备以下条件和素质：具有丰富的房地产知识和合理的知识结构；及时掌握正确的房地产市场信息；具有良好的经营理念和业务素质。

促销人员在日常工作中，要注意对商圈内的所有顾客的详细资料包括地址、姓名、电话号码等建档，以便随时跟踪。

4. 公共关系

房地产公共关系促销活动包括：争取对房地产开发商有利的宣传报道，协助房地产开发商与有关各界公众建立和保持良好的关系，建立和保持良好的企业形象以及消除和处理对房地产开发企业不利的谣言、传闻和事件。公共关系的内容主要可以包括：

制造噱头和危机公关

人为制造新闻点，引得媒体争相报道，享受无偿广告。这其中也包括危机公关。针对当前屡屡发生的入住纠纷问题，如处理得当，或许可在众多消费者与媒体的关注下，以坦诚的态度重树项目良好形象，化不利为有利。

建立与各方面的良好关系

开发商应当重视消费者导向，强调通过企业与消费者的双向沟通，建立长久的稳定的对应关系，在市场上树立企业和品牌的竞争优势。商品和品牌的价值是最难以替代的，这与消费者认可程度紧密相关。因此，开发商应当完全从消费者的角度安排经营策略，充分研究消费者需求，努力加强与消费者的沟通，注意关系的营造。同时，开发商还要注意与地方政府、金融机构和其他社会组织的合作，更要注意开发商之间的合作，特别是后者的合作尤为重要。

综上所述，房地产营销对提高房地产开发经营的经济效益、社会效益和环境效益的诸多方面都起着重要的作用，它对整个房地产行业而言都具有极其重要的现实意义。

复习思考题

1. 如何理解房地产项目市场营销的含义？
2. 试述房地产市场调查对房地产企业的作用。
3. 简述房地产市场细分的含义和原则。
4. 试述目标市场选择的含义和目标市场的策略。
5. 试述房地产营销产品策略中的品牌策略。
6. 试述房地产项目定价的主要策略。
7. 试述房地产项目营销促销策略中的广告策略。
8. 试述房地产营销的发展趋势。

第十四章

房地产项目人力资源管理

"人力资源"是项目的第一战略资源。所谓房地产项目人力资源的管理,就是要在对房地产项目目标、规划、任务、进展情况进行合理有序地分析、规划和统筹的基础上,对房地产项目过程中的所有人员,包括房地产项目经理、房地产项目班子其他成员、房地产投资方、房地产项目业主等予以有效的协调、控制和管理,使他们能够相互紧密配合,在思想、心理、行为等方面尽可能地符合房地产项目的发展需求,最大限度地挖掘房地产项目队伍的人才潜能,最终实现项目的战略目标。在房地产项目人力资源管理的过程中,项目经理和项目管理班子往往是通过对项目人员传播符合项目目标需求的价值体系、行为规范和组织文化来影响项目人员的思想、心理和行为,使项目人员的思想认识、动机和过程的结果趋向于项目目标,或同项目规划趋于一致,使人力资源的绩效最大限度地得以发挥。

第一节 房地产项目人力资源管理

一、人力资源管理概述
(一)人力资源管理的概念

人力资源管理就是预测组织人力资源需求并作出人力需求计划、招聘选择人员并进行有效组织、考核绩效支付报酬并进行有效激励、结合组织与个人需要进行有效开发以便实现最优组织绩效的全过程。

另外一种说法:

人力资源管理,就是指运用现代化的科学方法,对与一定物力相结合的人力进行合理的培训、组织和调配，使人力、物力经常保持最佳比例，同时对人的思想、心理和行为进行恰当的诱导、控制和协调，充分发挥人的主观能动性，使人尽其才，事得其人，人事相宜，以实现组织目标。

根据定义，可以从两个方面来理解人力资源管理

（1）对人力资源外在要素—量的管理。对人力资源进行量的管理，就是根据人力和物力及其变化，对人力进行恰当的培训、组织和协调，使二者经常保持最佳比例和有机的结合，使人和物都充分发挥出最佳效应。

（2）对人力资源内在要素—质的管理。主要是指采用现代化的科学方法，对人的思想、心理和行为进行有效的管理（包括对个体和群体的思想、心理和行为的协调、控制和管理），充分发挥人的主观能动性，以达到组织目标。

（二）人力资源管理的基本功能

1. 获取
2. 整合
3. 保持和激励
4. 控制和调整
5. 开发

（三）人力资源管理的具体任务

人力资源管理关心的是"人的问题"，其核心是认识人性、尊重人性，强调现代人力资源管理"以人为本"。在一个组织中，围绕人，主要关心人本身、人与人的关系、人与工作的关系、人与环境的关系、人与组织的关系等。

目前比较公认的观点是：现代人力资源管理就是一个人力资源的获取、整合、保持激励、控制调整及开发的过程。通俗点说，现代人力资源管理主要包括求才、用才、育才、激才、留才等内容和工作任务。一般说来，现代人力资源管理主要包括以下几大系统：

（1）人力资源的战略规划、决策系统；
（2）人力资源的成本核算与管理系统；
（3）人力资源的招聘、选拔与录用系统；
（4）人力资源的教育培训系统；
（5）人力资源的工作绩效考评系统；
（6）人力资源的薪酬福利管理与激励系统；
（7）人力资源的保障系统；
（8）人力资源的职业发展设计系统；
（9）人力资源管理的政策、法规系统；
（10）人力资源管理的诊断系统。

二、房地产项目人力资源管理概述

（一）房地产项目人员的招聘和选拔

所谓房地产项目人员的招聘和选拔是指为了房地产项目顺利开展的需要，房

地产项目型组织根据房地产项目人力资源规划和工作分析对房地产项目人员的质量与数量要求，从外部吸纳或从内部提升人力资源的过程。它是房地产项目人力资源规划的具体实施，是提高房地产项目型组织绩效、使房地产项目人力资源得到充分使用的一种人力调配手段。通过招聘和选拔为房地产项目补充所缺人员，寻找和发现合乎岗位要求的急需人才，使房地产项目人员的素质和数量符合任务及统配的需求。

对房地产项目人员的招聘程序请见图14-1。

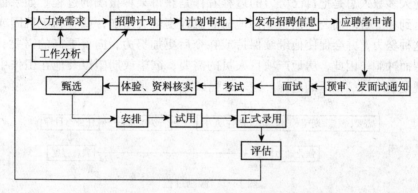

图14-1　房地产项目人员招聘流程图

对房地产项目人员进行招聘，可以分为以下几个阶段。

1. 制定招聘计划阶段

在此阶段，房地产项目人力资源管理者根据对未来房地产项目建设的人力资源需求的预测，以及对目前人力资源状况的分析，制定出总体的房地产项目人员招聘计划。并由此而编制岗位说明、确定淘汰比率、作出招聘预算。

2. 组织实施阶段

组织实施是指为了实现招聘计划而采取的具体组织行动。本阶段主要需做好发布招聘信息、选择招聘人员、确定招聘地点等。

3. 挑选房地产项目人员阶段

在此阶段，招聘人员须对应聘者进行接待、测试、审查申请材料、面试、体检、试用，并由此而甄选合适的人员，作出录用抉择，最终发放录用通知。

4. 检查、评估及反馈阶段

这是招聘的最后一个阶段。在此阶段，房地产项目人力资源管理者对招聘过程中的各个环节进行跟踪，检查招聘工作是否在录用房地产项目人员数量、质量以及效率上达到了房地产项目建设的要求和招聘计划的标准，从而发现问题，以便对今后招聘工作加以修订，提高招聘质量。

（二）房地产项目人员的激励

对房地产项目人员的激励，是指激发房地产项目人员的积极性，勉励房地产项目人员向房地产项目所期望的方向而努力的一种对精神力量或状态加以调节的手段，它是房地产项目人力资源管理的重要内容。科学研究和管理实践的经验表明：人的行为或工作动机产生于人的某种需要、欲望或期望。这是人的共性，是人的能动性的源泉和动力，也是调动房地产项目人员积极性，提高房地产项目人员工作效能的根本性问题。

一般来说，房地产项目人员的某种行为表现，可以归结为某种动机的驱使。人们的某种需要、欲望或期望激发其内在的动力，这种动力驱使人们为这种需要、欲望或期望的实现而做出努力，这就是行为表现。当人们达到某一目标后，就会自觉或不自觉地衡量自己为达到这个目标所进行的努力是否值得。因此，又可以说，绝大多数人总是把自己努力的过程看作是获得某种报酬的过程。如果他的努力能得到相应合理而公平的报酬，他的满意程度就会增加，就有利于巩固或强化他的这种努力，并会促使他继续保持或在今后更加努力，向着更高的需要、欲望或期望而冲刺。因此，房地产项目人员的需要、欲望或期望以及他在工作中的行为表现是一个持续往返的过程。这一过程如图 14-2 所示。

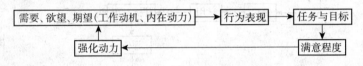

图 14-2 激励过程

心理学家曾经就人的行为表现进行过深入地研究，认为人的行为具有以下表征：

(1) 自发性，即外力不能驱动行为的产生，但是能够影响行为；
(2) 目的性，即行为的表现往往出于一定理性的目的；
(3) 持久性，即目的未达到，行为就不会终止；
(4) 可塑性，即人的行为可以被教化，会受到内、外界因素的行为的特征为激励提供了可能。

同时，由于人的上述行为特征，在采取激励措施时一般应该遵循以下程序：

(1) 了解和满足个人需求，充分调动房地产项目人员的积极性。

了解房地产项目人员的基本需求，在有利于完成房地产项目目标的前提下，尽可能满足个人需求，将个人利益和房地产项目实施的根本利益有机结合，充分调动房地产项目人员的能动性和创造力。

(2) 设置目标切实可行，给房地产项目人员以激励。

制定房地产项目总体目标或阶段性目标应该是鼓舞人心的，要从目标设置上给人以期望，由此而激发房地产项目人员的内在动机。此外，房地产项目目标的设置不能脱离特定的环境，应使房地产项目人员感到所制定的目标切实可行，通过努力可以促使他们的能动性在较长时间内保持稳定。

(3) 分析环境条件。

分析房地产项目的环境条件和管理班子可以采取的激励手段，据此而计算激励需要付出的成本和可以带来的收益。

(4) 制定激励措施。

根据对房地产项目人员个人需求以及房地产项目环境条件的分析结果，制定详细的房地产项目人员激励措施，引导房地产项目人员产生需要，并采取行动。

（5）评估房地产项目人员绩效。

由房地产项目人力资源管理班子对有关房地产项目人员工作业绩加以考核，评估房地产项目人员工作绩效，并以此作为奖惩调升的基本依据。

（6）强化动机、及时反馈、兑现奖惩。

对房地产项目人员行为予以肯定和否定。肯定是正强化，否定是负强化。房地产项目人员的行为表现与房地产项目利益发生矛盾或趋于一致时，利用正、负强化使房地产项目人员自觉地去维护房地产项目利益，同时也使个人需求得到最大可能的实现或满足。房地产项目管理班子应在认真分析房地产项目需求、个人需求以及环境条件的基础上，恰当地选择管理和激励方式，以充分发挥激励的作用，对绩效优秀的房地产项目人员予以表彰或奖励，激励其再接再厉；对劣绩房地产项目人员进行负强化，促进其改变态度及方法，以提高业绩。

激励从内容上区分，可分为物质激励与精神激励。从性质上区分，可分为正激励与负激励。从方式上区分，又可分为内激励与外激励。在激励房地产项目人员的过程中，应遵循以下原则：

（1）物质与精神奖励相结合的原则；

（2）按劳分配的原则；

（3）随机制宜，创造激励条件。

激励的方法因人而异，有效的激励要建立在对人的工作动力与行为表现的科学分析基础之上，在激励中，必须注重激励的方式与技巧：

（1）荣誉激励。

根据马斯洛需要层次理论，荣誉、尊重的需要是人类的第四层心理需要。通过荣誉的激励，可以满足房地产项目人员的荣誉、尊重的需求。越是知识丰富、层次高的人员，对荣誉激励的应激程度就越强。

（2）成就激励。

成就需要是分析许多行为动机的基础。面对挑战，一些房地产项目人员会产生出强大的动力，这是人类的一种天性。有时候，房地产项目任务本身就是一种激励。

（3）报酬奖励。

报酬是一种物质激励的手段。通过提高报酬，提高房地产项目人员的满意度，促使房地产项目人员产生成就感。

（4）挫折激励。

在房地产项目人员从事某一活动遇到挫折后，房地产项目人力资源的管理者应对这种挫折对人的影响予以足够的重视，激励房地产项目人员在挫折中坚持正确的行为方向。

（5）激励强化。

研究表明，当某种行为受到外界鼓励而得到强化后，这种行为将倾向于反复出现。因此，对于房地产项目人员的激励，应该反复进行。当房地产项目所期望的行为出现后，房地产项目管理者应善于对这种行为加以充分的肯定，使这种行为得到强化，并不断出现。

（三）房地产项目人员的使用

房地产项目的目标必须依靠房地产项目人员来实现。合理用人，人尽其才，房地产项目才会生机勃勃。对房地产项目人员的使用是房地产项目人力资源管理的目的和核心。

所谓房地产项目人员的使用，是指房地产项目人力资源管理部门按照房地产项目的任务要求，把招聘来的人员分派到房地产项目的具体岗位上，或对原有房地产项目人员进行重新调配，并给予具体的职责和权利，使他们进入工作角色，为实现房地产项目目标发挥作用。

对于房地产项目人员的使用应遵循如下原则。

1. 知事识人原则

知事是指在安置房地产项目人员前，必须详细了解不同岗位的工作内容，以及各岗位在房地产项目建设中的地位、作用和它对房地产项目人员素质技能的要求。识人就是要对房地产项目待安置人员充分了解。在此基础上，对房地产项目人员的使用才会更为科学，从而减少决策失误。

2. 兴趣引导原则

兴趣是个性的心理倾向。从事自己喜欢的房地产项目任务，任务本身就可以使房地产项目人员产生满足感，增加乐趣，提高绩效。

3. 因事择人原则

因事择人，是指要以房地产项目任务的需要为出发点，以房地产项目任务对人员的具体要求为标准，选拔和录用房地产项目人员。

4. 任人唯贤原则

用人必须出于公心，以房地产项目的总体需要为重，真正达到人善其事、人尽其职。

5. 用人所长原则

对房地产项目人员的使用，应根据个体的不同特点，尤其是房地产项目人员在素质和能力上的差异，把他们安置在相应的房地产项目工作中。

6. 试用稳定原则

在对房地产项目人员委以重任或重新进行调整之前，必须对房地产项目人员进行足够的考察，可安排一定阶段的试用，观其绩效。如人与事结合较好，则应本着稳定的原则，对他的岗位或任务保持必要的固定。

7. 优化组合原则

所谓优化组合，就是要在房地产项目人员使用的问题上运用统筹的原理，使房地产项目人员之间形成良好的人际关系，构成相互补充与配合的人才结构，以提高房地产项目的整体效率。

(四) 房地产项目人员的培训

房地产项目人员培训与发展是房地产项目人力资源开发的一项重要内容。随着科学技术的发展以及知识体系的细化与整合化，人们已无法完全掌握岗位需要的所有知识，过去所谓的人才，今日未必可以胜任本职工作。尤其在一些大型房地产项目的施工过程中，由于知识半衰期愈来愈短，知识折旧速度越来越快，房地产项目人员的认知结构是否能够及时更新，这将直接关系到房地产项目的成功与否。因此，在这样的时代背景下，对房地产项目人员的培训工作，意义显得尤为突出。房地产项目人员必须树立终身学习的思想，房地产项目组织也只有通过对房地产项目人员进行不断地教育和培训，提高房地产项目人员的素质和技能，才能确保房地产项目的顺利实施。

所谓房地产项目人员培训，就是使房地产项目人员通过多种学习形式，提高他们的专业知识和自身价值，充分发挥潜能，进一步加强他们对团队的归属感和责任感，从而促进房地产项目的成功实施。

房地产项目人员培训从工作和学习的时间安排上看，可以分为在职培训、脱产培训。从培训方式和培训内容上区分，又可分为专题研修、案例教学或亲验性练习。

房地产项目人员的培训是一个系统工程，包括如下内容。

1. 组织需求分析

在决定是否需要进行培训时，房地产项目组织要首先对外部环境和内部条件进行分析，明确房地产项目总体战略目标，以及需要具备什么能力的人才，然后对现有房地产项目人员队伍结构进行评估，找出培训点，确定培训的需求。

2. 分析培训需求，确定培训计划

培训需求分析是指了解员工需要参加何种培训的过程。这里的需要包括房地产项目需要和房地产项目人员的个人需要。培训需求的确定，主要是通过对现实进行分析，找出现实和计划目标之间的差距，从而确定房地产项目人员需要参加何种培训，房地产项目组织应提供何种培训。现实分析可以从三个方面进行：房地产项目需求分析、工作需求分析和个体需求分析。培训需求分析的方法可以采用面谈、操作测试、观察法、关键事件、工作分析、任务分析等。

3. 培训目标的设置

设置培训目标将为培训计划提供明确方向和可依循的构架。培训目标以时间划分，可分为短期、中期和长期目标。以内容划分，可分为具体目标和总体目标。

4. 培训计划的拟定

培训计划是培训目标的具体实施。

5. 培训活动的实施

培训的实施过程如图 14-3 所示。

6. 评估反馈

在培训告一段落后，应对培训的效果加以检查、评估，总结成功经验，归纳失败教训，同时也发现新的培训需求。由此而调整下一轮培训目标、计划和具体内容。

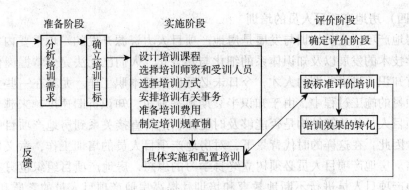

图 14-3 培训实施过程

(五) 房地产项目人员的绩效评价

对房地产项目人员的绩效评价，其主要目的是为了促进房地产项目的科学管理。此外，通过绩效评价，还可以起到以下几个方面的作用。

(1) 通过对房地产项目人员工作效能的评价和控制以及对房地产项目人员工作业绩予以认可，可以激励房地产项目人员更好地工作，使房地产项目人员体验到成就感、自豪感。此外，可以对绩效差的房地产项目人员加以惩戒，促使其提高工作效率、改善绩效。

(2) 可以评估房地产项目人员对现任岗位的胜任程度及其发展潜力，为房地产项目人员的调迁、升降和淘汰等人事调整提供重要参数，同时，也为薪酬管理提供依据。

(3) 可以了解房地产项目人员的培训需求与发展期望，从而适当调整培训计划和房地产项目人力资源管理规划，有助于人事决策的合理化。

(4) 可以了解上下级的彼此期望，加强沟通，强化工作要求，促使房地产项目人员责任心加强，以便更好地进行房地产项目人员的自我管理。

第二节　房地产项目管理团队建设

一、项目团队的作用

团队是由一些具有共同信念的人为实现共同目的而组织起来的，通过各成员的充分沟通与交流，在保持既定工作目标的前提下，采取一致的工作措施与手段，充分发挥各成员的主观能动性，运用集体智慧将整个团队的人力、物力、财力集中于某一方向，从而实现优质高效地完成既定工作任务的一种组织形式。

项目部作为公司基层管理的团队，在公司的授权下将公司的经营战略方针和经营理念贯彻于施工管理过程中，并通过沟通与协调，在各部门（员工）间的默契配合下完成既定的施工任务。由此可见，搞好项目团队建设对安全、优质、快速、高效地完成施工任务具有积极的促进作用。

二、房地产项目团队建设的内容

根据目前房地产项目施工实际来看,要搞好房地产项目团队建设,必须紧紧围绕如何提高员工队伍综合素质这一中心工作。对施工单位而言,员工除具有一定的文化素质外,还应具有一定的职业道德、文明施工、安全生产、业务技能、环境保护和廉政勤政等多项综合素质,而实践证明员工综合素质的提高是一个渐进的过程,它离不开一个良好的企业文化氛围,更离不开企业领导的重视和支持,只有员工队伍的综合素质水平提高了,开展团队建设才能事半功倍。

(一) 选好房地产项目带头人,科学合理组建领导班子

这是搞好房地产项目团队建设的前提条件。作为房地产项目经营管理的"掌舵"人,房地产项目经理不但要具有高超的领导艺术水平,还要有较强的沟通协调能力,不但要掌握岗位要求的专业技能知识,还要具备丰富的社会综合知识,不但要有较高的技术水平(业务能力),还要拥有较强的工作责任心和职业道德操守。房地产项目副职作为房地产项目经理的助手,不但履行着参谋、指导、监督的管理职能,多数情况下还直接履行着决策和执行的管理职能,其言行举止和工作作风对房地产项目员工具有强烈的示范作用,对房地产项目的团队建设工作具有决定性作用。

基于此,公司在组建房地产项目班子时,在考察班子成员工作业绩和入职条件的同时,还应将领导艺术、性格取向、大局观念、家庭成长历程和掌握的社会知识一并纳入考评要素,同时要兼顾年龄结构和知识结构,科学合理组建房地产项目领导班子。

(二) 把好部门负责人入职关

这是搞好房地产项目团队建设的必要条件。自房地产项目管理层与操作层分离管理施工以来,房地产项目部主要履行着组织、协调、指导、监督等管理职能,而部门负责人则是上述各项管理职能的直接执行者和实施者,他们长期奔波于施工一线和外部关系协调中,其一言一行不但代表着企业的外部形象,一定程度上还代表着公司的管理水平,在房地产项目团队建设中发挥着先锋队的重要作用。

为此,当聘用房地产项目部门负责人时,应本着满足公司对口管理和业主岗位要求的前提下,重点考核其职业道德、岗位工作经验、团结协作意识、责任心强弱和大局观念,在此基础上打破学历、资历,一切唯工作能力出发。

(三) 积极关注员工成长

随着社会的不断变迁,信息时代的来临,科学技术日新月异,员工所掌握的专业知识已不能完全满足岗位工作的需要,急需进行充实、拓展专业知识。

由于公司所处行业条件所限,作息时间不定,业余时间不多,使大部分员工没有机会接受再教育,加之部分房地产项目岗位分工过于专业化,使员工长期从事单一的专业技术工作,其职业生涯发展空间有限,长此以往,不但挫伤了员工的主观能动性,而且严重违背了公司所提倡的积极培育综合型人才的指

导思想，导致员工悲观失落，岗位创新动力不足，工作绩效下降，团队归属感大大降低。

为此，房地产项目领导在抓好生产的同时，应努力为员工创造一个广阔的职业生涯空间，采取多种途径和措施，打破岗位界限，为员工提供再教育的机会。在条件允许的情况下，可在近距离房地产项目间或房地产项目内部推行岗位交流机制，实现岗位工作丰富化，以此快速拓展、充实员工的业务知识，加速员工的快速成长。

（四）狠抓思想政治教育工作

随着全球经济文化一体化的不断推进，人们的社会价值观、人生观正在遭受冲击，部分优良传统也正在逐步被侵蚀和淡化，拜金主义、短期利益行为层出不穷，岗位奉献意识较早期有所弱化，这在青年人群中表现得尤为突出。目前，房地产项目管理层人员年龄多在 20~40 岁之间，其思想意识正是最易遭受冲击的群体，如不及时引导员工树立正确的社会价值观和人生观，不但无法全面贯彻执行公司和房地产项目的各项经营理念，而且直接影响房地产项目的团队建设和企业文化的培育，更直接影响企业的社会形象。为此，房地产项目领导应高度关注员工思想政治教育工作，与员工之间建立互动关系，密切跟踪员工的心理动态，及时解决员工在工作生活中遇到的困惑难题，满足其提出的合理需求，引导员工树立正确的社会价值观和人生观，树立团队荣辱观念，强化团队协作意识。

（五）营造一个优秀的人文环境

公司所处行业决定了房地产项目员工必须面对恶劣的自然条件。在此情况下，房地产项目领导如不能及时转变传统管理观念，大力推行人性化管理，坚持以人为本的生产经营理念，而忽视员工在实现生理需要和安全需要的基础上，还有归属和爱的需要、尊重的需要、自我实现的需要，必将引发员工心理失衡，工作绩效急剧下降，团队荣誉感荡然无存，并导致人才外流等现象。

对此，房地产项目领导应在为员工提供一个舒适硬环境的前提下，大力培育企业文化，努力构建一个尊重员工、关爱员工的和谐团队，给予员工一个"家"的生活氛围。拥有一个优秀的人文环境，不但能够提升企业的综合竞争实力，而且还是提高房地产项目团队凝聚力和向心力的原动力，是房地产项目团队建设的重要组成部分。

（六）建立健全规章制度

没有规矩不成方圆。要想正确引导下属员工完成既定的工作目标，树立统一的团队价值观，必须制定一套科学合理、切实有效的管理制度，以此作为团队共同遵守的法规政策，规范员工树立正确的日常工作行为，使团队建设由"人治"向"法治"转变，进一步强化法律意识，提高团队的执行力，最终实现团队以饱满的工作激情、高昂的精神斗志，迈着整齐的步伐向工作目标方向坚定前进！

第三节 房地产项目经理

房地产项目经理是企业法人代表在房地产项目上的全权委托代理人。在企业内部，房地产项目经理是房地产项目实施全过程工作的总负责人，对外可以作为企业法人的代表在授权范围内负责、处理各项事务，因此房地产项目经理是房地产项目实施最高责任者和组织者。由此可见，房地产项目经理是与房地产项目是分不开的，离开了房地产项目，也就不存在"经理"，因此，要探讨建筑企业房地产项目经理应具备的条件，就不能不说房地产项目管理，有怎么样的房地产项目管理，就必须有怎么样的房地产项目经理去管理，房地产项目管理的方式、方法变了，房地产项目经理应具备的条件也应与之相适应，否则就无法实现预期的管理目标。

房地产项目经理对房地产项目的管理主要是对房地产项目的管理，也就是说对一个建筑安装产品的全过程和最终成果进行计划、组织、指挥、协调和控制。传统的房地产项目经理通常只是一个技术方面的专家和任务执行者。而现代房地产项目经理不仅要有运用各种管理工具来进行计划和控制的专业技术能力，还要有经营管理等其他多方面能力，比如对房地产项目部成员的激励，与施工、监理、设计以及当地政府等各方的策略保持一致的能力。房地产项目经理必须通过人的因素来熟练运用技术因素，以达到其房地产项目目标。也就是说，他必须使房地产项目部成为一个配合默契、具有积极性和责任感的高效率群体。因此，在现代房地产项目管理的大环境与普遍采用房地产项目法施工的情况下，建筑企业房地产项目经理若要实现预定房地产项目管理的各种目标，房地产项目经理的能力要求既包括"软"的方面——个性因素，也包括"硬"的方面——管理技能和技术技能。

一、个性因素

房地产项目经理个性方面的素质通常体现在他与组织中其他人的交往过程中所表现出来的理解力和行为方式上。素质优秀的房地产项目经理能够有效理解房地产项目部其他人的需求和动机并具有良好的沟通能力。它又包括以下几个方面的内容。

1. 号召力

也就是调动下属工作积极性的能力。人是社会上的人，每个人都有自己的个性，而一般情况下房地产项目经理部的成员是从企业内部各个部门调来后组合而成的，因此每个人的素质、能力和思想境界均或多或少地存在不同之处。每个人从单位到房地产项目部上班也都带有不同的目的，有的人是为了钱，有的人是为了学点技术和技能，而有的人是为了混日子。也因此每个人的工作积极性会有所不同，为了钱的人如果没有得到他期望的工资，他就会有厌倦情绪；为了学技术和技能的人如果认为该房地产项目没有他要学或认为岗位不对口学不到技术和技能也会生产厌倦情绪；为了混日子的人，则是做一天和尚撞一天钟——得过且过。

因此，房地产项目经理应具有足够的号召力才能激发各种成员的工作积极性。

2. 交流能力

也就是有效倾听、劝告和理解他人行为的能力。强势领导必将制约企业的发展。房地产项目经理只有具备足够的交流能力才能与下属、上级进行平等的交流，特别是对下级的交流更显重要。因为群众的声音是来自最基层、最原始声音，特别是群众的反对声音，一个房地产项目经理如果没有对下属职工的意见进行足够的分析、理解，那他的管理必然是强权管理，也必将引进职工的不满，其后果也必将重蹈我国历史上那些"忠言逆耳"的覆辙。

3. 应变能力——灵活、耐心和耐力

众所周知，房地产项目的最大特点就是单件性，每个房地产项目均具有其独特之处，而且每个房地产项目在施工过程中都可能发生千变万化的情况，因此房地产项目的管理是一个动态的管理，这就要求房地产项目经理必须具有灵活应变的能力，才能对施工现场出现的各种不利的情况迅速作出反应，并着手解决。没有灵活应变的能力，必然会束手无策、急得如热锅上的蚂蚁一样，最终导致房地产项目进展受阻。

4. 对政策高度敏感

我国的房地产项目管理仍然是在政府指导下的市场经济条件下的管理，因此，每个房地产项目的管理都与市场的变化和相关政策的变化息息相关，而每个市场信息和政策的变化（比如材料价格调整）都有可能导致房地产项目的某个或全部目标的变化。所以房地产项目经理必须对政策具有高度的敏感，才能适应现代房地产项目管理的发展的要求。

5. 项目经理还必须自尊、热情，充满激情、充满活力

二、管理技能

管理技能首先要求房地产项目经理把房地产项目作为一个整体来看待，认识到房地产项目各部分之间的相互联系和制约以及单个房地产项目与母体组织之间的关系。只有对总体环境和整个房地产项目有清楚的认识，房地产项目经理才能制定出明确的目标和合理的计划。具体包括：

1. 计划

计划是为了实现房地产项目的既定目标，对未来房地产项目实施过程进行规划、安排的活动。计划作为房地产项目管理的一项职能，它贯穿于整个房地产项目施工的全过程，随着房地产项目的不断细化和具体化，不断地修改和调整，形成一个前后相继的体系。计划又包括工期计划、投资计划、质量标准计划、劳动力计划、机械使用计划、物资供应计划等。房地产项目经理要对整个房地产项目进行统一管理，就必须制定出切实可行的计划或者对整个房地产项目的计划做到心中有数，各项工作才能按计划有条不紊地进行。也就是说房地产项目经理对施工的房地产项目必须具有全盘考虑、统一计划的能力。

2. 组织

这里所说的房地产项目经理必须具备的组织能力是指为了使整个房地产项目达到它的既定目标，使全体参加者经分工与协作以及设置不同层次的权力和责任制度而构成的一种人的组合体的能力。当一个房地产项目在开始实施时该房地产项目领导者的房地产项目经理就必须充分利用他的组织能力对房地产项目进行统一的组织，比如确定组织目标、项目工作内容、组织结构设计、配置工作岗位及人员、制定岗位职责标准和工作流程及信息流程、制定考核标准等。在房地产项目实施过程中，房地产项目经理又必须充分利用他的组织能力对房地产项目施工的各个环节进行统一的组织，即处理在项目实施过程中发生的人和人、人和事、人和物的各种关系，使房地产项目按既定的计划进行。

3. 目标定位

房地产项目经理必须具有定位目标的能力，目标是指施工房地产项目为了达到预期成果所必须完成的各项指标的标准。目标有很多，但最核心的是质量目标、工期目标和投资目标。房地产项目经理只有对这三大目标定位准确、合理才能使整个房地产项目的管理有一个总方向，各项工作才能朝着这三大目标进行开展。要制定准确、合理的目标（总目标和分目标）就必须熟悉合同提出的房地产项目总目标、反映房地产项目特征的有关资料，如招投标文件、施工图纸等，还必须熟悉反映当地建设条件的有关资料（如当地气候资料、工程地质及水文资料等）以及国家的有关政策、法规、规范、标准、定额等。

4. 对房地产项目的整体意识

房地产项目是一个错综复杂的整体，它可能含有多个分项工程、分部工程、单位工程，特别是近年来我国的大型房地产项目逐渐增多，如果对整个房地产项目没有整体意识，势必会顾此失彼。

5. 处理房地产项目部与外界之间关系的能力

这是公共关系学科中的一种。房地产项目部与外界之间的关系具体来说主要有以下几个方面：房地产项目部与参建方（施工、监理、设计）之间的关系、房地产项目部与上级主管部门之间的关系、房地产项目部与当地税务、财政、保险、政府、执法等部门之间的关系。只有处理好、理顺房地产项目部与这些外界之间的关系才能使工程顺利进行，因为没有这些外界的支持、指导、协调、帮助，房地产项目的实施势必走到孤立无援的绝境之中。

6. 授权能力

也就是要使房地产项目部成员共同参与决策，而不是那种传统的领导观念和领导体制，任何一项决策均要通过有关人员的充分讨论，并经充分论证后才能作出决定，这不仅可以做到"以德服人"，而且由于聚集了多人的智慧，该决策将更得民心、更具有说服力，也更科学、更全面。

三、技术技能

技术技能是指理解并能熟练从事某项具体活动，特别是包含了方法、过程、程序或技术的活动。优秀的房地产项目经理应具有该房地产项目所要求的相关技术经验或知识。技术技能包括在具体情况下运用管理工具和技巧的专门知识和分析能力。具体包括以下五点。

1. 使用房地产项目管理工具和技巧的特殊知识

房地产项目管理是一门新兴的管理科学，是现代工程技术、管理理论和房地产项目建设实践相结合的产物，它经过数十年的发展和完善日趋成熟，并以经济上的明显效益在各发达工业国家得到广泛应用。实践证明，在经济建设领域中实施房地产项目管理，对于提高工程质量、缩短工期、节约成本等方面都具有十分重要的意义。每个房地产项目管理都有其特定的管理程序和管理步骤，现代的建设房地产项目大多是综合工程，房地产项目经理必须掌握现代管理方法和技术手段综合运用，比如决策技术、网络计划技术、系统工程、价值工程、目标管理和看板管理等，在施工管理过程中实施动态控制，才能使房地产项目圆满的完成，并最终达到既定的房地产项目目标。

2. 相关的专业知识

如工业与民用建筑专业知识、道路与桥梁专业知识、水利、电力、港口等方面的专业知识，以及诸如建筑经济、技术经济、概预算等方面的经济知识和经济法、合同法等方面的法律知识。只有掌握这些方面的一定的专业知识后，在房地产项目实施过程中，遇到与相关专业有关的事件时才能得心应手，在处理经济问题时才能立于不败之地。

3. 计算机应用能力

计算机技术的飞速发展为我国的经济建设起到了举足轻重的作用，在一些高科技领域，计算机已成为办公必不可少的条件。在房地产行业同样如此，手写文件的时代即将成为历史，这不仅是因为计算机能提高工作效率，而且按照有关要求，各种来往文件、资料等均必须采用计算机来完成。因此，作为一个房地产项目的经理就必须掌握一定的计算机应用能力，比如建筑制图、文字处理、数据库等，才能与时代相适应。

4. 房地产项目经理还应了解相关的房地产项目知识，并理解房地产项目的方法、过程和程序，只有具备了这些较为全面的知识后，才能在房地产项目的管理过程中灵活应用各种管理技术。

5. 房地产项目经理还必须具有一副健康的身体和丰富的实践经验

由于工程繁忙，尤其是风险大或进展不顺利的房地产项目，房地产项目经理将肩负沉重压力，因此要求具有健康的体魄。同时房地产项目经理是亲临第一线的指挥官，要随时处理房地产项目运行中发生的各种问题，因此应具有丰富的房地产项目实践经验，才能对施工现场出现的各种问题迅速作出处理决定。

总之，一个优秀的房地产项目经理不但要自信、奋进、精力充沛、善于沟通，而且还要具备广泛的管理技能和相关专业的专业技术与技能，才能顺利实现房地产项目的各种既定的目标。

四、房地产项目经理权利与职责

(一) 房地产项目经理的权利

1. 生产指挥权

房地产项目经理有权按工程承包合同的规定,根据房地产项目随时出现的人、财、物等资源变化情况进行指挥调度,对于施工组织设计和网络计划,也有权在保证总目标不变的前提下进行优化和调整,以保证房地产项目经理能对施工现场临时出现的各种变化应付自如。

2. 人事权

房地产项目班子的组成人员的选择、考核、聘任和解聘,对班子成员的任职、奖惩、调配、指挥、辞退。在有关政策和规定的范围内选用和辞退劳务队伍等是房地产项目经理的权力。

3. 财权

房地产项目经理必须拥有承包范围内的财务决策权,在财务制度允许的范围内,房地产项目经理有权安排承包费用的开支,有权在工资基金范围内决定房地产项目班子内部的计酬方式、分配方法、分配原则和方案,推行计件工资、定额工资、岗位工资和确定奖金分配。对风险应变费用、赶工措施费用等都有使用支配权。

4. 技术决策权

主要是审查和批准重大技术措施和技术方案,以防止决策失误造成重大损失。必要时召集技术方案论证会或外请咨询专家,以防止决策失误。

5. 设备、物资、材料的采购与控制权

在公司有关规定的范围内,对工程材料、安装设备等有权按质量标准检验后决定是否用于本房地产项目,还可自行采购零星物资。

(二) 房地产项目经理的职责

1. 确保房地产项目目标实现。

这一项基本职责是检查和衡量房地产项目经理管理成败、水平高低的基本标志。

2. 制定房地产项目阶段性目标和房地产项目总体控制计划

房地产项目总目标一经确定,房地产项目经理的职责之一就是将总目标分解,划分出主要工作内容和工作量,确定房地产项目阶段性目标的实现标志,如进度控制点等。

3. 组织精干的房地产项目管理班子

这是房地产项目经理管好房地产项目的基本条件,也是房地产项目成功的组织保证。

4. 及时决策

房地产项目经理需亲自决策的问题包括实施方案、人事任免奖惩、重大技术措施、设备采购方案、资源调配、进度计划安排、合同及设计变更、索赔等。

5. 履行合同义务，监督合同执行，处理合同变更

房地产项目经理以合同当事人的身份，运用合同的法律约束手段，把房地产项目各方统一到房地产项目目标和合同条款上来。

复习思考题

1. 简述人力资源管理的概念。
2. 简述人力资源管理的具体任务。
3. 简述房地产项目人员的激励。
4. 简述对于房地产项目人员的使用应遵循的原则。
5. 简述房地产项目人员的培训的内容。
6. 简述项目团队的作用。
7. 简述房地产项目团队建设的内容。
8. 简述房地产项目经理权利与职责。

第十五章
发达国家房地产项目管理的经验与特点

发达国家和地区的房地产项目管理丰富的经验和特点，世界各国多民族的优秀传统和现代高新科技在房地产业方面反映的成果，值得我们学习借鉴。本章主要介绍美国、新加坡、日本、韩国、法国、德国、加拿大、英国等国家近年来的住宅建设最新的管理情况，同时概要介绍瑞士、荷兰等国家的住宅建设开发情况。他山之石，可以攻玉。经过消化、融会、整合，相信会对我国的房地产项目管理有所启迪和收益。

第一节 美国房地产项目管理的经验与特点

一、超前规划

美国是典型的城市化国家。200多年来，国家致力于城镇开发，并且能够坚持规划前导的理念，而且将之推广使用于房地产项目管理。众所周知，城市房地产项目必须服从、服务于城市总体规划，而不是听从房地产项目或者盲从房地产项目的市场需求。执著不移的规划理念是人类近代文明走向成熟的理性标志，规划是对未来既定项目区位及其功能的前瞻性构想。从项目管理的信息系统来认识，规划其实是一切具体项目最基础、最原始的项目。任何背离规划的具体项目可能获得局部、一时的成功，但最终必将会因此留下贻害大局的久远遗憾。

1790年美国定都华盛顿，由法国工程师朗方以国会和白宫为中心制作城市总体规划，突出首都政治功能，限制经济事业发展及其项目建设，严格控制城市规模，总人口不超300万。由此保留了超级大国、袖珍首都的良好环境和可持续发展后劲。

1968年美国颁布《新城镇开发法》，进行"示范城市"实验，帮助村镇确定最适合建房的区域和值得长期保留的村镇风貌，遏制特大城市无序盲目扩张、居住空间嘈杂恶化，规划导向兴建"都市化村庄"。即在公路两旁不规则地排列着商业、服务业或公寓综合性建筑，而四周则是大量的层次错落的住房。每个"都市化村庄"既有自己的庭院也有自己的外延，房地产价格低于大城市，环境幽雅、具有乡土气息半城乡式的住宅吸引越来越多的人离开大城市。如今美国2.5亿人中近一半居住在"都市化村庄"。美国的房地产项目规划导向成功地避免了大都市无限扩张，土地资源紧张，住宅被迫高层化的恶果蔓延。1994年美国1069个城市中100万人以上的大城市仅有9个，而2万人以上10万人以下的小城市占90.83%，多达971个。

美国通过各种立法途径确立规划的地位，联邦政府在各地设有不少临时性的专项项目规划委员会，大到一个城镇，小到一幢住宅都要在建设立项前作出严格的整体规划和详细规划。对建筑性质、高度（地上空间权）、深度（地下开发权）、容积率（地面使用权）等规定尤为严格，一经确认不得随意变动。住宅项目因特殊情况确实需要调整规划的，可以通过以下途径变更。

（一）组织专业听证会

社区建设普遍采用的专业听证会，由市政府主持，实行二次听证表决制。项目建设的开发商必须详细公告每个项目对周边环境的影响程度，市民持有异议可以要求听证，开发商必须回答。然后由听证委员会委员听取双方意见，直至无人要求发言后才进行表决。

（二）有偿转让容积率

住宅发展商要突破规划许可提高容积率，"必须经政府审批同意，同时落实资金在另一块规划地域的建筑项目容积率中偿还，而且规定两幅地块、项目单体容积率高低相加不得大于规划设计的总容积率。政府对不同项目容积率实行总量控制平衡的有偿转让，从中收取一定比例费用，建造中低收入者的廉价住房"。

二、个性独特

美国住宅有一个其他国家难以相比的特点：个性各异、互不雷同。这是因为美国不仅是一个高度开放的现代化发达国家，世界各国各族各界人士都有人在此居住，而且美国民族历来崇尚自由个性。美国人大胆借鉴、创新外来民族的多国文化，将外来建筑融入美国本土的元素和美国人对生活、对居所独有的理解，创造极富"自由、自我"个性的美式住宅。

去过美国的人说在美国不必担心迷路，原因是美国的住宅互不雷同，绝无千屋一面的认同感。只要细心关注，每处住宅都是不同的，每幢住宅都凝聚着开发、建造者和主人的良苦匠心。即使沿街联排的独立门号房屋也都是清晰可分的，两屋之间墙与墙仅有8~9公分的间隙，但永远是独立可分的，怕麻烦的美国人处处喜欢保留自己的财产独立性和不受干扰的私密性。

美国人不求雷同保持自主特色的结果造就了独特的美国住宅文化。因此，在房屋造型上，项目建造开发商往往会提供更多的个人自主设计自由，甚至对同一住宅提供两个不同的效果立面和将来房型改造装饰的方案，从而满足购房者的标新立异欲望。

美国住宅的独特个性还可以具体体现在许多地方。

（一）住宅空间重新划分

美国人对蜂拥而来的世界住宅文化艺术，在借鉴的基础上加以改革，重新赋予崭新的理念。典型的美式住宅无论是户型、外观、朝向还是功能分区，都最大限度地追求人性化舒适感和自由度。美国人不以传统的卧室、客厅、卫生间来划分空间，而以住宅空间功能来划分不同的区位，重新定义空间类型，功能规划更为细腻，为全新生活方式提供完善的空间与室外动感支持，充分满足个性与生活品质的追求。将礼仪区、私密区划为重中之重，体现马斯洛需求中高品位的人性精神升华。

现代美国住宅将分区标准更贴近人性需求，一分为五。开放区为：入口、餐厅、起居室；私密区为：主卧、次卧、书房、卫生间；交往区为：厨房、早餐室、客厅室；功能区为：洗衣房、储藏室、车库、阁楼、地下室；室外区：包括沿街立面、前后庭院、平台、硬地。科学体现住宅生活空间利用规律，值得借鉴。

（二）设计造型周到别致

美国人讲究纯生活"白日梦"式的住宅形式，特别崇尚完美体现个人风格的富有生活感的住宅，讲究住宅设计的共同参与，选址注重环保，功能实现一辈子各年龄段都能玩乐、享用。喜欢不拘一格，对外观造型提出异想天开的要求：汽车型住宅、船式住宅、树上住宅、倒立式住宅，伴随仿生学和新工艺材料的风行日益出现。可以随处流动的汽车房屋近年风行，目前已有800万人入住汽车住宅，相比每套单价20万至30万美元的普通住宅，汽车住宅单价仅1.5万美元，地方虽小，但这间拖在汽车后面的住房照样可以分隔出卧室、客厅、浴室、厨房。2001年密西西比州选购新居的人群中，钟情汽车住宅的高达61%。

三、外华内实

美国住宅建筑外观设计、造型选材，独特新颖，而且较为豪华时尚，但住宅内部功能设置、装饰通常趋于平实，因人的个性需求、经济实力各异，不盲目追求时髦。住宅大都属装饰房，甚至包括种树植草，简洁但很周全，基本满足人住需求。

美国人把法国、德国等欧洲修旧保古的理念引入到住宅改建的"安居工程"，取得令人瞩目的成功，大批优秀的住宅项目经理人才脱颖而出。加州埃斯康迪多市50年前破旧不堪的旧公寓在建筑师琼·希恩的杰出设计后，被改造为焕然一新的新式庭院住房。他摒弃连接各户阴森的长廊，把各户出入口建在公寓外面，门前辟出怡人的绿茵小道，同时将废弃走廊改为壁橱和洗衣房，大大增加了使用空间和景观空间。美国人喜新厌旧，喜欢豪华而又实用，马萨诸塞州首府波士顿市郊的林肯镇住宅单价高达 50 万美元，为使警察、教师、工人等低收入者也能入住其间，建筑项目经理人建造了 37 栋外华内实的公寓，外表与附近住宅一样高级豪华，内部却是每栋 2~4 个单元套的普通住宅，以 8.5 万至 10.5 万美元价格出售，被年收入 4~5 万美元的低收入者购买一空。洛杉矶贫民区内一幢名叫"西蒙娜"的五层旅馆，采用不锈钢、玻璃结构大门，外观豪华精美，内部却严格按经济住房原则建造，没有空调，浴室公用，配有有线电视、全套家具，每周换洗一次床单，每月租金仅 220 美元，是专供低收入单身居住的旅馆或公共住宅，适应激烈竞争的人才流动时代需求。

正当欧洲住宅装饰将不少于 30% 的重金投入到厨房及其灶具上时，求真务实的美国人却正在远离厨房，不愿自己动手做饭，没有时间去做饭或者懒得做饭，使得越来越多的美国家庭干脆取消厨房，将厨房改造成酒吧、书房或者餐厅。美国人精打细算地发现近一半家庭每天到厨房制作饭菜的时间不足 30 分钟，在厨房上浪费宝贵的金钱和昂贵的空间太不合算，不如叫外卖或外出餐馆吃饭，省时又省钱。于是，2001 年的美国住宅业开始震撼并作出更快的房型革命反应。

四、绿色能源

美国不少地区长年气候偏寒，住宅能源的消耗是居家置业人士必须考虑的一个重要经济指标参数。太阳能的研究、开发、利用，提升美国住宅的能源经济含量。一次偶然的自然灾害引发了美国住宅能源革命。1938 年强劲台风摧毁了美国东海岸马萨诸塞州普利茅斯地区的电网设施，由于地处偏僻，修复艰难，习惯依赖电能源的居民深感不便，随着太阳能技术的出现、发展和完善，他们开始率先利用太阳能，并推进全美开展声势浩大的脱离电网运动，从而改变美国家庭能源消费和房地产传统模式。生产商、住宅商看准有利可图，便蜂拥而上推波助澜，来自美国的新阳光成为人类能源理念革命的新曙光。50 年的努力，"美国已有 10 万户家庭能源自给自足，太阳能系统的造价每瓦特最大负荷成本从最初的 300 美元降到目前的 3.5 美元。"新阳光使住宅增加太阳能聚光、电池、电路的设计，带动家用电器的更加节能化。尽可能地采用大面积玻璃、明室、明厅、明厨，大大减少能耗。能随太阳光照旋转的新阳光住宅，又使美国技术享誉全球。

1992 年政府启动"能源之星"革命，并于 1994 年颁布《节能法案》，强制规定所有联邦机构必须采购高能效、低污染、新科技产品。其中住宅的建筑质材必须采用绝热材料，节水设备，低能耗墙体，层面材料。美国式节能窗以 PVC 与中空玻璃为基材，推行五种结构节能窗：①PVC 加木芯；②PVC 加中空玻璃；③仿铝合金高强度变性 PVC；④铝合金加 ABS 冷桥；⑤木纤维复合 Fibrex 材料。

2001 年，美国住宅设计依托高科技的电脑模拟数据分析，在太阳能利用上实现三大突破：①根据物理光电效应设计建材一体型的光伏电池板，使其具有更大的贮存转换容量和形式；②设计无源式太阳能热介预制住宅建材用砖，将足量的热介质灌入混凝土砖中心，砌墙造房，住宅全方位感应接受太阳能，而无需依赖传统的屋顶太阳能接收仪；③设计电致变色玻璃，控制能源无因发散。传统住宅采用加厚朝北墙体缩小窗户面积，阻止或减少热能耗散。美国住宅采用电脑精确设计不同朝向玻璃窗体大小和选材，变色玻璃只要通过按钮即可使双层玻璃中的液晶排列发生变化，夏天变暗，阻止强光入内，减少冷空调能耗；冬季变亮，接受更多太阳光能入户。"美国能源部总部2980平方米的太阳能墙每小时发电200千瓦，至少可供60户家庭住宅用电。"目前普及全美的建材广泛采用木结构框架轻墙建筑体系，石膏板玻璃棉、纤维板为主，钢材、水泥用量极少，3层以内的住宅造价低廉。

五、安全预警

现代项目管理的安全理念绝对服从于人的安全第一，所有项目的建设、建成、使用的安全无不通过人的努力得以实现，施工安全是为施工者的生命保安，住宅安全是为居住者的安危保驾。失去安全性能的住宅项目是对人命、人性、人权的绝对漠视，只能沦为危房、祸房或者犯罪温床。因此，为项目安全，项目建设、管理安全、建筑物所有人、使用人、得益人的安全提供细致入微的服务，是住宅项目经理人必须优先考虑的永恒话题。

（一）严密无隙的防盗报警系统

美国大多数城市的社会治安情况不尽如人意，2亿多人口中有枪者高达1.3亿人。美国人天生好动、爱自由，具有强烈的独立意识和个性。住宅大都独立，多数为2层楼房加地下室，少数居住在联排公寓高楼，也有独门独户，严守私密，非请莫入。而且所有楼宅前后四周绿地遍及，不见高大围墙和2米以上的铁栅栏，仅有界址标志性的低矮木栏或者低灌木丛。至于门窗基本一览无余，没有铁笼之感。如此开放的住宅和不稳定的治安现状形成强烈反差。

其实，美国住宅均在暗处悄然隐蔽布防，代替高墙、铁门、铁栅栏的是先进的智能预警装置。凡是独立住宅，100%会由住宅开发商、经理人或者民间保安公司"量体裁衣"、因地制宜设计、安装配套的防盗预警装置。所有门窗出入口、隐蔽部位埋设的遥感报警器不易被人发现，或者即使发现了也很难逾越，因为只要有人开门窗入室，或有人影在楼梯走道上移动，40秒钟内即会自动报警，负责24小时监控的保安公司马上会来救援，并视情通知救护中心、消防部门或者警察局，即使主人不在家或者全家睡着了也无关系。唯一的缺点是报警装置不能识别主人还是外人，只要有人就报警。因此主人一回家同样必须在40秒钟内关闭报警系统，只是在无人或入睡时才打开，睡醒外出必须消除锁定密码才能开门，不能违序，否则一定会有惊无险，使得保安公司虚惊一场。此外，作为一种辅助措施是饲养家犬防范意外，于是，狗屋犬舍成为住宅必须设计项目之一。

住在高楼的宅主依托电子报警器。纽约的公寓通常警备森严，底层都有警卫室，未经许可，不能擅自上楼，可视电话、内控电子门时刻传达宅主的意志。高级楼宇的探测器24小时监视着每个出入通道和门窗，高清晰度的数码相机随时可以保全不速之客的真实面容，当外来入户者企图遮盖探头、相机镜头时，远红外感应器同时拉响警报，封锁走道。高新科技充分运用于住宅安全防范是美国的一大特色，其间凝聚着住宅智能化开发者的智慧创意与安全理念。

(二) 严厉详密的安全监管机制

美国采用的是法定机构专管制：美国职业安全与健康管理委员会（简称OSHA）承担着全行业的职业"安全工程师"重任，其所编制的建筑业安全和健康标准（编号为298CFR1926，简称OSHA标准）26个部分10万余字详细设定了非常严厉的安全健康规范。因此成为极富权威的项目安全法案。在OSHA标准中，雇主作为项目的总承包商或分包商负有事先控制、防范工作环境中一切潜在危险因素的第一义务，既是安全工作的组织者，又是责任直接承担者。"以工地饮用水安全控制为例，OSHA标准规定为：所有工地必须供应的是饮用水；所有饮用水必须封闭保存，并加配安全可靠的水龙头；普通饮水杯不准带入现场，只能使用承包商提供卫生的一次性饮水杯；未使用过的饮水杯和已用过的饮水杯必须分别存放，并加以鲜明标识以防交叉感染。如此严密、细致的安全卫生监管措施，显示了OSHA标准的严格的安全理念。近10万字的条款所以能被承包商、项目经理人接受并充分运用在每个项目建设，除了OSHA标准的合理、可行以外，OSHA的免费培训发挥了巨大的滚动效应"。所有承包商、项目经理人乃至工人，只要愿意都可以一视同仁地获得OSHA专门咨询、培训机构的及时帮助，提供周到的专业服务，有助于提高承包商、项目经理人、施工者的自我保护安全意识。

当然OSHA决不轻易放弃法定的现场检查职权。OSHA可以随时通过自查或授权其他机构检查，对5种违规行为实行严厉的惩处，高达20万美元的罚金和必要时追究刑事责任的规定，一定程度上杜绝了草菅人命，疏于安全的违法行为。经过多年的努力，美国以及其他采用OSHA法案准则实施项目安全管理的国家和地区，安全事故的发生率被控制到了历史最低水平，继传统项目管理投资、质量、进度三大目标体系之后，完全逐步成为关键性的第四目标，其地位在不同国家有不同程度的提升，"安全第一"的项目经理理念已屡见不鲜。

(三) 绝不妥协的咨询工程师

美国把细部监督的重任交给不同资质的专业公司，工程咨询公司、项目管理公司、顾问公司随处可见，竞争激烈，其主干成员是懂技术、有胆识、讲法制、守信用的咨询工程师。咨询工程师采用现代高科技智能设施参与项目的整体策划，并把重心放在前期阶段的规划、设计、可行性研究以及逆向否定思维的不可行性对抗分析，特别重视新技术、新材料的开发、利用。咨询工程师不限于现场的控制监理督查，更注重整体技术、效果、效益的细部落实监控，一旦发现问题立即通过计算机预演推证，办事效率高，作风严谨、细致，绝不向任何瑕疵妥协，成为首条职业操守。为此，人们十分信服地对咨询工程师委以重权，承包商必须服从咨询工程师下达的各种指令。咨询工程师签发的"开工令"、"停工令"、"付款令"、"惩处令"都直接发生法律效力。一切施工资料、组织方案、实施进度计划都必须限期、如实、事先送报咨询工程师并接受监督。竣工验收、结算、审计经费当然更离不开咨询工程师，因为他们拥有最权威的质量否决权、工款拨付权、违约惩处权和不合格承包商的调换权。

铁面无私的咨询工程师代表业主与承包商签订严密详细的项目合同，任何一项达不到合同规定必须执行的技术要求或标准规范，不论承包商是否存在故意，只要出现质量问题，都被认定为轻重程度不一的欺骗、欺诈行为。受到"不可信任"函告的直接后果是被责令限期自费修复瑕疵，甚至摧毁重建。承包商拒不改正的，将被处以严厉的惩罚，轻者没收签约时交付的风险抵押金，另选其他有能力的承包人用受罚承包商的费用完成整改；重者被取消工程承包经营资格，列入行业黑名单。咨询工程师与承包商的关系通过法律调整，承包商不服可以上法院起诉，咨询工程师的强制惩处令可以通过法院执行。政府通过法律只管咨询公司、咨询工程师资质，不过问具体业务，咨询公司、咨询工程师的信誉、质量、技能素质完全由市场竞争优胜劣汰。

"业主聘请咨询工程师需要支付工程造价5%～10%的费用，另外承担咨询工程师主管项目发生的通信、交通、差旅、加班（按小时计算）费和检测设备使用费。咨询工程师监管有方，咨询公司的合理建议被采用，其所产生效益，按节约费用的30%～50%由业主予以额外奖励。"

（四）诚信为本的质量倒查思维

美国的住宅开发商执行质量保障依靠的是法制，政府不介入验收，主要由业主、开发商自行检验，发生争议由法院或仲裁部门裁定。购房者买入时也有责任仔细核验，通过合同随时监督质量变化。有远见的项目建设商多半勇于承担社会责任，采用逆向跟踪方法，对物业管理部门发现的常见质量问题进行剖析，认真把好建设中的前期质量关，提前吸纳合理的售后管理要求，做细、做深、做好项目的每个交替环节，不把存有瑕疵、先天不足的隐患留给住户和物业管理部门。他们十分注意建筑物与构筑物、住宅本体与设备设施附加物的质量连接，力求用过硬的质量塑造企业的市场竞争实力。

2000年美国80%的企业已经实行高于全面质量管理（TQM）的"业务流程创新"管理思想（BPR），即对关键性的业务流程作出反思及重新设计，以使成本、质量、服务等各关键环节得到根本改善。业务流程在反思中重新设计，引起企业组织各相关部门、岗位、协调方式、相互关系、价值取向的连锁调整，甚至被彻底改造。住宅项目建设业内调查，发现96%以上的质量发生在结构、电梯、消防、空调、取暖、安全、照明、管道、通信9个系统以及各种出入口、结合部。采用BPR理念提请设计更优化和建设监管更严化，迅速产出效益，提高住宅质量。

六、智能创新

号称智慧建筑之母的美国，1984年康涅狄格州的哈特福德市建造了人类第一座智能化建筑。1988年美国制定了智能化住宅系统（HIS）和通信标准家庭总线（HDS）也称为消费电子总线（CEBUS）。1992年正式颁布后成为世界智能建筑的通用规则。美国政府、住宅开发商、制造商、保险商、财政机构等组成的"智能化住宅技术合作联盟"，经总统宣布成立。负责对住宅智能化技术、产品、应用系统等进行测试、规范，引导新技术进行住宅设计和建造。"2001年，全球最大的住宅智能化住宅群出现在美国，占地3359公顷，约由8000栋小别墅组成，每栋别墅设置16个信息点，仅综合布线造价就达2200万美元。"

智能住宅，美国称之为"智慧屋"，欧洲称"时髦家"，亚洲则普遍认同为"智能化楼宇"。问世至今不足20年，但发展趋势和速度惊人。智能住宅，就是通过现代化高新科技信息与电脑计算机的总线网络载体，使住宅建筑物、构筑物及其附属设施、家居器物，乃至车、船、飞机等交通运载工具的功能发挥最优化监控，管理、服务效率最大化。美国住宅智能化特点明显，有以下两点。

（一）综合布线、预留空间

美国的智能化开发已经从智能办公楼厦转向住宅小区，并且在实际的设计、建筑中取得令人叹为观止的成果。按需定位，分类配置不同档次的智能住宅，被市场认可为最佳的项目建设理念。事物总是在向前发展，人的需求与实现需求的能力总是在不断变化。为暂无承受能力者预留将来启用的智能化网及其空间，成为现代高科技住宅必须正视的事实。智能化管网通过智能化系统，将与人们日常生活有关的事情高度综合汇聚一体，服务千家万户。美国提出家庭网络化的对策是一分为三，即普及项目、可选项目和特需项目。凡科技条件成熟、性能、价格较为合适的列为基本普及项目，通常包括防盗报警、紧急求助、消防报警、燃气防漏、语音通信、有线电视、水、电、气表出户、公共场所监控、边界防范、出入El控制、巡查值班等系统；技术条件成熟，但费用昂贵，操作相对复杂的则为按需增设的可选项目，如对家电的远程控制、网上炒股、影视点播、国际互联上网、一卡通等；凡科技条件复杂且不成熟、外界环境条件尚不完备或投资成本太高的特需项目，暂不强求实施，如集中空调系统、网上购物、远程急救诊疗等。智能化高科技逐步成为提高家居生活品位的重要手段。

（二）居家使用、联网社区

来到高新科技时代的发达国家，住宅的价值品味已经渗透到其间的智慧空间，即智能化程度。住宅项目必须为居住于宅内的人及其需求服务，当然包括工作、创业的智能化功能。"足不出户、居家办公"，住宅内含的智慧空间，也为此作出了不凡的贡献。20世纪70年代起，美国、法国悄然兴起"远程办公"的革命，美国科思系统公司4万员工，其中2万人至少在家工作一天。而在全美国每月至少在家办公一天的美国人超过5200万人，完全在家办公的SOHO族已有1200万人，占全美国就业人员总量的12%，而且呈现不断上升趋势。SOHO族是英语"Small Office, Home Office"的缩写，是指居家办公，互联网则是其工作生存空间。人们可以把消耗在上下班途中的时间用于更多的创业、生产，产出更大的生命价值。居家办公，引领住宅演变成为社会生活的单元空间，办公区的产生预示信息文明对传统工业文明住宅定义的革命，自由职业人居家办公对智慧空间的要求首次超过居住空间的原始意义。发达国家房地产资金分配显示，景观空间、智慧空间的营造价占住宅总成本的70%~80%。

有资料显示美国大城市智能家居约占4%，5年之后将发展到45%。据洛杉矶市KB公司调查，在美国有8%的业主愿意购买这种造价每平方米上千美元的住宅。

七、政府公寓

美国二亿五千万人口，住宅自有率66%，人均居住面积60平方米，名列世界第一。美国通过完全市场化的形式解决国民不同需求的住宅，其典型特色体现在4个方面。

（一）原则不建公房

无论政府部门还是企业单位都不自建公房，连州长、总统任期内居住的也只是周转官邸房，而且要自己付租金。任期满必须搬出，自己到市场上通过租、购解决居住问题。

（二）分类保障供房

美国采用立法定政策的办法，按国民收入高、中、低不同层次决定对应住宅政策，基本原则是放开高层，稳住中层，托牢低层，确保基本解决有房可住的社会问题，具体落实在鼓励买房时给予必要的优惠支持：

（1）税收普惠制。颁布《首次购房减税法》，规定所有首次购房者可以在购后2年内减免税收10%。但合计总减税收不应超过5000美元。

（2 贷款特惠制。立法规定中低收入购房贷款，政府提供一定比例政策性低息贷款，不足部分可另申请银行商业贷款。但每月贷款偿付额不得超过全家收入的36%，其中住房贷款偿付额不超过28%，偿还期最长30年。同时实行政府担保制，一旦发生业主无力支付房款，政府即安排搬入廉租的政府公寓，并拍卖其住房，由买受人一次买断或继续偿付欠款，当然拍卖的总价一定低于原价。美国家庭的一般住房面积为160平方米，中等收入者至少200平方米。普通工人家庭都有客厅、卧室、厨房、浴室、洗衣室、储藏室等，冷暖空调设备齐全。住房高低档次差别在于所处地段、环境、室内陈设和装饰以及庭院和房屋结构的联体、整体还是独体。因此，美国的住宅大都按栋买卖，而不是按平方米面积大小来计算。1栋房十几万美元是普遍的，买房靠贷款也是普遍的。

（3）租售选择制。即住宅的购买或租赁，由公民在法定范围内自由选择，其基础是国家推行政府公寓。所谓政府公寓（Apartment）是政府采用贴息政策支持，控制建设标准和售价，由房产开发商承建的社会福利性住房。政府公寓居住条件并不差，政府职员可以优先入住，但由于长期形成的观念，稍有经济实力的人通常不愿入住，宁可去买连栋房、独立房或者二手商品房。芝加哥市北密执安大街的云端公寓，高耸入云，名列世界第六高的住宅大厦，顶部几层703套住有1500多个低收入者、单身汉或者老年夫妇。离地306米高的92层居民很少下楼。政府公寓分为共有公寓和合作公寓两类，合作公寓产权归业主，是标准的产权房，可以进入市场自由买卖。共有公寓只是使用权房，只租不售，专门保证供给低收入者居住，当然除政府公寓以外，其他商品房、拥有产权的公寓房也可以自由租赁，但美国人的目标是拥有自己的房，不是万不得已不会长期租房度日。

美国国会正在制定《房屋维持津贴法》，规定各州为维持低价住房的计划每花费1美元，联邦政府即给予2美元的资助，支持政府公寓住房制度的可持续推进。

（4）租而不售制。主要适用特定社会弱势群体，如退休老人、无业人员、残疾者、单身低收入者等支付租金获取住宅有限使用权，属于社会最低需要保障。这类住宅以政府公寓为主只租不售，房租只有几十美元，是市场价的10%左右，且租金超过户收入25%以上的部分由政府全额补贴。仅此一项，美国政府每年要支付100亿美元，低收入住房必须登记、排序，经过严格审查，公开宣誓无欺诈行为才能入住。只租不售的政府公寓不能转让或者转租，主人去世，子女或者其他人继承必须通过同等严格的审批，符合条件的才能续租。例如美国的老人公寓一般是群居大楼，7层高，内分套房，一室户、三室户。是由政府或社区出资为65岁以上退休老人提供的公益性住所，一般收费不多而且租金高低视其子女收入决定。收入低者租金仅100美元，高收入的第一年房租为收入的三分之一。以后逐年递减。老人公寓装有中央空调和统一的安全保卫服务，一般有提供医疗和起居护理服务，因为唯有美国是按生活能力来决定老人住处的。老人公寓的入住者必须身体健康能够独立自理生活，无需他人照顾。一旦生病；丧失自理能力即由政府通知子女领回，由子女转入私人的家庭式老式院或老人护理院。美国的老人公寓租而不售，分类居住；因此房屋性能远不及日本和新加坡，最大的差别就是群居大楼，而这对独立性极强的美国人是难以想象的。尽管如此，老人公寓仍供不应求，一般要等3~8年才能轮到入住。

（三）房产交易兴旺

美国人生性好动，不断买房、卖房、搬家，越年轻越爱搬家，中青年搬迁率高达80%，目标是搬好房、大房、买自己房。老年人的搬迁趋势是搬小房、低层房、卖房租房。"美国人住房"两头小中间大"，不断变换，刺激着整个住宅经济和市场。传统的方式是先租后买，买房的模式是政府公寓（Apartment）、联体屋（Condo）、独体房（house），特别是直接购买独体房，然后再度改建。年统计价格按市场需求调节；1997年美国住房价格，上升2%。平均每套上涨1.25万美元，创历史新高。而同期空房闲置率也创历史新低，仅为1%。买房消费已占美国人收入的三分之一，买房付款的年限也几乎占去了美国人生命的三分之一。1931年当美国召开第一次全国住房会议时，美国政府就介入住房建设的决策。70多年来政府一直都在发挥着积极的作用，并被市场认可、接受。

第二节 新加坡房地产项目管理的经验与特点

一、美丽的景观空间

新加坡的房地产开发将一半以上的精力、物力用于营造贴近自然、多色彩的景观空间。新加坡国土面积648平方公里，没有矿产自然资源，连饮用水都靠马来西亚接济。300多万人口中中华人占77%，马来人占14%，印度人占7%，是以华人为主的典型移民国家。旅游是新加坡的支柱产业，每年进入新加坡旅游的外国人多达上千万人，政府不仅要解决国民和外来旅客的居住问题，而且必须优化、美化房地产，使之适应旅游创汇的经济发展需要。

1959年新加坡85%的人居住困难，60%的人居住在卫生条件极差的破旧房地产和棚屋。新加坡政府的决策是建设花园房地产，把房地产变成花园，营造绿化为主的景观空间。步入新加坡的任何一个小区，人们首先感到的就是典雅迷人的景观空间，如诗如画的自然风光和构思精巧的人造景观浑然一体，到处鸟语花香、绿地花卉、赏心悦目，绿荫、红花、蓝天、碧水映衬着明亮纯净、色彩不一的房地产建筑，演绎出无限社区意境，高容积率的传统观念已被冷落。新加坡被公认为世界上唯一的花园国家，放眼望去，举国上下无处不见绿，到处无围墙，树木、草丛替代了壁垒森严的实体院墙，所有房地产及其小区淹没在万绿浓荫之中，组屋之间有的是成片绿地，屋内庭院更是百花争艳，工厂、学校、商店、机关等所有公共场所见到最多的还是鲜翠夺目的绿色植物，新加坡人已经把绿色溶入自己的生命，遍及全国，把新加坡称为人类居住星球中最美丽的绿色家园毫不为过。

1. 新加坡的绿化实行严格的法治管理

房地产小区混凝土走道宽度超过1.5米者必须植树；停车场地必须种植花草树木，车位上铺特制空心植草砖，车位间种树遮荫；所有照明灯杆要选会开花且属藤蔓类植物；所有人行道两侧均植灌木和乔木，使行人与车完全隔离，并成为林荫步道；所有土地必须平整、修饰、布绿，保证黄土不见天，枯死即补种；路边不雅建筑物必须种植高大的绿篱及花木遮挡；每座立交桥均应有花坛，花篮和爬藤类植物；各小区间种植不同类状果树，形成标志性植物。凡不具备或不符合这些绿化美化标准的房地产、建筑物均被划为禁止建设范围。所有待开发土地在房地产前，必须种植草皮和一定量的树苗，发生枯死、荒芜必须由开发商及时整改，确保长年见绿不见土。

新加坡坚持不懈的努力，形态各异的景观空间提升了房地产的品位，同时产生可观的经济附加效应：新加坡的房地产已经成为旅游新景观。

2. 亮丽的建筑风貌

新加坡的楼屋色彩鲜艳亮丽，似乎都像是刚竣工的建筑，"每一幢楼都是新的"。其实不然，其中绝大部分都是陈年旧屋，只不过是多了4种因素。其一是天势，新加坡具有世界上独一无二的特殊天气，四季如夏，每天中午前后必定下雨，而且持续20～40分钟，充沛的雨量每天冲洗着所有的建筑物外表，几乎一尘不染；其二是地理，新加坡是世界上独一无二的花园国家，遍地绿茵、红花、大树，吸纳了城市大量游尘，即使大风四起，也难见尘土飞扬，洁净到无尘可染；其三是法制，新加坡采用世界上最严厉的法律手段惩治违法，治理可能发生的污染，措施相当有力。政府规定即使有天时、地利的得天独厚条件，所有建筑物外墙仍然每2年清洁一次，每满7年必须重新粉刷油漆一次，逾期不清洗、不粉刷的，政府从重处罚并可强制代为改正。因此无论何时何地，无论新房旧宅，新加坡的建筑展示的永远是那么的清新亮丽。最后一个原因就是新加坡90%的居民居住在政府营造的公共组屋（房地产）中，其中81%又属于屋主出钱购买了所有权的私宅，但外墙的油漆、粉刷常常和更换房地产全部管线、电梯同步进行，强制保修养护费用的92%，仍由政府支付。所以几乎没有人不愿履行如此优惠的"旧貌换新颜"义务。

新加坡房地产讲究透亮度，不仅住屋可视面要尽可能宽广，以利于欣赏怡人的景观空间，拓展居室的采光度，而且尽可能地消除房地产外部的背阴暗角，增加透亮度，防范和遏制可发性或诱发性的违法犯罪。

新加坡人多地少，市区人口密度高达每平方公里9000人。因此，政府倡导建造高楼大厦充分开发利用土地的空间高度。现代化城市摩天高楼耸立入云，此起彼伏，鳞次栉比，拔地对峙，犹如人造峡谷，其直接后果是明显降低了楼宇底部层面的透亮度，形成物理性的"灯下黑"隐患。政府为此颁布法令强制实施亮灯保安措施，以此把全国变为一座通明透亮的不夜城。新加坡的亮丽不在一点、一块而在遍及全国。入夜，全国所有房地产公共部位的灯不约而同点亮，清一色的40瓦日光灯照亮楼宇四周的所有通道，直到次日清晨7时才相继熄灭。所有途经新加坡的飞机不会迷航，所有初入房地产小区的人可以毫不费劲地找到自己想去的地方。新加坡房地产的每个小区出入口都有导向灯箱指示标志，每幢房地产的灯箱楼号也在醒目的统一部位无声地为人导向，细微深处，无不洋溢着以人为本的安全理念。房地产统一亮灯成为房地产工程建筑必须考虑、不可缺少的项目，现在新加坡不再发生因为黑暗导致的交通事故和行人跌伤之事。刑事犯罪率自此连续10年下降，创造了难以想象、不可思议的社会安全效应。

二、亲善的人居构架

房地产小区需要提升以人为本的人居理念，关键原因在于房地产的主体功能是为不同层次的人提供不同的需求满足服务。

新加坡房地产以人为本的理念体现在刻意建设亲善有间的人居构架，具有与众不同的9个特点：

（1）远离道路。房地产小区不得沿街紧贴道路建造，必须留出足够的空间，作为将来发展的调剂余地，同时为现在的居住者减少噪声、废气、扬尘等污染，房地产与道路的缓冲带一律作绿地、植树、种花、养草。

（2）顶部防漏。新加坡地处热带雨林气候敏感区。四季如春，每天有雨，水量充沛。因此房地产顶部接缝严密、无隙，下水管道发达、通畅。快速排水，严格防漏，作为首项要求严加实施，消灭了常见房地产渗漏、堵塞通病。

（3）中体通联。新加坡气候炎热，房地产朝向以东南为主，但在西、北朝向的处理上，大多增设开放式的阳台或公共走道，形成通联，缓解房地产空间的先天压抑感。同时在宅际之间，小区间开辟连接公区，促进人际互流，采用对偶建设，缩短交流、沟通距离差。

（4）底层架空。房地产底层全部挑空，只有框架，不准封闭、间隔，一律规定为公共场所。既可以供每天下雨时路人、居民的通行、避雨，又可以作为社区居民休憩、健身、娱乐、聚会、举行集体活动的会所，也可以在特定情况下作为停车场所，缓解道路压力。视野开阔的架空底层增大了景观透绿、透气的资源利用值，同时又增进房地产小区成员的集体归属认同感。

（5）多房共居。新加坡的房地产体现典型的东方式伦理道德，政府的房地产组屋房型近年来全部是四房两厅、五房三厅或者群居多室一户的公寓房，立法规定宏扬尊老爱幼、家庭和睦，鼓励多代同堂、多房分居、已婚子女与父母相邻而居，分而不离，居而共处，相互照顾，邻里间睦善共居，稳定社会民心，也为人际互动，其乐融融，彼此关爱，实现环境德治，人文小区的理念创造良好的客观条件。

（6）相信风水。房地产"水为财"，择居看风水，新加坡人视楼为山，钟情有水相伴的水岸，水景房地产。房地产项目开发商有感而发，在无水环境中营造开放的水景环境，围绕亲水情绪，多方位拓展小桥流水、喷泉荷池、浅滩泳区、激浪小溪，动静互存，淡雅清纯，集生态、情态、动态于一体，可供儿童戏水、老人垂钓、青年游水，住民亲水，路人观水，小区环水而建，水沿房地产蜿蜒。新加坡东方格调的亲水房地产尽管价格不菲，但仍受市场青睐，供不应求。

（7）配套完善。新加坡房地产依托成熟、完善的社区建设配套，围绕居住者展开系列服务，而且一般同步开发建设，同时交付使用。为生活必需的儿童乐园、超市、邮局、诊所、会馆、银行、图书馆、小贩中心乃至雕塑小品一应俱全，而且各不相同，每个小区力图营造自己的人文景观，基本做到足不出区，即可尽享现代文明。

（8）智能服务。房地产融入高新科技的智能服务，可以快速提高国民科技文化素质。新加坡后来居上，2001年启动"智慧组屋"工程，使每个家庭每个房间拥有家庭网（住户自己设定的本室自动化系统）、社区网（房地产小区户际之间，社区公共服务器）、政府网（国家政务、事务综合系统）和因特网合一的智能服务，共享信息资源。高速互联网接驳设备、高度集成化局域网络，使入住居民的人文价值得到陶冶和提炼。

（9）善待老人。新加坡进入老年社会，为老年人提供各有特色的房地产成为市场开发热点：新加坡政府推出的老年公寓设备齐全，楼梯、走道、室内、卫生间、厨房到处都有扶手；防滑地砖，防跌木地板，没有门槛的大门宽畅得足以让方便轮椅和活动床椅自由出入；到处有自动求援呼救器和警铃绳，火种熄灭后立即自动关闭的燃气灶具；特大的电门开关和慢速关闭的大门、电梯给老人更多的活动时间；更大的防盗探视孔足以让老人看到更多的门外动静，卫生间里按钮开关的坐式便器和随时可调整水压的淋浴花洒喷头给老人带来更多的安全温情。走出老人公寓，一般都有市场、商店、医院和公共汽车站、公园、健身场点，一房一厅的公寓成为众多老人的终身宿地。

新加坡的老人房地产美称为"乐令公寓"，均为产权房，年满55岁以上的新加坡公民均可申请购买，其产权按老人的寿命预测设定为30年。期满，老人健在，仍可延期 10 年。老人去世，房地产由建屋发展局（HDB）回购。老人居住房价格优惠，房型为板式小高层，10 层以上 14 层左右居多，而且早在社区公建配套的房地产小区中预建，没有布局偏僻、孤独冷落之感。

三、诱人的政府组屋

新加坡的政府组屋，是指政府依法建造的公共房地产，通常归属国家法定机构主管。新加坡为解决日益紧张的住房问题，于 1960 年成立了建屋发展局 HDB，积极推行"居者有其屋"计划，40 年努力基本解决困境，实现了"居者有其屋"的预期目标。全国住房总量 83 万套，超过总户数；人均面积 26 平方米，位居亚洲第一；90% 的人住进政府组屋，其中 82% 取得所有权成为居有自家屋的业主；8% 的人则交付租金。全国住房总量的 90% 均是 HDB 建造的政府组屋，目前正在向"居者住好屋"、"居者管其屋"的更高层次目标进军，新加坡的成就引起全球各国的共同关注，新加坡模式的 5 种方法独具特色。

（一）开发商造得起房，政府强有力的立法支持

国内唯一家独建政府组屋的新加坡法定机构是 HDB，但不是其政府仅有的 14 个组成部门之一，而是依附某一政府部门，依法执行政府政策，在人、财、物方面享有高度自主权、自管自治、自负盈亏的国家事业单位。新加坡法律规定法定机构和独资、非独资国有企业一样，属于公共企业范畴；国家财政不承担其庞大的开支。政府对 HDB 的扶持集中表现在赋予其广泛的合法权利，尤其是可以依据《土地征用法规》，以远低于私人开发商的土地价格，强征私人土地用于建造政府组屋，只给予市场价 20% 的补偿。获取土地资源廉价再分配的权，使 HDB 的房地产成本明显下降。

（二）百姓买得起房，政府财政支持发挥了关键作用

（1）政府组屋售价即为成本价，土地和基础设施、配套费由政府财政补贴拨付给 HDB，并对 HDB 提供可观的房地产贷款，再由 HDB 对购房实施津贴和抵押贷款。1998 年政府组屋的售价为每平方米 5000~5500 新元。

（2）政府推行强制公积金储蓄制，雇主、雇员各 20%，共计 40%，其中 30% 限于住房消费，6% 为医疗保健，4% 是养老保险。当购买者用 30% 公积金买房不够支付时，可同时申请公积金贷款和银行按揭贷款，两者利率一样，月扣款一般不超过收入的 20%，如此低的偿付能力使人民买得起房，如此高的公积金储蓄使政府有的是钱，可供转向 HDB 贷款。

（三）房型先进合适，政府的德治理念贯穿始终

新加坡的政府组屋也称公共住房，是标准意义上按政府的旨意设计、建造、租售、养护、管理的公共建筑，唯一不同的是组屋的所有权基本转移售让给居民个人后，政府仍然承担一定的津贴和控制。新加坡倡导尊老爱幼、家庭养老、和睦亲情的东方式伦理道德。鼓励多代同堂或者已婚子女和老人同处一居和毗邻而居。通过立法规定单身青年男女不得购买、租住政府组屋，弃老不养，另居他处将受严厉制裁，以此促进社会稳定。因此设计的房型逐步换型，从 50 年代的一室户、二室户逐步发展到今天基本新建的都是四室户、五室户或者集居的公寓楼。

（四）房价调节有序，政府保障机制的配套指导

新加坡的住房租售采用各种保障政策，指导住房消费，积极营造"有房买得出，回笼货币再造房"的良性机制，拉动房地产项目建设更多的再生产后劲。

（1）政府组屋房价比其他商品房平均低30%，规定购买时由HDB再按面积给予津贴，鼓励买房先买政府房。

（2）房价按户型计算。以一室型为基价，每增加一室户，房价的单价平均递增10%~20%，为低收入者准备买得起的小室户、少室户房型，使社会各取所需，人人能买房。

（3）实施"居屋保护保险计划"，业主买房时加入保险，一旦发生失业、破产、死亡、生病等意外原因失去支付能力时，即可领取保金支付房款，直至付清房款，不必担心买房付不清款而被逐出组屋无家可归。

（五）房市交易宽松，政府回购稳定人心

社会是动态的，房屋市场的另一生命在于流动，政府提倡不同层次消费的房地产交易，尤其是老人，"年满55岁以上可以优惠购买6万~8万元一套的老人公寓，并把老人原先拥有的大型户宅卖给自己子女，住得更宽松。卖房款扣去老人公寓付款的余额一般在6万~30万不等，存银行生息，每月数百至2000元不等的利息支付自己日常生活费。老人购后不愿再住，HDB负责回购。"由于每个小区设计时都预留有老人公寓，老人和子女仍能亲近交往，所以适合老人特点的老人公寓深受欢迎，也为房地产打开了银发房市的再需求大门。

新加坡的住房政策对于住房建设市场起着直接的导向、扶持作用，而且成效显著。对于实在买不起房的人、有钱的单身青年、小商小贩，政府则将回购的旧房或特建的廉租房出租。

四、尽善的跟踪服务

新加坡的建屋发展局承担全国90%的房地产，交付使用后严密的质量监督检查和养护服务一如既往，有过之而无不及。"建屋局定期检讨反思所发布政策、标准及其执行的严密性。各管理职责部门热情接待投诉来访者，回答详尽，指导入微，并随时提供尽可能的援助。"每个政府议员规定每周休息日必须到选区为住户居民提供无偿服务，记下所有问题，2周内一定作出答复、使业主、住户的主人感意识渗透到各方面，保持到最久远，不仅购房时是主人，而且售后是更显其贵的主人。

第三节 日本房地产项目管理的经验与特点

一、资源循环型的生态住宅

日本是个资源匮乏的岛国，强大的工业生产对居住环境构成极大的挑战。日

本房地产首先考虑是的环保生态平衡和可持续发展，降低房地产建成后所使用的能耗，提高人居安全度，因此成为一大特色。政府、开发商、科技界以及社会各方千万百计综合利用有限资源，为探索建成资源循环型的生态房地产努力。1994年政府发布《关于能源使用合理化的法律》（也称节能法）确定三"E"基本方针，即能源供给稳定、保护生态环境、维护经济增长。倡导建筑开发商改革、创新建筑质材、器具，提高保温、节能、实用性能，使房地产依托高新科技生态化。

（一）别具一格的中水管道

所谓中水管道，即净化处理生活废水，生成再生采用水，可在一定范围内重复使用的处理装置通道。这是不同于优质食用水的自来水管道和废弃污水排放管道的第三种杂用水再利用水资源管道。

1980 年起，日本为缓解水资源供求矛盾，制定了"排水再利用系统计划基准"规定。在房地产中分 3 种形式增设中水管道：

（1）个别循环。即一栋房地产、建筑物设置一套废水处理装置，把厨房、厕所等排放的废弃污水加以处理、净化，再次使用于冲洗厕所等，然后排入下水道。

（2）地区循环。即按每个房地产小区、工业园区设置一套废水处置设备，把污水加工处理、净化后用于冲洗厕所、汽车、制冷、冷却、街道冲洗、绿地浇水养花、景观喷泉等，使用一段时期再排入下水道。

（3）广域循环。即按一个特定行政区域（如区、县、市）设置一套废水处理装置，在更大范围内进行废水处理和再生利用。

为了推广中水道，政府通过减免税收、提供融资和补助、奖励等手段，积极推进新建的机关、学校、企业办公楼、体育场馆、公园、会馆等公共建筑物和缺水旱区先行先试。1996 年日本旱区福岗县普及"节水型房地产"，水耗降低最高的在 50%，最低的也有 36%。"日本全国 2100 处设置中水管道，每天自来水供应量 32.4 万立方米，相当于全国生活用水量的 0.8%，2000 年，这一比例已上升到 1.1%。"

中水道的出现不仅引发房地产设计管道定位革命，而且激发了相关的厨具革命，日本各大城市房地产中设置废水处理净化槽已经成为不可缺少的要件，采用环境保护专家石井勋发明的"石井系统"中水道废水处理装置，不使用任何药物，30 小时后污水净化透明度达 1 米以上。

（二）别出心裁的雨水收集

日本年降雨量 1714 毫米，是世界平均量的一倍，但按人均计算，仅为世界水平的 20%，日本政府在从天而降的雨水后面看到了一种流动的自然资源。东京都、大阪府、福岗市、香川县等地政府通过立法，利用雨水计划，积极鼓励推进节水政策。在横滨国际竞技场草地下装有特殊的集雨功能装置，雨水多余的水量会顺着草地流入地下水库和体育馆内的空调冷凝水一起被珍藏起来，以供平日的清洗、保洁、冲厕、浇花。名古屋、福岗等地体育馆每年因此积聚 3.6 万吨雨水，东京、大阪、名古屋、福岗等地体育场馆设置雨水利用装置已有 20 多年历史。

雨水利用设施与中水道、工业废水处理设施相比，结构简单、规模小、投资少、技术简便、维修容易，一般是用导管把屋顶雨水引入地下雨水沉沙槽，经沉淀流入蓄水池后由水泵送入杂用水的蓄水池，再提升入中水道予以使用。因此不少房地产把雨水利用设施作为中水道配套工程同步建设。截至1999年，日本全国30%以上杂用水中水道装置中含有雨水利用设施，全年回收天降雨水资源600万吨，增加了房地产节能的附加值。

（三）功效独特的污水热泵

精明的日本人目睹城市废弃污水，不仅看到了杂用水、中水道的广阔天地，而且发现了污水温差蕴含的能量可以继续利用。地下水冬暖夏凉，冬天温差达20度，夏天温差也要低于10多度，如果在冬季将地下污水加热至48度供暖，夏季冷却到7度即可产生冷暖空调效应。于是节能型的热泵技术研究应运而生，房地产采暖制冷方式出现革命，传统的燃煤、燃油、燃气方式将被新型的污水资源热泵空调所替代。一家日产100万吨污水的处理装置使用热泵技术后，可以为5万户居民提供稳定的冷暖空调能源服务。污水热泵空调将成为21世纪房地产能源设计布局的新挑战。

（四）急起直上的太阳能源

日本通过立法把节能重点放在3个领域：耗能型企业、房地产建筑物和汽车、家电，明确规定房地产冷暖空调的耗能量要减少20%。为此从美国引进能源服务公司（ESCO）制度。为企业提供节能设备设计、施工建设和售后服务，费用由企业从节能经济效益中分期（3~10年）支付。从而确定日本普通房地产一体式太阳能发电系统，整个房地产建筑业推行采用高气密性和高绝热性的建材，雷厉风行推进"新阳光计划"。

1994年日本开始推进太阳能开发利用，到1999年，已有1.82万个家庭使用，总发电能力为20.5万千瓦，名列世界第一。日本政府雄心勃勃地决定到2010年将有100万户居民依靠太阳能获得全部生活用电，太阳能发电能力也将猛增为500万千瓦。目前，一家4口使用一套3000瓦太阳能发电设备，一年可产生3000~3400度电，足够全家生活用电。

日本房地产广泛使用太阳能，5年时间位居世界之首，超过首创者美国，其原因是"政府立法设立《个人房地产太阳能发电设备补贴制度》，国家补贴50%费用，同时承诺白天民宅剩余电力可通过普通电网卖给电力公司，晚上或阴雨天再从电力公司回购，保障太阳能使用国、民、企业多向获利资源循环充分利用。"

（五）"零排放"的生态小区

1994年总部设在日本的联合国大学高等研究所首次提出"零排放"的环保理念，认为各种废弃物经过技术处理可以转换为可利用的资源，实现废弃物百分之百的再资源化，而不向外部排出任何垃圾。"零排放"使人类走向循环型经济社会或者说是环保型生态社会。

1997年日本政府制定扶持建立"零排放工业园区"政策，鼓励企业从单体的"零排放工厂"走向更大范围资源、能源循环利用的"零排放工业园区"乃至"生态小区"。1998年日本三宝乐（札幌）啤酒公司及其在全国各地的9座啤酒厂再生资源总重量为25万吨，再资源化已达到99.4%。1999年三大啤酒公司及食品加工、饮料业基本实现"零排放"，全国"零排放工厂"已逾百家。三洋电机公司已经在2001年把半导体生产部门的废弃再资源化率从过去的58.9%提高到95%。而在藤泽市日本荏原公司依托其所属工厂在6公顷土地上建造房地产"生态小区"，综合运用太阳光发电、冰雪蓄热、燃料电池等"干净能源"；应用中水道工艺，污水热泵工艺，真空厕所、热泵堆肥、甲烷发酵等技术处理废弃生活污水、粪便；采用气化熔融炉技术处置垃圾；同时收集雨水、采用环保型无毒害建筑材料、建造节能环保型房地产。厨房垃圾粉碎机开始在厨房中安家落户，并成为难以割舍的必要生活用具。开辟人工溪流、屋顶花园、市民农园等景观，使1800人居住的生态小区与一般房地产区相比，取得更佳的环保效果，废弃物减少96%，能源消耗减少38%，二氧化碳排放减少30%，用水量节约28%。日本7个城市积极响应，进而效仿生态房地产开发。

（六）强制推进的垃圾处理机

1999年日本东京都武藏市政府决定在居民房地产小区中每建造50户房地产公寓，必须安装集中的垃圾处理机。每台价格350万日元，日处理能力为50公斤垃圾，设备费用由房地产开发商承担，日常维持费由各业主的管理费承担。

强制推进房地产垃圾处理机的目的是减少居民垃圾排放量，综合利用废弃资源，符合生态房地产的建设发展方向。房地产开发商由此调整户型布局设计，预留垃圾处理机的区位。

（七）到处布绿的屋顶花园

日本森林覆盖率67%，位居世界第一。但城市绿化率相对很低，东京集居全国25%的人口，但绿化率仅为28%。为了改变城市生态，日本通过《城市绿地保护法》规定，凡占地面积超过1000平方米的新建筑，必须把非建筑部分的20%用于建设绿地，其中房地产楼顶必须不少于20%的面积种植绿化。空中布绿、屋顶绿化、墙上草坪、墙面花苑，成为日本房地产的一个亮点。日本产业界开发了"屋顶防水绿化系统技术"，取材均为再利用的废弃物料，拉动城市废弃物环保处置无害化率。

二、形式纷繁的宅型观念

日本70%的土地是起伏不平的山坡，国土面积37.2万平方公里，人口1.3亿，私房自有率为65%。居住用地紧张决定日本房地产户型设计的简约、精算。开发商建房的选择用地受到很多制约，因地制宜、因人而异建房十分普遍。

（一）坡地房地产

日本房地产大都依山沿自然坡地建造，既可以节约施工奠基的土石工程量，又可利用山坡地势南北向的高低落差、提高日照采光度，同时保留区域自然景观风光，降低室外投资成本。坡地房地产是平民化的家居首选地，造价低、经济实惠，一般为两层楼，且以木结构为主。造型均为典型和式，青瓦低窗，精巧纤小，田字布局，外设平台，屋顶如伞，墙面洗练，不饰油漆，环保淡雅。

（二）独院房地产

70%的日本人希望有一套60~100平方米的独院房地产——占地小公寓。但面对至少6000万日元代价和年薪400万日元收入，所以买房大多数人是终生贷款。独院房地产的花园很小，但很雅致，不仅有绿化率，还有水化率，要求有水有景。户型设计分为3个功能区，其一是社交区：如客厅、茶座、厨房、餐厅；其二是工作区：主要是办公、学习、工作场所；最后是私密区：卧室、卫生间、化妆室等。汽车一般停放在坡地、花园或地下。

（三）联体楼宅

50%以上的日本人最终住进高层楼宅或公寓楼房。开发商通过研制的电脑软件绘图、装饰、布局、绘色，制作出客户特需的要求，输入系统，并让客户戴上特制眼镜通过三维立体画面再现假想效果、视觉效果，让购房者看到与入住后完全相同的宅内外建筑风貌。

（四）折叠房地产

日本沿海、地震活跃，对建筑抗震防灾要求高，造价也高。为了应对灾害以及巨大的购房还贷常年压力，日本人从美国汽车房地产中得到启发，开发建造一种以强化纤维塑料为主材料的小型拆装或折叠房地产，每间15平方米，高2.5米，内部配有厨房、淋浴、厕所、卧室、办公室，十分方便，适用于单身户或小家庭。折叠房地产收合后仅高0.9米，长6.5米，宽2.3米。

（五）地下空间

地下空间是国土资源的延伸，日本虽未在地下建造房地产，但已经成功将房地产配套的用地、用房转入地下，例如房地产的车库、小区的商业网点、公共交通等。据不完全统计，日本已有50多条地下大型商业街，是世界上地下商业街最多的国家。

房地产附近地下空间的开发，降低了房地产的配套建设费用。由于地处交通、人流、物流枢纽，虽然房地产的价位上升，但居民深受方便之惠。全日本最长的地下街位于大阪市8米深地下，分3层，总建筑面积4万平方米，设有300多家商店，38个出入口，日人流量达170万人次。

（六）年龄房地产

日本建筑巨商研究分析生理、心理后，认为人的房地产消费需求具有强烈的年龄层次，不同年代人之间存在众口难调的设计困惑，分类建造不失为良策。于是，他们推出与众不同的年龄房地产理念，并断言将引领21世纪主潮。最近的8种年龄房地产分别是65岁以上银发型；51~64岁成年型；45~50岁中年型；40~45岁中坚型；31~39岁壮年型；20~30岁青年型；20岁以下的少年依附型，以及低幼儿型。年龄房地产外观设计简洁明快，质感、时代感强，标准高、质量高、强度高，但造价力求降低，利润的重心在于不同年龄人能够承受换购房地产。

三、引人注目的银发房地产

当60岁以上人所占比例为10%，或65岁以上老人占8%时，国际社会就界定为老人化状态已经发生。1990年发达国家先后进入老年国家，比例突破为11.7%。2000年日本的老龄化居世界第一，65岁以上老人比例高达17.2%，约为2187万人。

日本解决老人的安居问题采取的是政府导向，市场运作机制。这是因为日本的房地产政策不存在政府包办或者代建，恰恰相反，房地产（包括社会福利性房地产）由各地公共机关和社会团体建造出售，原则上都是一次性买断，宁可在房价上优惠，超前收回投资，也不欠债。1990年横滨市的神奈川县房地产供给公社建造的"银发房地产"，号称夕阳产业，拉动全日本的老人住房消费。所有入住者一次性付清16年的居住费，即可取得40~60平方米的两室户房地产。如果提前死亡，按已住年份比例扣余款退还继承人。

日本营造的银发房地产，均配有木质扶手、木铺地板和浅坦的坡道，出入坐轮椅或者步行毫无障碍，所有电器设备均有双重保险和防触电设施，房屋内设有敏感的生活节奏传感器，因人而异自行调节，一旦反常或者屋内一定时间内毫无动静，即会自动呼救报警，包括晚间停止呼吸45秒以上。室内配有厨房，可供老人自己做饭，也有数间房地产设置一个中心服务点，设置食堂和医护保健站，每周医生上门服务，平时由护士、助手根据老人需求值班服务。房地产群间一般有公共活动场所、娱乐室、游泳池、健身房、多功能大厅，鼓励开放空间自由使用。

四、质量追偿的保修制度

房地产是较大投资的不动产耐用品，其价值往往耗费一个家庭多年甚至终生的积蓄。房地产质量发生问题常会引起连锁社会反响。日本没有统一的质量标准，以各建筑开发商的自定规范为准。因此，即使发生争议也很难处理。为了解决房地产质量的后顾之忧，政府通过立法，确定统一标准，确认开发商责任，设定强制保险，设立房地产仲裁，四管齐下，见效明显。2000年日本开始实施《房地产质量保证制度》，规定房地产质量保证期为10年，期间房地产发生墙壁、地面等基础结构质量问题或者漏雨渗水，原建筑单位必须无偿维修。所有房产开发商强制参加住房质量保险，一旦房产开发建设单位倒闭，质量保证责任即由保险公司继续负责。同时，设立房地产纠纷仲裁机构，代替法院行使仲裁职能，快速解决房地产买卖纠纷。这一系列法条为日本房地产质量提供了可靠的后盾保障。

第四节　韩国房地产项目管理的经验与特点

一、外实内华的住宅风格

与美国人外华内实的风格相反，含而不露的韩国人在"身土不二"的国策导引下，锻造外实内华的房地产文化。汉城的高楼林立，外表朴素，结构简单，绝大部楼房外墙均采用涂料装饰。开发商为减轻购房者负担，精心设计每套居室的采光度和空间布局利用率。年青人喜欢住高楼，但收入有限，房租高促使买房成为时潮，买房后装修又要占据相当多的精力和时间，无形增加了负担，减少了挣钱的机会。于是房地产项目建筑开发经理人就趁势采用按社会平均收入水平及可承受力逆向思维设计房型，提供按需装饰配套服务，把尽可能多的价值体现在住户的内在居住空间。

韩国楼宇房型阳台内置，配以落地大门窗，视野开阔，光线充足，阳台边配置一小室，专放空调主机，窗户则用可调节的百叶窗，保护空调的正常运转而绝不裸露室外，房内进门均有门厅玄关。客厅与厨房相连，卧室分处客厅外围。每个房间都设置高智能化的系统装置，每处控制点安排巧妙，难以想象。例如客厅内墙上所挂的40公分见方现代画框，原来是连接室内外或楼外的可视电话对讲机，并且直通小区保安监控室，遇警随时可以呼救而不被来访者察觉。为了方便使用报警，查询来人的监控线路还在厨房备有接线，厨房组合式的联体柜上排嵌有一个液晶显示屏，不仅是免提电话、电视机、收音机，而且还可转接监控对讲机、报警器，使主人在客厅、厨房同时可以确认来客身份以及是否开门接待。客厅茶几一般配有电脑键，可以直接从电视机上网。所有房门可按需要装电子密码锁或指纹识别锁。室内墙上同时有2个开关，一个控制大楼电梯，出门按下，电梯即会到所住楼层等待，另一个出门按下，即切断全部电源，唯有电子防盗系统例外。房地产内所有电源又有一个可移动的控制器，主人临睡不必逐一检查，只要一按即可全部切断或者开通所有电源。

二、情趣各异的装饰房地产

为了今天的省力，明天的舒适，即买即住，轻松到家，引起装饰型房地产的日趋走俏与成熟。韩国房地产90%以上都是交付即住的系列化装修房，并且强调实用与美观的高度统一，崇尚简洁、环保自然，讲究用精细的线条勾勒轮廓，信奉"细部不细，前功尽弃"，质量精致体现在每个细部、结合部，而这恰恰是大多数项目经理人容易疏漏或者不以为然的。韩国房地产建设在细部大显身手，充分展示以人为本，华实相谐的理念，造就了与众不同的房地产文化。韩国的房地产项目经理人总是对推出的各种房型巧妙设计、精心装饰，开设样板室，欢迎购买者各取所需，预订装饰型号、质材、种类、价格以及特殊要求，然后电脑演示、彩印显示、反复征询意见，明确定稿后即可作为合同附件，与购房合同具有同等法律效力。对于基本照套样板装饰房的业主，允许其无限制的拍照，摄影特大细部照片，承诺交房时的式样、质材、种类、质量与照片及合同约定不符，全额退款并赔偿全部损失。恳切之诚，甚为感人。

韩国房地产装饰采用大批量进料，标准化、通用化、工业化部件加工生产，实行集约化的开发配套供应，成本低，用料精细。全国建筑材料市场90%供应给房地产开发商，极少零售，这种情况加剧了业主自己装修采购的难度和价格负担，促使装饰房更加走俏。富有远见的开发商在装饰房销售中无形垄断了传统毛坯房售后装饰的第二市场，而且其获利率远高于前者。专业设计师大显身手，能工巧匠如鱼得水，他们通常彻底利用有限空间进行合理布局，每家均作不同细部典型调整，避免了呆板一律的格式化"克隆"，然后留下充分的个性空间，让住户通过不同家具陈设强化人文特征，以此避免装饰房极易雷同乏味的弊端。

三、独特不凡的水暖管网

传统房地产的取暖装置有过壁炉、火炉、煤炉、热水汀、油汀、电暖器、红外线取暖器乃至空调。但在地理位置偏北的高纬度地区，气候严寒，能耗极高，房地产使用低价高效的取暖设施往往会直接影响房地产的项目建设与开发。韩国的房地产供暖设备尤其钟爱独特不凡的水暖供热，"绝大多数的房地产地坪下均匀分布着不同方向的水暖管网，所有实木地板都退出市场，让位给高新科技的高分子复合地板或者经过特殊生化处理可以安全导热的复合地板。采用水暖管网供热，满屋温暖如春，又无干燥感和易传染病菌的'空调综合病'弊端。"

四、世界第一的宽带服务

韩国的住房自有化率不高，以汉城为例也未超过40%，大多数居民只能通过租房解决居住问题。但是对房地产智能的需求却十分高，尤其是互联网宽带服务家庭普及率高达57.3%，位居世界第一。1998年韩国的智能服务刚刚起步，1.3万人主要运用的是有线调制解调器单一品种。1999年启用ADSL使用人数猛增32倍。2001年4月宽带用户扩大为547.5万。韩国家庭个人因特网用户中90%使用宽带，是日本的9倍。电脑的家庭普及率达到46.4%，6岁以上人中有51.6%会用电脑，平均每天使用2.5小时。韩国信息通信部证实，到2001年4月，全国人口的48.6%，约2000万人使用因特网，其中66%在家庭上网。

韩国迅速普及的电脑、因特网及宽带技术，推动房地产智能化、居室户型功能化进入一个全新的高潮，没有电子服务或智慧功能的房地产滞销，难以出租。智能服务缩小了城乡房地产的地理差和价格差。

五、条件苛刻的优先住房

韩国的房地产价格不菲，以人民币折算每平方米：市中心价格为3万~5万元，郊区则为2万元以上。家庭收入一般年轻人、夫妻上班，月可支配收入在1万~1.5万元，去除正常开支，约有2000~5000元积余，80~100平方米一套两室一厅或三室一厅，总价240万~450万元房地产最受欢迎。

韩国人缺房又买不起房，原因是房价太高。为了拉动房地产建设和消费，政府开始干预并管制房价。韩国房地产分2类，其一是与商业区完全分离的成片房地产楼区，其规模在20套以上，房价由政府决定；其二是独户房地产，20套以下的组合房地产，总量约占30%，其价格放开，完全市场化。

政府鼓励开发商造房，市民买房，但不给任何税收减免、金融补贴、租金补贴等优惠，而是提倡房地产储蓄。即将房价总款一次性或分12个月存入银行。2年内不准动用，期满获得房地产优先购买权。期间存在银行的钱可优先供货给私营房地产开发商，条件是建成后优先供应给住房储蓄者。与此同时政府自己发起"国家住房认购储蓄存款"集资，由公共部门建房后特定供应认购者。

韩国政府推动房地产储蓄制获取房地产建设资金，推行房价监控制，平抑经济用房和普通房地产价格，规定控价房地产楼的价格为完全放开市场价的50%或者33%，以让大多数人能买得起房，收到一定的效果。

第五节　法国房地产项目管理的经验与特点

一、执著不移的规划理念

法国房地产的灵魂是恪守规划，并且执著不移，历代坚持，贯穿始终。法国民族认定规划的前瞻性是房地产建设的生命，在没有充分的理由、更好的替代方案前决不轻易变更规划。优秀的项目建设通常是充分利用空间又能科学预留空间的和谐统一体。

法国巴黎等欧洲著名城市，早在十八九世纪就充分考虑到今天急需的地下各种基础设施通道，为接受现代文明成果及其传播创造了领先一步的空间优势，设计并预留下宽阔的社区广场、广阔的城市绿地和四通八达的交通用地，使三四百年后的人们受益匪浅。随着人类文明的快速发展，整个社区逐步信息化、数字化、虚拟化，充分运用高新科技成果，提升房地产智能化水平，不仅成为必要，而且已经从可能变为现实。

法国的规划细密、周全到建筑围墙，除了墓地和监狱，举国上下的建筑、房地产一般都不准建设围墙。100多年来这个规划原则始终被遵照执行。法国巴黎议会大厅是400年前留下的精品杰作，至今仍在为国家、政府、公众提供办公服务。

二、庄严投票的全民公决

法国的城市规划编制是十分严谨、审慎而又非常崇尚科学的。规划确定前进行大量的数据调研分析，定性定量跟踪考察。听取广泛意见，严格论证后才提出方案，按法定程序审查、批准。在近代又增加了多重电脑实样模拟分析。为了防止规划可能存在的瑕疵，落实每个项目建筑前，必须组织专家进行再论证，听取不同意见。重大项目建设依法必须进行全民公决，由所在地人民投票表决。

法国对未来发展的每一个建筑的层高、造型、色彩甚至雕塑都要经过严格的指标审查，规划一旦被依法确认后，任何官员个人没有擅自改变规划的权力。一个建筑物、两项重要基础设施的修建充分尊重民意。巴黎香榭丽舍大街改造，到底栽什么树、栽多少量、排列是一行还是两行，都是进行全民公决后才予决定的。

三、尊古修旧的民族骄傲

中国作家冯骥才在法国文化考察时留下随笔："有一种说法：到美国去看新

的,到欧洲去看老的;还有一种类似说法的,在美国想未来的事,在欧洲想历史的事。巴黎真正的历史感是在城中随处可见的那一片片风光依旧的老街老屋之中。"1913年法国颁布《城市保护法》使数以万计的建筑物得到保护。1964年法国建立"文物普查委员会",彻底检查所有具有历史价值的民居,维修老屋必须经过严格审批,不准损害历史原貌。巴黎人自豪地宣称:"巴黎到处是工地,但不是建新的,而是维修老的。"改造古建筑,因此成为房地产项目开发的新天地。20世纪50年代,巴黎摩天高楼云立,汽车群涌上路,房产商们强烈要求拆除古老陈旧的老街老屋,再建新世纪的法国文明。但这一切遭到政府和市民的强烈反对,他们没有采取简单的拆旧拓路的办法来满足现代交通,而是通过设置单行道、环型通道,发展轻轨,无轨汽电车,提高市内停车费,降低地铁票价等办法,疏导交通流量,尽可能保留历史古貌。

四、三贴优惠的福利房地产

法国政府根据不同历史时期房地产供需市场的发展变化制定一系列政策,推进人民购买自己的房地产取得满意的效果。和美国、新加坡一样,对高收入者房地产基本都是市场价购买商品房,法国的不同是对高收入的家庭也提供优惠的房地产抵押贷款,鼓励在房地产购买上增加消费,换取稳定的"好享受"。对中低收入家庭,政府推出三贴住房,也即公共福利房地产。法国人口约6000万,共有住房2600万套。房价每平方米以巴黎为例约为2600~4500美元,人均月收入私营企业4500美元,公务员约为2600美元。目前有630万家庭享受住房补贴,每年支付补贴高达800亿法郎,其中75%的补助者是收入最低标准线以下的贫民。

公共福利房地产的营造者不是政府,而是私人或非盈利性的房地产公司,公共福利房地产的使用对象主要是社会最下层的低收入者,领取救济金、养老金为生的家庭,少数是特殊情况的中低收入者。房地产资金的回收主要通过两个途径:出售或者出租,政府只给政策,不支付财政工程款。

公共福利房地产公司愿意建造,业主乐于购买,居者能够承租,归结于法国政府的三种补贴支持。

(1)间接补贴造房。凡愿出资营建公共福利房地产的非盈利性公司,政府提供25~30年的长期低息贷款,贷款总额为建设住房总费用的50%~60%,而且利率低于银行同期商业贷款利率的1%~2%,开发商只要有40%的钱,就可造房、租、售,可以轻松启动项目建设。

(2)间接补贴房租。低收入家庭的月房租金额超过家庭成员总计收入25%以上的部分,经租户申请,政府可以提供房租补贴,名义上是给承租户的,但实际不直接发给申请人,而是间接拨付给公共福利房地产的产权人、开发商或房产经营管理人,使卖不掉的住房得到间接的经济救助。

(3)直接补贴维修。无论是租是售,只要是公共福利房地产,发生必要项目的维修、改建所需经费,政府按规定比例直接发放维修补贴,减轻投资人、使用人的经济压力。

"三十多年的公共福利房地产政策扶助了一个不小的市场空间,1997年末,法国三分之一的居民通过租赁形式安居公共福利房地产,而有经济实力的大多数人即65%以上的法国人购买了自己独立产权的房地产。"

五、严厉强制的建设保险

法国政府对房地产质量的监督通过立法,强制推行商业保险加以间接调控。国家制定《建筑职责与保险法》,规定参与房地产项目设计,施工、监理、开发、销售乃至各承包商、建材生产、供应商直至业主,都必须向保险公司投保。出于利益驱动,保险公司为了减少杜绝赔偿,通常提前介入,严密监督项目各方各环节,及时消除隐患,严格把关。施工承包单位为确保信誉,争取优惠保险,接受更多项目建设,积极关注各道工序质量,使房地产质量得到各方监督,迅速提高,且极少发生事故。

尽管如此,法国的《建筑职责与保险法》还是设定了承包建设施工单位严厉的质量保证责任,房地产安全性、坚固性10年内无缺陷,建筑设备功能性2年内无质量问题,投保费控制在工程总造价的1.5%~4%之间。

六、首屈一指的老人房地产

法国人的财富积累在老人,社会福利偏重老人。因此,平均生活水平老人高于、优于一般在职人员,这在全球是罕见的,而40%的老人拥有自己的房地产,并且95%以上不和子女同居,这又是各国之中首屈一指的。更值得关注的是法国并非老人不多,而是全球最早进入老龄化的国家,1998年以来,法国60岁以上老人占人15.23%,65岁以上人口占总人口16%。此外,法国还创造了又一项世界第一记录,即全国老人7%由社会福利设施收养。

老有所居,引发法国房地产革命。开发商关注老人房地产、养老福利设施、老人公寓、护理院、老年医院以及公私办养老收容所的项目建设。老人房地产房价市场化,房型多元化,但以两室两厅居多。养老福利设施均以租住为主,不可购售,但租金由政府福利机构予以补贴,以保证低收入者晚年安居。其中老人公寓户型分单室和套房,供身体健康老人居住;护理院以病床分室,收住失去生活自理能力老人;老年医院收住经治疗有望康复的老人。而养老所一般在居住小区内附近设置,使老人离家不离社区,解除孤独。

第六节 其他国家房地产项目管理的经验与特点

一、德国房地产项目管理的经验和特点

(一)科学审慎的规划布局

第二次世界大战以后的联邦德国,为重建城市提出"多核分散型空间"的规

划理念。严格控制大城市的恶性扩展，因地制宜，建设风格不一的小城镇，营造意趣不凡的房地产，亲近自然、依托村镇，使城市化水平高达90%，全国6000万人口中的63.4%居住在1124座5万人以下多核分散型的小城镇，原首都波恩也仅为30万人，100万人以上的大城市只有3座，有效避免了盲目建造城市失控的恶性后果。

战后重建，德国立足长远规划，尽可能地抢救、修复、维护幸存的古旧建筑和老房楼屋。柏林市中心德皇威廉大帝大教堂难以修复，德国人不是拆除重建，而是紧邻其边另外建造一座新教堂，新旧2座教堂因此成为柏林的标志性建筑。

林堡市成立了老城修缮办公室，建立档案、监管全部古建筑，虽然这些房屋产权私有，但装修必须通过严格的审查、批准，房屋外墙未经批准，不准钉挂任何广告标牌，房屋内结构和立面不准任何人为损坏。全市360座古建筑完好无损保留至今。

德国的北威州规定每户都要有花园，园内种什么花、植什么树、绿地面积多大，房地产式样、间距、房高、树高等都必须严格按规划建设，不准违规出格。

科隆90%毁于战火，重建后全新的房地产小区到处充满自然生机，每家均有花园，规定必须植树、种草、养花，姹紫嫣红，鸟语花香，浓荫遮蔽，形成强烈的生命磁场。临空阳台选用清澈透明的彩色玻璃作围栏，亮丽清新。

（二）宁缺毋滥的精品意识

房地产的品质保障应当是可持续的，德国把每个项目建筑视为艺术品。在醒目处标明设计、建设、监理、确认品质等级等单位名称的铭牌，敢于承担历史责任，对项目寿命期内的质量继续承担责任，共享荣誉。

生性严谨的德国人把质量视为艺术的生命。柏林从1950年起就向全球各国征集最优项目设计和建造，盛情邀请国际著名设计师、建筑师、艺术家评析，参加柏林城市房地产项目研究、创建、论证。始终坚守"经典至尊，宁缺毋滥"原则，反复演绎判断最佳方案才投入建设。仅仅50年，就有80%的世界著名建筑师在柏林留下独具匠心、载入建筑经典史册的创造性精品佳作，号称世界建筑精品博览城，所有建筑物无一存在质量瑕疵。

德国将柏林恢复为首都后，改建国会大厦的使命落入英国建筑大师福斯特肩头。他所设计的一顶奇妙无比的"玻璃罩"，顿使这座庄严而破旧的古典建筑起死回生，满堂生辉，使新首都平添了一朵建筑奇葩。建于20世纪80年代的德国斯图加特国家图书馆，出自福斯特同胞兄弟斯特林的精心奉献。房地产是开放式的项目作品，上下里外的每个部分都是具体可感可比较的，无数局部、细部的精致、精细、精密、精巧。才有可能创造精美绝伦的旷世精品，引导时代主流，成为人类智慧的象征。

（三）德高望重的房地产监理

原联邦德国通过《建筑法》将建设监理作为控制项目质量的法定手段。依据有关法律，德国监理工程师必须同时具备6个条件，即土木工程专业大学毕业；至少做过2年结构设计咨询工程师；具有10年的工作经历（其中9年结构计算，

1年工地项目经理）；具有丰富的专业知识和经验；优良可信的人品道德；年龄在35~60岁。"德国培养了不少杰出的富有活力、资深阅历的监理工程师，但不存在35岁以下年轻的监理工程师，也不存在60岁以上的高龄监理工程师。具备初定条件者只有经过专家推荐，专业评委考评合格，才由政府任命从业。所有监理工程师必须宣誓对国家和公众利益负责，为维护法制的尊严履行政府职责：审核房地产项目结构设计、施工方案、涉及公众利益的专项技术措施制作报告，并作为政府审批工程项目的法定依据之一。除此，监理工程师可以从事非政府性的民事行为，接受业主委托代行施工监理抽查，但质量责任仍由业主承担，不转移到监理工程师。"

（四）一丝不苟的安全工程师

房地产项目建设中的安全管理目标是对人身安危的保证，以最严密的措施最大限度地确保项目建设全过程中建设者的安全和健康，杜绝、减少不必要的人身伤害事故。以确保安全为生的职业群体因此伴生，随着安全理念的深化，安全工程师成为项目生命的忠实卫士。德国首创了"安全工程师"。具备这种资质的人员必须在专门学校脱产学习2年半，经专业组织考试合格并从业于建筑生产安全、监督管理，才能胜任。经政府授权安全工程师行使4大职权：①起草安全生产技术法规、标准；②监督检查安全技术法规、措施执行情况；③监督检查所有施工现场安全状况；④依法查处违法违规行为，有权作出警告、罚款和责令停工整顿改进的决定。安全工程师是消除不安全隐患的专家，忠于自己职守，独立于业主、建设承包商和政府之外，具有很高的权威性。

（五）争相开发的智能房地产

德国依托宽带网，实施电话通信网、有线电视网、多媒体计算机网的"三网合一"，促使房地产项目深化了智能化发展空间的理念。

德国在2000年建造了世界第一座智能候车亭，配有电话和显示屏幕的信息查询台，采用触摸式操作，提供英、德、法、西班牙语服务，查询各种食、住、行、游、购、乐等信息和打印，免费拨打一分钟内的市内电话等服务。大型报站屏滚动显示公交车号、到达时间、气温时间。2001年初，德国历时5年建造了世界第一栋最豪华的智能房地产，位于杜伊斯堡大学内，2层楼房其貌不扬，内部充满智慧空间，所有家电与信息网。因特网组成一个统一监控操作平台，具有联想、记忆、人工、遥控、传递、交换信息功能，如定时呼叫、自动开关门窗、光照达到一定程度即自行开关窗帘、灯具，切断水、电、气源等。居民已经入住，正式启用手机、电话机或计算机遥控智能住宅。为了使联络不局限于楼内，居住者可通过多功能模块随时与卫星、无线电、光缆、电线传导信息、指令，进入德国电信公司经营的数据信息平台，实现预定目的。

德国西门子公司开发"家用电器系统"，采用欧洲通用标准，通过一个易于操作的屏幕进行控制与监视，可以十分方便地使房地产及其电子装置、家用器具实现智能化转换，为大规模推进自选式智能房地产提供了捷径。目前，欧美市场上已有1万多种用具与这种系统相配合。

(六) 卓有成效的融资房地产

德国的房地产私有化率为40%，其中前联邦德国高于前民主德国，统一前民主德国地区私有房地产仅有5%，目前已上升到27%，但仍比前联邦德国低24个百分点。德国的房价每平方米1.3万~1.9万美元，官方月均工资收入2200~2500美元，不买房的人，月付房租约为收入的三分之一。贷款买房的月还款也占工资收入40%，而且买下产权房后，每年必须一次性交付2000美元的市政公共设施费。为了鼓励公民买房，德国政府启动住房储蓄制度，并对购房者政策奖励。

所谓住房储蓄，是指事先参加住房储蓄者，按规定每月存入住房储蓄合同总额4%，持续18个月后，即可得以买房。建房固定不变的低息贷款，贷款总额与存款成正比，还贷每月必须确保达到合同金额6%。住房储蓄是德国唯一能得到国家奖励的储蓄。

1. 政府住房储蓄奖

（1）奖储蓄者。年满16周岁以上，年收入不足5万马克，年储蓄1000马克（最高上限）的，奖励100马克，约为10%，存满7年不购房地产，奖励照给。

（2）奖雇主。企业主每月自愿付给雇员住房储蓄补助，同样给予10%奖励。此时雇员得到的意外收入补贴，加政府奖励可高达20%。

2. 政府购房鼓励奖

（1）购买自住新房。8年内每年补贴5000马克，有孩子的，按每个孩子每年1500马克，补贴8年。

（2）购买自用旧房。8年内每年补贴2500马克，孩子补贴与购买自住新房相同。

（3）购买建造合作社住房。8年内每年补贴2400马克，孩子每人每年补贴750马克，共8年。

德国政府认为补贴购买者，落实到人头比补贴开发商负担更轻，更利于推进自有住房的建设与拉动消费需求。

(七) 积极推进的合作建房

德国的合作建房分为两大类，其一是政府与私人合作，投资比例为8:2，建成后以低于市场的价格分期付款出售，也可以按低于成本租金的价格出租给低收入者。低投资、低价房、低租金的合作建成房十分旺销；其二是完全民间集资招股，组织房地产合作社，限定只准低收入阶层加入。政府贴息贷款，社员集资并接受社会捐助共同开发建设，产权归合作社，使用权由合作社按入社顺序，出资比例分配给低收入社员居住，但不准转让。社员迁往他处或改购市场商品房退回使用权，返还原入股资金。合作社使用权房另按规定收取物业管理费。合作建房成功放开了房地产项目建设，政府减轻压力，百姓得到实惠，企业获取利润，社会反响热烈。

二、加拿大房地产项目管理的经验和特点

加拿大毗邻美国，自然景色优美，天然资源丰富，众多的欧洲移民使加拿大

的房地产建设既能兼容各国风格又能保持独特的北美建筑风格。

(一) 就地取材的木材

加拿大盛产木材，传统建房使用天然木材为主要原材料。采用木梁、木墙、木瓦、木地等木结构建造房地产。近代通过先进的高科技工艺处理，按照高标准的部件集约生产流水线，提供从设计、制造、检测、施工安装、竣工验收到售后服务，维修养护等配套系列化全过程服务，使木结构成套房地产生产工厂化、安装现代化，在最短时间内提供更多的房地产。加拿大木屋顶部采用轻质高强度的油毡瓦或木瓦，寿命长达 20 年。内墙用预制石膏板分隔，表面刷涂料或贴墙纸，地毯覆盖拼花木地，厨房、卫生间则以塑料地砖或瓷砖为主。整套住房因具有防火、防水、防潮、防腐、防蚁、防灾、保温、隔声、隔热、轻质、高强度等特点而著称于世。

(二) 随处设置的橱柜

加拿大人习惯使用大量的衣柜，以保证所有的衣服常年吊挂不走样，房地产内各区域内顶天立地的柜具随处可见，从门厅、玄关、客厅、卧房到卫生间处处有柜。厨房及炊具、卫生间和洁具习惯于规格化、商品化，在出售房地产前必须安装完毕，而且只要未使用却感到不满意，开发商非常乐意再为你提供一次急需的拆装服务。但大都情况下，购房装饰前业主会通过合同点明自己喜爱的全部装饰物、用料或规格成品的组装标准。

加拿大房地产每套都设置储藏室，而且至少 2 个。装修考究，设计巧妙，每个储藏室都是进入式的，面积不小于 2 平方米。设高低多层柜架和衣架，常是大面积的玻璃镜面。高档别墅设计中往往含有地下储藏室。

(三) 空间开放的公区

加拿大房地产以 16 层左右的小高层公寓为主，一梯多户容纳的人流、物流量较大，全幢公寓少则几十户，多达几百户。为了增进户主间交往，房地产底层有些成为商品、酒吧、影院、超市等服务网点，足不出楼即可办事，相当方便。也有与新加坡相仿的架空，作为会所集居活动的公共区域，平时放置大量的绿化盆景，每栋楼门厅都有一个相当宽敞的大堂，布局类似宾馆，可以小坐，迎洽友朋，而不必登高入宅。进入楼面，通道宽畅，每户前后阳台阔幅，落地朝阳景观窗，增加了建筑与人的互通性。

(四) 功能细化的厅堂

加拿大人的主要活动处所是房地产内的厅堂，面积一般为 40 平方米，占每套住房建筑面积三分之一至一半。整个大厅不设隔墙，按功能分为餐厅、客厅、娱乐厅。其中娱乐厅一般置于餐厅、客厅中间的过渡地带，放有钢琴、电气壁炉、书柜或电脑。三厅面积因人而异，没有严格的分界，随时可以变动。

(五) 环保节能的建材

加拿大为了节约冬季取暖的能源，房地产项目设计中的卧室和朝北房间的开窗面积明显减小，门窗采用双层玻璃，周边均镶嵌密封条。墙体、顶棚、地板连接处全部采用密封措施，避免室内热空气进入结构内部形成凝结水侵蚀房地产，同时节省能源。

房地产能源采用燃气和电能两种，以电能为主，冬季取暖采用的方式类似韩国，通过安装在楼板内的电热设备加温。加拿大房地产室内外建筑材料尽可能多地使用规格化的高新科技产品，并以传统砖、石、灰浆为主，十分注意建材日后对环境的影响以及再利用。

(六) 轻钢结构的房地产

近年，加拿大广泛采用轻钢结构建造房地产，且造型独特，技术成熟，工艺先进，备受青睐。

轻钢结构房地产以冷弯薄壁轻质钢材为主要建材，与传统的砖木结构，混（凝土）钢结构建筑相比，具有明显的优势；自重轻，占据空间小，由此减少基础结构造价低；强度高，足以满足现代房地产大空间、长跨度、大视野，灵活分割的需求；质量高，分子结构稳定，外形统一、坚固耐用、安全可靠；效率高，便于工业化生产，现场操作快捷，建造速度、保养期均优于钢混、砖木结构；省工省时省原料，所有工程废料少，全部钢材均可回炉重塑，符合循环经济环保要求；墙体高度节能、不变动、不助燃、不易老化，可保温、抗震，同时便于艺术造型加工，给人轻盈、精巧、新颖的质感和美感。

轻钢结构房地产现已与加拿大木屋并誉，得到世界房地产业的公认与推崇。

三、英国房地产项目管理的经验与特点

(一) 尊重古朴

英国人具有深厚的崇古心理，建筑、房地产的风格深沉、凝重、古朴、自然、典雅。喜旧爱古是地位与财富的炫耀。英国高耸入云的房地产大楼极少，外观造型极富现代化气息的更少。他们可以千方百计改造旧宅古楼的内装饰，而绝不答应轻易变动房地产的外部造型，保存祖上留传下来的老房是英国人保守性格的集中体现，在那里你可以找到历史的原貌和古迹。房地产的主人可以如数家珍地说出其保存的每个建筑部件的名称和典故。有钱人常常会用毕生积蓄购买带有古典色彩的房地产，显示深厚的文化底蕴的主人的高雅品位。

(二) 崇尚自然

崇尚自然的英国人，对房地产的品味是既要有现代化城市的一切方便，乐享其成，又要有返朴归真的乡村意境和环保景观。远离污染和拥挤喧闹，贴近自然和景色优美的地区，每家几乎都有自己的庭院。种植最多的是各色不一的草，而且大都芳草成茵、花木茂盛。他们喜欢自然风光的清幽、宁静，选择多层、低矮房地产更加贴近大地，留出庭院草坪，钟情浅水游鱼、青枝绿叶、草嫩花香，展示"人住城区，心系桃源"的生活意趣。

(三) 自助装饰

英国人崇尚古朴，对旧宅装修不愿由外人插手，防止丢失古韵风味。对新房布置以陈设、展示收藏艺术品为主，装饰改造房地产墙体一般较为看淡，趋于随和，大众化的装饰是坡顶、黑檐、红墙、白色窗框。施工虽简，但费用很高，为

了节约开支，体现个性，英国风行 DIY（Do it yourself）的自助装饰：自己动手做，除水、电、气管道技术要求较高必须由专业人员施工外，基本都由业主自行装修。英国广播公司（BBC）每周黄金时间开设"改变住房"栏目，商界组建 B&Q 超市，援助 DIY，生意红火。英国人每年自助装饰耗资 210 亿元人民币，且逐年递增 10%。

（四）保护生态

英国至今的每一寸国土开发，每一个项目建设都必须受到规划的严格控制。90 多年来《城乡规划法》不因政府更换、领导人的个人好恶而改变，严格贯彻执行至今，成为目前世界上最先进、最完善的优秀规划法规之一。英国为了节约能源、保护生态，积极开发建设形态各异的新型功能房地产。

（1）地下房地产。英格兰中部的霍克顿地区新建 100 幢地下房地产，形成英国第一个现代化的生态房地产小区，房屋结构几乎全部隐设在地平线下，外观难以发现。屋顶与地面相连，绿草如茵，形同牧场、林圃。房屋内不耗费额外的能源，照明用电来自太阳能，供水取自地下钻井，污水经生化处理循环使用，室内冬暖夏凉，不配冷暖空调设施。

（2）节能塔楼。伦敦贝托·麦卡锡设计事务所设计建造房地产，办公一体化的高层塔楼，鼓励人们回归城市，减少上下班耗时耗能耗费，采用太阳能面板作为大楼外墙用料，结构添加屋顶风能发电叶轮，底层充分利用桩基入土特点，发掘地热资源，整体造型采用圆形或不规则外观设计，减少不必要的取暖、制冷装置，合理调剂大楼的白天用电高峰，晚上居家用电峰谷。

（五）公房改售

1945 年英国的住房导向是福利型的，国家建造公房，优惠廉价租住。600 万套公房占据全部房地产的三分之一。1980 年，为刺激市场、拉动房地产私有化需求，政府积极推行"居有其屋"运动，实行改革，出售公房，使英国 1998 年房地产私有率上升至 75%。英国鼓励公房住者买房六管齐下：

（1）优惠出售。按住房租用时间定价，住满 5 年以上，优惠房价 35% 且可分期付款。住满公房 30 年者即可 6 折购房，而居住条件相对简陋的公寓公房则可住满 2 年即可享受房价 44% 的优惠；

（2）大幅增加房租（每年增加 20%），减少补贴；

（3）少建、停建公房；

（4）支持居民合作建房自治组织集资建房。20 世纪 80 年代以来，民间合作建房每年高达 20 多万套，总量与政府公房不相上下；

（5）产权分享。低收入家庭可量力购买部分所有权，其余租用，3 年内分期买断最后享有全部产权。期间为开发商与业主按比例分享的共有产权；

（6）减免税收。低收入家庭买房减免房产税，3 万英镑内购房贷款利息免交个人所得税。

（六）住房保证

1936 年，英国建立了为英国住房和建筑业提供担保和协调的非盈利性民营组织,英国国家房地产——建筑委员会(The National House——Building Council,简称NHBC),同时又是一家注册的保险公司,拥有8亿英镑储备金。由此确立了稳定的住房保证权威体制。为新建住房和已建房地产改造提供担保,解决房地产开发建设中存在的质量问题,已被欧洲、亚洲各国认可、效仿。目前,英国18200多家开发商和建筑商加入NHBC,年建造新房总量的90%,全英200多万户房地产得到NHBC提供的保障服务,每栋房地产建造中不少于5次强制随机检查,全年200万次以上突击抽查,使房地产质量逐年提升。

NHBC具有独特的地位,提供房地产质量担保为期10年,费用来自开发建造商,担保费的交付标准取决于开发商在NHBC的注册时间长短及其质量被投诉的信用系数,为避免过多的风险,NHBC常采用再保险措施。

(七)强制组合

英国为了解决社会收入悬殊,房地产区位明显造成的人为分割态势,避免出现豪宅区、贫房区带来的社会负面效应,借鉴新加坡统一规划房地产,均衡分布不同民族、年龄层次,组建社区的模式,通过立法强制规定新建房地产小区一定要有经济适用房的比例,确保低收入者共享区位优越,期望不同收入不同阶层不同人文资源的居民能够和谐共居同一房地产区域,融合多元群体,缓和社会矛盾,稳定生活环境。目前,经济适用房占小区房地产的总量稳步上升,由最初的15%上升为25%,且得到社会各界认可。

(八)看好老人

英国老人的富有推进了房地产市场的红火,越来越多的老人从福利院出走,搬入自己的新居,退休老人房地产市场被引向高潮。开发商为老人设计了4种房地产类型,总量达100万幢,约占未来10年中全国房地产总需量的25%。

(1)套房公寓。为年龄50岁左右的中老年人特备,大厅小房没有隔间、没有门槛、梯道平坦、装修精致、安全系数高。房型是分幢公寓,内设套房,区位设于富裕城区中心,生活便利。

(2)高技公寓。为富有的退休老人准备,一家一户,类似别墅,外实内华,主要集聚高新科技的智能化含量,使户主人与外界隔绝,身心与网络天地同在,装修豪华,分间设区,功能齐全。

(3)服务公寓。为高龄有病老人提供医疗、保健、养身服务,平均高龄75岁以上,无病老人也可入住。户型设计仿酒店、旅馆式,重在配套服务网点,24小时救护、日夜超市、餐厅,环境高雅优于封闭式的养老院。房价单套房达25万英镑。

(4)还本公寓。为老人现有产权房提供回购服务,老人可将房地产产权卖给房地信托公司后,仍住原宅,改付租金。公司可以分期付还卖房款,老人可居住至去世。既保留了不为外人察觉的自尊心,老人又得到一笔生活补贴费用。

四、瑞士国家房地产项目的经验与特点

瑞士人将城市历史遗迹视为自己的生命之根,政府立法保护古建筑,努力在城市规划建设中保留每座城市自己的标志性建筑，保持原有城市不同时期建筑风格。日内瓦的喷泉、伯尔尼的钟楼、卢赛恩的花桥和苏黎世的双顶教堂，使每个目睹者仿佛回到了历史的昨天。被列为保护范围的古建筑，房主无权擅自拆迁。日内瓦市中心的老手工业区，居民日渐外迁，最终成为无人居住区。许多房产开发商高价竞购建造新型房地产区，但政府听从民意，出资收购后按原貌封存保护起来，使历史永存。

瑞士的每一个新建筑项目设计方案都受到全民监督。一般工程项目开工前必须公告一个月征询意见，任何本地居民都可提出不同意见，政府必须及时回答，市民不满意可以到法院状告政府。凡大型项目必须全民公决。如州政府准备在日内瓦湖建造一座桥，用500万瑞士法郎几经可行性研究，最终仍被全民公决否定，在政府没有更好方案、更充足理由之前，人民绝不允许仓促建桥。

五、荷兰房地产项目管理的经验与特点

（一）宽敞舒适的套房

荷兰人口1600万，住房约640万套，其中私有住房占50%，公共出租住房占37%，私人出租住房占17%。每年新建住房约8万套。荷兰人向往独有房地产，99%的住房配有卫生洗澡间，10%的荷兰人对房地产的空间略感不足，绝大部分都感到宽畅舒适。一套6间住房带一个小花园的房地产，月租为2600法郎，而在法国巴黎、英国伦敦找不到这么宽裕的住房，2室1厅2卫的房地产月租高达6000法郎。

（二）温情群居的老人院

荷兰的老人房地产更像幼儿园，全部木结构，设计新颖亮丽，形状各异，便于识别，多半造在临海傍水或绿树林里，环境清静优美。见不到水泥地坪，全是厚实的芳草坪。娱乐设施齐全，报警救护监理设施和医护人员24小时服务到户。三餐饮食自主还是结伴就餐于集体餐馆，完全由老人决定。周围禁止车辆出入。房地产设计的理念充满童趣与温情，使老人放心、安心、称心安居。

荷兰老人房地产严格意义上是群居公寓，楼层设计为两至三层，每层6套房，每套房2室1厅，建筑面积120平方米，所有门、户没有门槛，到处设置扶手，奇长无比的斜坡代替传统楼梯，老人可以轻松爬坡健身或坐轮椅上下。老人住宿随意组合，提倡互助互乐共济，一般每套房群居不多于4人。为了方便老人就诊，红十字会在每个房地产楼群区内设置救护站。

（三）景致不一的船屋

荷兰首都阿姆斯特丹在全长100多公里的市区运河上建造了2500多个景致不一的船屋，居住1万人之多，堪称一绝。为了减少对水体的污染，船屋统一规定使用天然气为能源，而且泊位相对成片固定，倚岸傍水，颇受欢迎，拉动水乡之都旅游观景产业，引发世界房地产业开发水岸房地产高潮。

本章介绍的经验借鉴于2001年12月11日我国正式进入WTO（世界贸易组织）。这一点尤为重要，房地产产业从属于服务贸易，入世接轨，带来机遇与挑

战。世界上不少优秀的房地产开发商、建筑设计师、物业管理企业，房地产项目经理人纷纷看好中国市场，如何使我国的房地产建设市场健康、有序、可持续地开拓、发展、经营，已经成为十分严肃的命题。全视野的借鉴和高区位的创新结合，一定会大大提高我国房地产建设的适应力和国际竞争力。

复习思考题

1. 美国房地产功能分区标准与设计思维定位主要体现在哪些方面？
2. 智能化房地产中美国、新加坡、韩国各有什么特点？
3. 什么是政府公寓、政府组屋、公共福利补贴房地产？
4. 新加坡房地产亲善的人居构架具有哪些典型特征？
5. 日本生态房地产主要体现在哪七个方面？
6. 日本、法国、英国如何对房地产售后质量进行严格监管的？
7. 试述国外老人房地产的开发建设与我国的关联。
8. 德国房地产监理工程师是如何产生并执业尽职的？
9. 韩国是如何推进装饰房地产市场化的？
10. 加拿大房地产房地产项目管理的北美建筑风格集中表现在什么地方？

参考文献

[1] 毛佳樑. 住宅建设项目管理实务教程. 远东出版社, 2002.
[2] 蔡伟庆. 城市建设工程项目管理. 东华大学出版社, 2003.
[3] 徐大图. 工程造价的确定与控制. 中国计划出版社, 2001.
[4] 刘正山. 房地产投资分析. 东北财经大学出版社, 2000.
[5] 同济大学. 城市规划原理. 中国建筑工业出版社, 1991.
[6] 邓述平, 王仲谷. 居住区规划设计资料集. 中国建筑工业出版社, 1996.
[7] 李哲之. 国外住宅区规划实例. 中国建筑工业出版社, 1981.
[8] 姚兵, 薛梅生, 周淑萍. 中国住宅小区百科全书. 内蒙古科学技术出版社, 2000.
[9] 上海市住宅发展局. 第二届上海市优秀住宅评选获奖作品集. 东方出版中心, 2002.
[10] 聂梅生. 中国生态住宅技术评估手册. 中国建筑工业出版社, 2001.
[11] 王文忠, 毛佳樑, 张洁. 上海21世纪的住宅建设发展战略. 学林出版社, 2000.
[12] 陈华友, 赵民. 城市规划概论. 上海科学技术文献出版社, 2000.
[13] 张泓铭等. 住宅经济学. 上海财经大学出版社, 1998.
[14] 杨劲, 李世蓉. 房地产项目进度控制. 地震出版社, 1993.
[15] 黄永彦, 杨生茂. 房地产项目管理实用手册. 中国计划出版社, 1991.
[16] 北京市建筑工程总公司. 施工企业管理知识500问. 中国建筑工业出版社, 1984.

尊敬的读者：

感谢您选购我社图书！建工版图书按图书销售分类在卖场上架，共设22个一级分类及43个二级分类，根据图书销售分类选购建筑类图书会节省您的大量时间。现将建工版图书销售分类及与我社联系方式介绍给您，欢迎随时与我们联系。

★建工版图书销售分类表（见下表）。

★欢迎登陆中国建筑工业出版社网站www.cabp.com.cn，本网站为您提供建工版图书信息查询、网上留言、购书服务，并邀请您加入网上读者俱乐部。

★中国建筑工业出版社总编室　　电　话：010—58337016　　传　真：010—68321361

★中国建筑工业出版社发行部　　电　话：010—58337346　　传　真：010—68325420
　　　　　　　　　　　　　　　E-mail：hbw@cabp.com.cn

建工版图书销售分类表

一级分类名称（代码）	二级分类名称（代码）	一级分类名称（代码）	二级分类名称（代码）
建筑学 （A）	建筑历史与理论（A10）	园林景观 （G）	园林史与园林景观理论（G10）
	建筑设计（A20）		园林景观规划与设计（G20）
	建筑技术（A30）		环境艺术设计（G30）
	建筑表现·建筑制图（A40）		园林景观施工（G40）
	建筑艺术（A50）		园林植物与应用（G50）
建筑设备·建筑材料 （F）	暖通空调（F10）	城乡建设·市政工程·环境工程 （B）	城镇与乡（村）建设（B10）
	建筑给水排水（F20）		道路桥梁工程（B20）
	建筑电气与建筑智能化技术（F30）		市政给水排水工程（B30）
	建筑节能·建筑防火（F40）		市政供热、供燃气工程（B40）
	建筑材料（F50）		环境工程（B50）
城市规划·城市设计 （P）	城市史与城市规划理论（P10）	建筑结构与岩土工程 （S）	建筑结构（S10）
	城市规划与城市设计（P20）		岩土工程（S20）
室内设计·装饰装修 （D）	室内设计与表现（D10）	建筑施工·设备安装技术 （C）	施工技术（C10）
	家具与装饰（D20）		设备安装技术（C20）
	装修材料与施工（D30）		工程质量与安全（C30）
建筑工程经济与管理 （M）	施工管理（M10）	房地产开发管理（E）	房地产开发与经营（E10）
	工程管理（M20）		物业管理（E20）
	工程监理（M30）	辞典·连续出版物 （Z）	辞典（Z10）
	工程经济与造价（M40）		连续出版物（Z20）
艺术·设计 （K）	艺术（K10）	旅游·其他 （Q）	旅游（Q10）
	工业设计（K20）		其他（Q20）
	平面设计（K30）	土木建筑计算机应用系列（J）	
执业资格考试用书（R）		法律法规与标准规范单行本（T）	
高校教材（V）		法律法规与标准规范汇编/大全（U）	
高职高专教材（X）		培训教材（Y）	
中职中专教材（W）		电子出版物（H）	

注：建工版图书销售分类已标注于图书封底。